자손만대가 복을 받은

살리는 사람
유다

살리는 사람 유다

발행일	2020년 5월 6일		
지은이	김수태, 김영		
펴낸이	손형국		
펴낸곳	(주)북랩		
편집인	선일영	편집	강대건, 최예은, 최승헌, 김경무, 이예지
디자인	이현수, 한수희, 김민하, 김윤주, 허지혜	제작	박기성, 황동현, 구성우, 장홍석
마케팅	김회란, 박진관, 장은별		
출판등록	2004. 12. 1(제2012-000051호)		
주소	서울특별시 금천구 가산디지털 1로 168, 우림라이온스밸리 B동 B113~114호, C동 B101호		
홈페이지	www.book.co.kr		
전화번호	(02)2026-5777	팩스	(02)2026-5747
ISBN	979-11-6539-181-2 03230 (종이책)		979-11-6539-182-9 05230 (전자책)

이 도서의 국립중앙도서관 출판예정도서목록(CIP)은 서지정보유통지원시스템 홈페이지(http://seoji.nl.go.kr)와
국가자료공동목록시스템(http://www.nl.go.kr/kolisnet)에서 이용하실 수 있습니다.
(CIP제어번호: CIP2020017758)

자손만대가 복을 받은

살리는 사람 유다

김수태·김영 공저

북랩 book Lab

머리글

　무엇보다도 이 책을 발간하도록 허락해 주신 하나님께 깊은 감사와 영광을 돌립니다. 다시 책을 발간하게 되어서 저에게는 큰 기쁨입니다. 저의 첫 번째 책『할아버지가 들려주는 성경 스토리』가 발간되어 여러 사람에게 읽히고 있어서 감사함을 표합니다. 특별히 조부의 세대가 손주들에게 성경 이야기를 녹음하여서 들려줌으로써 손주들과 교통하고 있다는 소식에 가슴 뭉클함을 느낍니다.

　사실 이『살리는 사람 유다』란 내용을 생각하고 쓴 것은 20여 년이 넘었습니다. 당시에 책을 발간하지 못하고 저의 교회 블로그에 올렸었는데, 아들 김영 집사가 읽고는 자신의 블로그에 편집하여 게재하기 시작했습니다. 그래서 이 책은 김영 집사가 이 글을 통해 깨닫고 은혜 받은 감상이 함께 포함되어 있습니다. 그래서 출간도 공동 저자로 하게 되었습니다.

　저는 이번에 이 책을 발간하면서 무엇보다도 아들이 감동하고 그 느낌을 글로 표현하고 있어서 감사한 마음입니다. 가장 가까이서 아버지의 목회 활동을 지켜보고 있는 아들이기에 그러합니다. 그가 질문하고, 느끼고, 깨달음은 보통의 성도들에게 적용이 될 것입니다. 평신도의 눈으로도 이 책을 잘 읽고 은혜를 받을 수 있다고 생각합니다. 이 책을 읽는 모든 사람에게 하나님의 깊은 감동을 주기를 소망합니다.

이 책의 간단한 소개는 이어지는 편집자(김영 집사)의 글로 대신하고자 합니다.

끝으로 이 책을 읽으시고 정성을 다하여 추천사를 보내주신 우창록 변호사님과 백상열 박사께 감사의 말씀을 드립니다. 이 책을 읽는 모든 분들이 야곱의 네 번째 아들인 '유다'라는 사람을 깊이 알아서 그를 통하여 전하고자 하시는 하나님의 뜻을 깨닫기를 바랍니다. 그리하여 유다처럼 자손만대가 복을 받기를 소망합니다. 이 책의 내용은 유다의 후손들에게 주어진 하나님의 축복의 말씀입니다. 저의 후손들에게도 유다의 후손들과 같은 축복이 임하기를 간절한 마음으로 소망해 봅니다. 필자를 이 땅에 태어나게 한 육신의 아버지 김종탁 님과 어머니 이순란 집사님, 처부모이신 김의선 장로님과 최성순 권사님, 그리고 동생을 공부시키려고 무척이나 노력한 큰 형님 김일태 님과 작은형 김화태 안수집사님에게도 감사의 말씀을 올립니다. 아울러 이 책을 발간하면서 많은 수고를 하신 출판사 관계자들에게도 감사를 표합니다. 마지막으로 40년을 넘게 교회와 가정에서 묵묵히 동역해 오고 있는 아내인 피아니스트 김혜경 님에게 감사를 표합니다.

2020년 4월

김수태 목사

김영 편집자의 글 - 『살리는 사람 유다』를 시작하며

『살리는 사람 유다』는 서울시 강북구에 위치한 열매교회를 섬기는 '김수태 목사'의 깨달음을 글로 기록한 내용입니다.

물론 그 깨달음은 하나님이 주셨고, 이 글 『살리는 사람 유다』에는 분명한 하나님의 메시지가 있습니다.

여기에 나오는 유다는 구약성서에 나오는 야곱의 넷째 아들이자, 우리가 잘 알고 있는 요셉의 형이기도 합니다. 우리는 흔히 애굽의 총리까지 된 '요셉 이야기'의 스토리를 알고 있지만, 요셉이 아닌 그의 형 '유다'의 스토리에도 관심을 기울일 필요가 있습니다.

바로 '유다의 이야기'를 시작해 보기 전에 김수태 목사에게 하나님이 이런 깨달음을 어떻게 주셨는지 공유하고 싶습니다.

"제가 한 교회의 담임목사직에서 고통을 당한 적이 있습니다. 그 일은 제게 있어서 억울한 일이었습니다. 고통의 세월이 흐르고 있을 때 하나님은 형제들의 시기와 질투로 인하여 억울하게 종으로 팔려 간 요셉을 생각나게 해 주셨습니다. 요셉을 생각나게 하신 하나님은 '요셉 이야기'에서 요셉보다 더 중요한 주인공이 있음을 알려주셨습니다. 그 인물이 바로 동생 요셉을 살려준 '유다'라는 인물입니다"

- 김수태 목사

결국 담임목사직에서 강제로 물러나야 했지만, 그 대신 하나님은 김수태 목사에게 '살리는 사람 유다'에 대하여 깨달음을 주셨습니다. 하나님의 시험은 단순히 고통만을 주기 위한 것이 아닐 것이고, 아마도 김수태 목사에게 준 시험은 '유다의 말씀을 알게 하기 위한 하나님의 훈련이란 생각이 듭니다.

그렇다면 앞으로 이야기할 『살리는 사람 유다』는 과연 어떤 내용을 다루고 있을까? 어떤 내용을 하나님께서 알게 하고 싶으실까요?

이번 글은 시작하는 시간이니 앞으로 펼쳐질 내용을 조금 열어서 보여드리도록 하겠습니다. 밑에 쓰게 될 내용은 김수태 목사가 적어주신 '유다'에 대한 이야기입니다.

"유다의 이야기는 단순한 유다의 이야기가 아닙니다. 야곱의 4남이요, 다윗의 조상인 '유다'를 중심으로 성경에서 펼쳐지는 그 후손들의 믿음의 활약상을 드러내는 것입니다"

"유다 지파는 다윗 왕조의 지파요, 예수 그리스도께서 탄생하시는 지파이기도 합니다"

"성경을 통하여 흐르는 하나님의 축복이라는 광맥을 찾는다면, 그 광맥의 주인공은 유다입니다"

"또한, 성도들이 '누구는 누구를 낳고~' 하는 족보를 읽기 싫어하고 왜 성경에 이런 말씀들이 있는가 하고 의아해하는 분들이 많습니다. 그러나 족보는 하나님의 뜻을 나타내는 중요한 단서가 되는 것임을 이 책은 밝혀 주고 있습니다"

"가나안 땅에 들어가서 이스라엘 12지파가 땅을 분배받는 장면이 나옵니다. 모든 지파가 제비를 뽑아서 땅을 분배받지만, 유다 지파만은 하나님께서 이미 지정해 준 땅을 차지하게 됩니다. 그리고 유다 지파가 차지한 땅이 너무나 커서 유다 지파 땅 안에서 시므온 지파가 땅을 분배받기도 합니다"

위의 내용을 잘 살펴보면 놀라운 사실은 유다 지파로 내려오는 사람들 중에 '다윗' 그리고 무엇보다 '예수님'이 계십니다. 물론 동정녀의 몸에서 탄생하셨지만, 속한 지파는 유다 지파였습니다. 왜 유다 지파가 이렇게 큰 축복을 받았을까요? 우리가 그 사실을 안다면, 우리 역시 하나님의 축복을 받을 수 있지 않을까요!. 우리가 흔히 성경을 읽다가 지루해하는 '족보', 그런데 그 족보가 왜 있을까? 족보를 기록한 성경 저자의 의도를 앎으로써 그 해답을 알 수 있습니다.

실제로 저는 이 족보(누가 누구를 낳고의 반복)를 읽을 때, 마치 벽에 물이 떨어지며 흐르듯 아무 생각 없이 읽었습니다. 단지 '난 성경을 일독해야 해'란 생각으로 말이죠. 하지만 아버지이자 목사님의 『살리는 사람 유다』란 글과 함께 제게 이 모든 것에 의미가 부여되었습니다. 전 이 글을 제 블로그에 옮기면서 아직 태어날지도 몰랐던 아이들을 생각하며 나와 내 조상의 모든 것이 내가 사랑하게 될 자녀들에게도 이어질 수 있다는 생각에 가슴이 벅차면서도 긴장되기까지 했습니다. 하나님의 축복을 받고 싶은 건 누구나 마찬가지일 테니까요.

그리고 이 깨달음은 축복일 뿐만 아니라, 위로까지 주었음에 감사했습니다. 목회자의 아들로서 제가 옆에서 본 아버지의 고통을 하나님은 말씀을 통해 위로해 주셨습니다. 이 책을 통해 하나님의 축복과 위로가 함께하길 기도해 봅니다.

고통 가운데 주신 하나님의 위로의 말씀, 『살리는 사람 유다』 그 이야기를 시작하도록 하겠습니다.

2020년 4월

김영 집사

　　김수태 목사님이 참으로 유익한 책을 쓰셨다. 본인이 목회자로서 납득할 수 없는 시련의 시기를 지나면서 하나님과의 진술한 대화를 통하여 깨달은 성경이 말하는 축복의 의미를 잘 풀어서 쓰고 있다. 기독교 신앙이 기복 신앙으로 흘러가는 문제가 제기되고 있는 이때 진정한 축복이 무엇인지 성경의 말씀들을 기초로 설명하면서, 그러한 축복을 받게 되는 이유가 무엇인지에 관해 자세히 설명하고 있어서, 모태 신앙인으로서 늘 구원의 감격을 그리워하는 필자에게는 큰 울림으로 다가온다.

　　사람을 살리는 유다. 그의 행적에서 그 후손이 축복을 받을 수밖에 없는 근거를 찾고, 그 후손들이 받은 축복을 정리하고, 그 후손들이 믿음의 행적으로 축복이 지속된 것을 풀어서 설명하는 이 글은 믿음의 전통이 이어지기를 원하는 모든 신앙인에게 새로운 길을 보여 준다. 유다의 후손으로 예수님이 오신 것이 가장 큰 축복이고, 하나님은 유다의 가문을 통하여 인류를 구원하시는 축복을 주셨다.

　　어렵지 않게 읽히는 내용들이어서 부담 없이 읽을 수 있고, 부모와 자녀들이 같이 읽고 소감을 나누어도 좋을 것이다. 김 목사의 아들이 소감을 같이 정리해두어서 새로운 느낌을 주기도 한다.

　　김 목사가 정리한 유다가 복을 받을 수밖에 없는 이유 중 기억에 남는

몇 구절을 여기에 옮겨 적으면서 추천사를 마친다.

"베냐민 사건에서도 '유다'는 사람을 살리고자 노력한다. 그것도 자신이 타국에서 종이 되어서라도 동생과 아버지를 살리고자 한 것이다. 유다와 그 후손이 왜 하나님의 축복을 한껏 받았는지를 알게 해 주는 대목이다. 유다는 르우벤보다도 훨씬 더 적극적으로 사람을 살리는 일에 앞장섰다. 그것도 자신을 희생하면서까지 말이다"

"물론 기독교인이라면 '하나님의 뜻에 맞는 행위'를 하는 것이 중요하고, 그건 바로 '믿음'이 있어야만 나올 수 있는 것이기에 '행위'보다 '믿음'이 강조됨이 아닐까?"

"그 다말에게 자신의 권력을 이용해 죄를 뒤집어씌울 수 있었고, 죽여서 화근을 잘라 버릴 수 있었다. 그러나 유다는 그러한 행동을 하지 않았다. 자신의 죄를 다말에게 뒤집어씌우지도 아니했고, 오히려 자신의 부끄러운 행동을 드러내어 회개하고 있는 것이다"

2020년 4월

우창록 변호사(중앙교회 장로, 법무법인 '율촌' 명예회장)

목사의 일차적 사명은 하나님의 말씀을 올바로 전하는 것이다. 하나님의 말씀을 '올바로' 전하기 위해서는 그 말씀을 '올바로' 해석해야 한다. 하나님의 말씀에 대한 해석의 차이는 사람을 천국과 지옥으로 인도할 만큼 중요하다. 교파가 다르게 되고 사이비 이단이 나오는 것도 모두 하나님의 말씀에 대한 해석에서 기인한다. 설교를 위해 다음으로 중요한 것은 인간의 삶(human life) 혹은 세상사(worldly affairs)를 올바로 해석하는 일이다. 사람이 겪는 모든 일이 해석에 따라 더할 수 없는 위로가 되거나 오히려 더 큰 좌절과 실망을 줄 수도 있기 때문이다. 따라서 문제의 본질을 '올바로' 파악하는 것이 중요하다. 그래서 삶은 해석이라고 말한다. 그렇다면 올바른 해석은 누가 하는가? 어른, 즉 장성한 믿음이 말씀을 해석하고 삶을 해석한다. 그래서 사도바울은 "형제들아 지혜에는 아이가 되지 말고 악에는 어린아이가 되라 지혜에 장성한 사람이 되라"(고전14:20)라고 했다.

이 책『살리는 사람 유다』의 저자인 김수태 목사는 목회 문제로 어려움을 겪고 몹시 힘들어하던 중 어느 날 갑자기, 계시와 같은 하나님의 놀라우신 도우심으로, '유다'라는 성서의 가장 중요한 한 인물을 통해 자신의 문제에 대한 성서 신학적 해석(해결)에 눈을 뜨게 되고, 비로소 넘치는 기쁨으로 그 이후로 자신의 목회와 삶을 새롭게 이끌어간 기쁨과 그 깨달음을 이 책을 통해 소개하고 있다. 목회로 어려움을 겪고 있던 저자에게 찾아온 그 깨달음에 대해 이렇게 고백한다.

> "내게 요셉을 생각나게 하신 하나님은 요셉의 나이에 비한다면 '네 나이가 요셉보다 2.5배나 되니 잘 참을 수 있지 않느냐?' 하고 말씀하시는 것 같았다. 그때부터 하나님은 나의 눈을 열어서 요셉을 살리고, 사람을 살리는 '유다'라는 사람을 알게 해 주셨다…. 사람이 일생을 살아가면서 큰 깨달음을 얻는다는 것은 참으로 소중한 일일 것이다. 나는 그 깨달음을 얻게 되어 이 글을 쓰게 됐다"

한스 큉은 은사의 원리를 말하는 중 "각자는 자기의 것을 가져야 한다"라고 했다. 즉, 각자는 진리의 말씀에 대해, 배워서 아는 이론의 지식이 아니라, 스스로의 확신 체험에서 오는 지식이 있어야 한다는 말이다. 확신 체험에서 증거의 능력이 나오기 때문이다. 이 책의 저자는 야곱의 아들이요, 요셉의 형인 '유다'라는 한 인물을 통해 자신의 힘들었던 삶과 사역을 새롭게 해석하게 되고 이로써 문제를 근본에서 해결하는 그 지혜를 이 책을 통해 독자들과 나누기를 바라고 있다.

저자는 야곱의 넷째 아들인 유다가 신구약성경에서 차지하는 비중의 어떠함을 구약신학 전공자다운 통찰력으로 통일성 있고도 섬세하게 진술함으로써 한편으로는 명백한 것 같으면서도 또 다른 한편으로는 수수께끼 같은 인물인 구약성경의 유다의 실체, 즉 그의 인간됨, 그의 신앙, 그의 축복들을 자세히 밝히고 있다. 유다는 가장 위대한 다윗 왕의 조상일 뿐만 아니라 마침내 메시야이신 예수 그리스도의 조상이 되지만, 저자는 그것이 결코 단순히 계보상의 문제가 아니며, 유다를 통해 끝까지 역사하시는 하나님의 선하신 간섭과 인도하심 그리고 그 하나님에 대한 인간으로서의 모든 결함에도 불구하고, 인간의 모든 결함을 용서하시는 하나님의 무한하신 은혜와 함께, 오늘의 독자들에게 교훈이 되는 '살리는 인물'로서의 유다의 절대적인 믿음의 실체가 어떠함을 이 책을 통해 잘 보여 주고 있다. 이 책이 보여 주는 유다의 믿음의 어떠함을 오늘날의 우리 역시 깊이 새겨들음으로써 유다의 후손이 누릴 수 있는 모든 하나님의 축복, 즉 땅과 자손과 하늘의 축복을 동일하게 누릴 수 있길 바란다.

2020년 4월

백상열 목사[목회학 박사, 은진영성 대표(www.unjin.net)]

목차

제1부. 축복받은 유다 지파(창세기 49:8~10)

제1장. 살리는 사람 유다

「살리는 사람 유다」 - '유다'가 누구인가? … 그리고 성막 건립의 책임자 브살렐 … 28
  1. '유다'가 누구인가?
  2. 예수 그리스도, '유다 지파'에서 탄생하시다!
  3. 유다 지파를 통해 본 예수 그리스도
  4. 성막 건립의 책임자 '브살렐'

왜 유다인가! - '유다'가 누구이기에 큰 복을 누리는 것일까! … 37
  1. 창49:1~28
  2. 신명기32:35, 롬12:19
  3. 민수기16:31~35, 민수기12:1~10

요셉 이야기의 숨은 주인공 '유다' 이야기 … 47
  1. 성경에 나타난 '유다'의 행적
  2. 요셉의 후손을 성경에서 찾아보자
  3. 요셉을 살린 '르우벤', 왜 그는 유다와 같은 축복을 받지 못했나!

제1장. 「살리는 사람 유다」를 정리하며 … 61
  1. 살리는 사람 유다를 알게 된 김수태 목사
  2. 요셉의 이야기에 위로를 받다
  3. 그럼 대체 유다는 누구인가!
  4. 그럼 왜 유다는 이런 축복을 받았을까!
  5. 그런데 사람을 살리면 모두 축복을 받을까?

제1부

축복받은
유다 지파

(창세기 49:8~10)

"너의 나이가 요셉보다 2.5배가 되니까
잘 참을 수 있지 않느냐"

살리는 사람 유다

사람이 일생을 살아가면서 큰 깨달음을 얻는다는 것은 참으로 소중한 일일 것이다. 나는 그 깨달음을 얻게 되어 이 글을 쓰게 됐다. 참으로 하나님께 감사한 일이 아닐 수가 없다. 나는 신학대학과 대학원에서 진보적인 경향의 신학을 공부하였던 사람이다. 그리고 목사 안수를 받고도 11년간이나 기독교 기관(교회가 아닌 기독교 신념으로 운영되는 기관)에서 근무하였던 기관 목사였다. 진보적인 성향의 신학을 공부하였고 기관에서 11년간이나 지냈으니 나의 영적인 상태가 어떠하였겠는가!

기관 목사를 마치고 내가 사역한 교회는 교단에서 중대형 교회로 분류되는 곳이었다. 실제 목회 현장은 수많은 병자와 문제를 가진 성도와 성도의 가족으로 구성되어 있었다. 그들의 문제를 해결해 주는 사역이 바로 내가 시작한 목회였다. 그러나 나의 영적인 상태는 나로 하여금 확신이 없는 기도로 일관하게 했다. 목회를 시작한 지 1년 가까이 내 입에서는 "이 성도의 병을 치료해 주시기를 기도합니다"라는 기도의 내용, 그저 목사의 확신이 없는 평범한 기도가 흘러나왔다. 그러한 목회 생활을 이어오면서 내 속에서 커다란 회의와 갈등이 생겼고, 난 괴로워할 수밖에 없었다. 왜냐하면, 성경 속의 예수님은 모든 병자를 치료하시고, 모든 약한 자를 도와주셨던 사역으로 가득 차 있었기 때문이다. 예수님의 제자들도 사도행전에서 수많은 병자를 치료했고 약한 자들을 도운 사건으로 가득 차 있었기 때문이다. 그러나 나의 목회 현장에서는 아무런 기적도 일어난 적이 없었다. 나 스스로 확신 없는 기도를 하고 있으니 회의와 갈등은 당연한 결과였다.

그러한 나의 목회 생활에서 하나님은 변화의 바람을 불어 넣어주셨다. 그것은 바로 ○○○ 목사의 집회에 참석하면서였다. 그의 메시지는 '사람을 살리는 말씀들'로 가득했다. 이미 성경 속에 있는 말씀들이고 나는 보통으로 생각하던 말씀들이었다. 그러나 집회 참석 이후에는 아주 강한 말씀으로 들려오기 시작했다.

그 말씀들은 공유해 보자면 다음과 같다.

"살리는 것은 영이요 육은 무익하니라 내가 너희에게 이른 말이 영이요 생명이라"(요한복음6:63)

"육신의 생각은 사망이요 영의 생각은 생명과 평안이니라 육신의 생각은 하나님과 원수가 되나니 이는 하나님의 법에 굴복하지 아니할 뿐 아니라 할 수도 없음이라"(로마서 8:6~7)

위의 두 부분의 말씀들은 기독교인이라면 꽤 많은 사람이 누군가를 통해 들어본 영적인 말씀이다. 그런데 바로 이 말씀들이 사람을 살리는 길을 제시하고 있음에도 많은 사람이 그저 스치듯이, 아니면 의미를 정확히 알지 못하고 넘어간다. 지금 쓰는 글을 통해 위 말씀뿐만 아니라 더 많은 예수님의 메시지의 의미가 분명하게 우리에게 전해질 것이라 확신해 본다.

실제로 집회에서 들은 저 말씀 이후 나의 목회는 변화하기 시작했고, 병자들을 향하여서 기도할 때 그 기도의 내용 역시 달라졌다. 그것은 "이 병자를 고쳐 주시기를 바랍니다"라는 기도에서 "이 병자를 고쳐 주실 줄로 믿습니다"라는 작지만 아주 큰 변화였다. 확신 있는 목사의 기도인 것이다.

그러나 이러한 변화로 인하여 나는 그 교회에서 3년 7개월 만에 쫓겨나는 신세가 되고 말았다. 교회가 부흥(39구역에서 53구역으로 증가)해서 나를 좋게 생각해 주는 교인들이 많은 가운데 일부 교회 권력층에 의해 강제 퇴역을 당하고 만 것이다. 그 이후로 지금까지 겪어 보지 못했던 힘든 세월을 보내게 된다. 나는 교회에서 쫓겨난 목사의 처지가 되어 본 적이 처음이기에 그 고통이 얼마나 심각한지를 몰랐다. 갑자기 외로운 섬에 던져진 사람의 신세가 되고 말았다. 일체의 교류가 끊어지고, 적막강산이 나를 기다리고 있었다. 전에는 그토록 친절하던 사람들이 갑자기 나를 헤치려는 사람들 같았다. 나는 온통 사방으로 우겨 쌈을 당한 사람의 처지가 되고 말았다. 그로부터 하루하루 고통받으면서, 괴로워하면서 수개월을 보내던 어느 날이었다.

하나님께서 이집트에 팔려 간 요셉을 생각나게 해 주셨다.

요셉은 형들의 시기와 질투로 인하여 이집트 나라에 종으로 팔려 갔다. 17세의 혈기왕성한 청년이 그토록 억울한 일을 당한 것이다. 요셉의 억울함이란 말로 형용할 수 없었으리라. 한 피를 나눈 형제들이 자신을 죽이려 하다니! 요셉은 강도들에게 당한 것이 아니다. 이방인에게 당한 것도 아니다. 그렇다고 원수에게 당한 것은 더더욱 아니다. 차라리 강도나 원수에게 당했더라면 이토록 억울하지는 않았으리라. 요셉을 죽이려 한 자들이 누구인가? 그 누구보다도 사랑하고, 깊은 정을 나누면서 오손도손 살아가야 할 형제들이 아닌가? 그런데 그 형제들이 갑자기 야수로 변하여 자신을 죽이려 한 것이다. 그것도 황량한 광야의 깊은 웅덩이에 자신을 던져버린 것이다. 이제 죽음만이 요셉을 기다리고 있었다. 요셉의 이러한 체험은 다윗의 체험(시55:12~14)보다도 더 심각하다 할 것이다.

"나를 책망하는 자는 원수가 아니라 원수일진대 내가 참았으리라 나를 대하여 자기를 높이는 자는 나를 미워하는 자가 아니라 미워하는 자일진대 내가 그를 피하여 숨었으리라 그는 곧 너로다 나의 동료, 나의 친구요 나의 가까운 친우로다 우리가 같이 재미있게 의논하며 무리와 함께하여 하나님의 집 안에서 다녔도다"(시55:12~14)

아버지 야곱의 사랑받는 귀공자가 죽음이라는 절망을 심각하게 느끼고 있었던 것이다. 그러한 때 넷째 형 유다의 도움으로 겨우 죽음을 면하고 이집트의 노예로 팔려 가게 된다. 17세의 청년 요셉은 그 억울함을 억제하지 못하고 스스로 죽을 수도 있는 처지였다. 그러나 그는 13년의 세월을 견디어 내었고, 마침내 이집트의 총리대신이 되었다. 바로 그 요셉의 생명을 살린 분은 하나님이지만, 하나님의 도구로 쓰인 건 바로 요셉을 죽이고자 작당했던 형들 중 한 명인 '유다'였다.

내게 요셉을 생각나게 하신 하나님은 요셉의 나이에 비한다면 "네 나이가 요셉보다 2.5배나 되니 잘 참을 수 있지 않느냐?" 하고 말씀하시는 것 같았다. 그때부터 하나님은 나의 눈을 열어서 '유다'라는 사람을 알게 해 주셨다. 왜 나로 하여금 그 시점에서 '유다'를 알게 해 주셨는가? 나를 해치려는 사람들로 둘러싸이게 하시고, 요셉의 억울함과 나의 억울함을 일치시키시고, 그러한 극적인 상황을 만드시고, 나의 눈을 열어서 유다를 알게 해 주신 것이다. 여기에는 분명히 하나님의 뜻이 계시고, 이유가 있을 것이다. 오늘날의 성도들이 살리는 사람이 많지 않다는 것인가! 하나님은 살리기를 원하시는데, 사람들은 죽이기를 좋아한다는 뜻인가! 교회에서 쫓겨나고, 구덩이에 빠진 나를 건져내어 살리시는 하나님의 드라마를 보라고 하시는가! 여하튼 나는 새로운 소망을 갖게 되었고 그 억울함의 수렁에서 빠져나올 수 있었다.

「살리는 사람 유다」- '유다'가 누구인가?
…그리고 성막 건립의 책임자 브살렐

지난 글, 「너의 나이가 2.5배가 되니까 잘 참을 수 있지 않느냐」에 대한 추가적인 설명을 해 보고자 한다(지난 글 바로 보기: http://blog.naver.com/ joysoo79/20178270085). 당시 김수태 목사(『살리는 사람 유다』의 글쓴이)는 시련 가운데서 하나님의 말씀을 깨닫게 된다. 처음 꽤 큰 규모의 교회에서 목회를 시작할 때, 하나님은 믿음의 말씀으로 김 목사를 깨닫게 해 주었고 그때부터 기적이 일어나기 시작했다. <u>그런데 그 기적이 일어나고 있는 가운데, 시련이 함께 오게 된다. 꾸준히 부흥하던 교회의 담임목사, 교회에서 당연히 일어나야 할 성령의 역사를 못 받아들이는 사람들로 인해 김 목사는 한순간에 큰 교회의 목사에서 '교회에 분열을 일으킨 목사'로 전락하게 된 것이다. 마치 아버지의 사랑을 받으며, 하나님께서 꿈을 줄 정도로 하나님의 사랑을 받다가 한순간에 종이 된 요셉처럼 말이다.</u>

물론 모든 것이 남을 탓할 순 없다. 김수태 목사 역시 스스로에게 '내 죄는 무엇일까?', '내가 왜 이런 시련을 겪어야 하는 것인가?'에 대해 많은 질문을 던졌다고 한다. 그런 가운데 하나님은 요셉의 형이자 야곱의 넷째 아들인 '유다'를 김 목사에게 생각나게 해 주셨고, 그때부터 김 목사는 유다와 관련된 성경의 내용을 알아가기 시작한다.

이번 회는 『살리는 사람 유다』란 글 중에서 어쩌면 가장 기본이 되는

'유다가 누구인가'에 대한 글이다.

성경은 한 자, 한 자 모두 소중하다. 그리고 섬세한 하나님을 느낄 수 있게 해 준다. 김 목사가 기록한 유다를 보면 섬세한 하나님을 조금이나마 알 수 있다는 생각이 든다.

과연 김 목사의 시련을 이기게 해 주었던 깨달음의 원천! '유다'가 누구인지 알아본다.

그리고 또 한 가지! 성경에 보면 모세가 광야 생활을 할 때 하나님과 소통하는 공간이 바로 '성막'이다. 성막이 중요하긴 한데, 과연 성막은 누가 만들었을까? 당연히 하나님이 만들었는데, 그 성막을 만든 책임자가 있다! 요즘도 건물을 만들 때 총 책임자가 있듯이! 하나님의 지시를 받은 후 책임을 지고 성막을 건축한 책임자! 그에 관한 이야기도 함께 알아 보자.

1. '유다'가 누구인가?

『살리는 사람 유다』를 소개하고자 한다. 하나님께서 나의 눈을 열어 알게 하신 '유다'이다.

그는 야곱의 12명의 아들 가운데 넷째이다. 평범한 넷째 아들로 태어났지만, '유다'는 하나님의 특별한 축복을 누린 사람임을 알 수 있다. 단순히 보자면 11명의 형제와는 비교할 수 없는 너무나 큰 축복을 누린 것을 성경은 증명하고 있다. 우리는 흔히 요셉의 이야기에 집중하지만, 12명의 형제! 그 후손들의 기록을 살펴보면 우린 '유다의 이야기에 집중할 수밖에 없게 된다.

2. 예수 그리스도, '유다 지파'에서 탄생하시다!

유다 후손들의 면면을 보면 믿음의 사람들이 대를 이어서 나타나고 있는데, 그 하이라이트는 바로 인류의 구원자 '예수 그리스도'이시다. 예수님이 탄생하신 지파가 바로 '유다 지파'인데, 이 한 가지 사실만으로도 '유다'가 얼마나 복된 사람인가를 분명히 알 수 있다. 물론 예수 그리스도 이전에 '다윗'이라는 성경에 기록된 가장 위대한 왕 역시도 '유다 지파'인데, 예수님과는 비교할 수 없기에 가장 하이라이트는 바로 예수님이다. 성경은 마리아의 남편 '요셉'이 '다윗'의 자손이요, '다윗'은 '유다'의 자손임을 증명하고 있다.

성경을 통해 살펴보면, 다음과 같다.

"아브라함과 다윗의 자손 예수 그리스도의 세계라… 아브라함은 이삭을 낳고… 유다는 다말에게서 베레스와 세라를 낳고… 이새는 다윗 왕을 낳으니라… 야곱은 마리아의 남편 요셉을 낳았으니 마리아에게서 그리스도라 칭하는 예수가 나시니라"(마1:16)

"우리 주께서 '유다'로 좇아 나신 것이 분명하도다 이 지파에는 모세가 제사장들에 관하여 말한 것이 하나도 없고"(히7:14)

위의 두 부분 성경의 인용은 예수 그리스도께서 유다 지파의 후손임을 증거하고 있다.

물론 혹시나 오해가 없으시기를 바란다. 당연히 예수님은 성령님으로 수태하신 분이시며 하나님의 아들이시다. 그러므로 '유다'의 후손이라 말할 수는 없다. 다만 '유다' 지파를 통하여 이 땅에 오셨음은 분명한 사실이다. 생각해 보라. 예수님께서 왜 하필이면 유다 지파를 통하여 이 땅에 오셨을까? 우연일까? 우연은 결단코 아닐 것이다. 분명히 이유가 있기에 유다 지파를 통하여 예수께서 이 땅에 오신 것이다.

예수께서 탄생하신 유다 지파, 이 얼마나 큰 축복인가!

3. 유다 지파를 통해 본 예수 그리스도

나는 유다 지파를 통하여 예수께서 이 땅에 오신 그 이유를 밝히고자 한다. 그것이 바로 하나님께서 필자에게 큰 깨달음을 주신 이유이기 때문이다.

먼저 성경을 빛낸 유다 후손들의 면면을 소개하고자 한다. 우리가 흔히 스쳐 지나가듯 읽었던 내용을 세심히 살펴보면, 유다 지파의 믿음의 자손들이 얼마나 큰 인물들인가를 알 수 있다. 그리고 놀라운 하나님의 섬세함을 깨닫기를 바라는 마음이다.

① 유다 - 야곱의 넷째 아들이며 유다 지파의 족장이다(창29:35, 창49:8).
② 훌 - 모세의 손을 들어 아말렉과의 전투에서 승리하게 한 사람이다 (출17:12).
③ 브살렐 - 하나님께서 모세에게 지명하라고 하신 성막 건축의 책임자 이다(출31:2~4).
④ 갈렙 - 가나안 땅 정탐자들 중에서 여호수아와 함께 믿음의 증언을 한 자다(민14:6).
⑤ 야베스 - 성경에 나오는 축복의 기도를 한 대표적인 사람 중의 한 사 람이다(대상4:10).
⑥ 옷니엘 - 사사 시대의 제1대 사사이며 갈렙의 조카이다(삿3:9~10).
⑦ 다윗 - 하나님의 마음에 합한 자라는 칭호를 받은 자다(행13:22).

⑧ 솔로몬 - 지혜의 왕이며 예루살렘 성전을 건축한 이스라엘의 왕이다
(왕상8:13).

⑨ 아사 왕 - 우상 파괴를 실천하였으며 우상을 섬기려는 그 어머니 태
후의 위를 폐위시킨 결단력 있는 유다의 왕이다(왕상15:13).

⑩ 히스기야 왕 - 그림자를 십도나 뒤로 물러가게 하면서까지 그 생명
을 연장시켜 준 왕이다(왕하20:11).

⑪ 이사야 - 이사야서를 기록한 선지자이며, 메시야 예언자 중에서 가
장 많은 분량으로 분명하게 메시야의 일생을 예언한 선지자이다(사
11:1).

⑫ 스바냐 - 스바냐서의 저자요 유다 왕족 출신의 선지자(습1:1).

⑬ 요시야 왕 - 우상 파괴와 유월절을 지키도록 명령한 유다의 왕이다
(대하34:3).

⑭ 다니엘 - 포로기 시대의 빛나는 믿음의 사람이다(단9:23).

⑮ 스룹바벨 - 바벨론 포로에서 돌아와서 예루살렘 성전 재건을 주도
한 사람이다(학개2:2~3).

⑯ 마리아 - 성령으로 잉태하여 성자 예수를 낳은 유다 지파의 여인이
다(눅1:31).

⑰ 야고보 - 예수의 친동생이며 초대교회의 지도자요, 야고보서를 기
록한 사람이다.

⑱ 유다 - 예수님과 야고보의 친동생이며 초대교회의 지도자요, 유다서
를 기록한 사람이다.

위의 내용만 보아도 놀랍지 않은가! 위에서 나열한 유다 지파의 후손들
은 성경을 빛낸 사람들이다. 시대에 따라서 하나님의 역사에 중심적인 역
할을 한 인물들임을 알 수 있다.

그럼 여기서 질문을 던져볼 수 있다. "왜 예수께서 '유다'의 후손으로 오

섰는가? 그리고 '유다'의 후손 중에서 유독 믿음의 사람들이 많은가?"

나는 그 이유를 알고 싶었다. 우리가 그 이유를 충분히 알고, 우리가 '유다'와 같은 믿음의 삶을 산다면 우리의 후손들도 역시 '유다'의 후손들 같은 믿음의 후손들이 대를 이어 나타날 수 있을 것이란 확신도 들었다. 하나님께서 약속하신 말씀대로 천 대까지 그 후손에게 복을 주시겠다는 말씀이 바로 우리의 후손에게 이어질 수 있다는 말이다.

"너를 위하여 새긴 우상을 만들지 말고 또 위로 하늘에 있는 것이나 아래로 땅에 있는 것이나 땅 아래 물속에 있는 것의 아무 형상이든지 만들지 말며 그것들에게 절하지 말며 그것들을 섬기지 말라 나 여호와 너의 하나님은 질투하는 하나님인즉 나를 미워하는 자의 죄를 갚되 아비로부터 아들에게로 삼사 대까지 이르게 하거니와 나를 사랑하고 내 계명을 지키는 자에게는 천 대까지 은혜를 베푸느니라"(출20:4~6)

위의 말씀은 우상을 섬기지 아니하고 하나님을 사랑하고 그 계명을 지킨 자에게는 그 후손을 천 대까지 복을 주시겠다는 하나님의 약속의 말씀이다.

이미 우리는 하나님께서 그 말씀을 성경을 통해 보여 주고 있음을 알 수 있다. 바로 그 후손이 천 대까지 복을 받을 사람인 '유다'를 통해서 말이다.

성경의 핵심이 되는 일들이 '유다 지파'의 후손들을 통하여 이루어지고 있다.

이제부터 '유다의 자손'들이 하나님께 어떻게 축복을 받았는지, 그 증거의 이야기를 해 보려 한다.

4. 성막 건립의 책임자 '브살렐'

성막 건립이 왜 중요할까? 먼저 그 이유에 대해서 알아보자. 예루살렘 성전이 건축되기 전에 건립된 것이 모세 시대의 성막이다. 성막은 하나님과 이스라엘 백성들이 교통하는 장소였다.

성막을 완성한 그날 구름이 성막 위를 덮었는데, 이는 하나님께서 그와 같이 해 주신 것이다. 그날 이후로 낮에는 성막 위에 구름이 덮였고, 밤이 되면 불기둥이 성막 위를 덮었다. 그뿐만 아니라 구름이 성막에서 떠오르는 때에는 이스라엘 자손들이 행군을 진행해야 한다는 신호였고, 구름이 머무는 곳은 행군을 멈추어 진을 쳤던 것이다(민9:15~18).

이처럼 성막은 모세 시대 광야 생활에서 하나님과 이스라엘 백성들이 교통하던 중요한 장소였다. 즉, 하나님은 성막에서 모세에게 지시하시고, 이스라엘 백성들을 만나시고, 예배를 받으셨다. 그토록 중요한 성막은 하나님께서 직접 그 설계도(출25:9, 26:30)를 알려 주시면서 건축하게 된다. 그 설계도에는 성막의 크기와 쓰일 나무며 재질, 그리고 성막 안에서 쓰일 성물(聖物)까지 다 알려주셨다. 즉, 하나님 나라에서 존재하는 그 어떤 모형이 이 지상에 세워지는 최초의 사건인 것이다. 그러므로 성막의 중요성은 아무리 설명해도 부족하다 할 것이다.

신약성경에서도 성막의 중요성을 알려준다. 마태복음 기자는 예수 그리스도께서 십자가 위에서 운명하시던 바로 그 시각에 성소의 휘장이 위로부터 아래까지 찢어져 둘이 되고 땅이 진동하며, 바위가 터지는 현상(마27:51)을 기록하고 있다. 왜 그러한 일이 일어났을까? 그것은 바로 하나님의 아들 예수님이 운명하시던 그 시각에 하나님의 마음이 찢어지는 아픔을 나타낸 것이다. 하나님의 마음을 나타내시는 곳, 그곳이 바로 성소

<u>인 것이다.</u> 이처럼 성소, 성막, 성전은 하나님께서 자기 뜻을 사람들에게 보이시는 장소이다. 그러므로 성막의 중요성을 아무리 잘 설명해도 부족하다 할 것이다. <u>성막은 거룩한 장소요, 하나님께서 임재하시는 장소인 것이다.</u>

그토록 중요하고도 중요한 성막을 건립하는 일의 책임자가 누구인가?

우리는 흔히 레위 지파가 제사장이기 때문에 성막 건립도 책임을 질 것으로 생각하기 쉽다. 특히 모세가 속해 있었다는 점 역시 '당연히 레위 지파'라는 생각을 하게 만든다. 하지만 결론적으로 성막을 건립하는 책임자는 하나님께서 직접 지명을 하신 사람, 바로 브살렐이다. 브살렐 역시 유다 지파의 자손이다. 우리는 성막 건립의 책임자를 지명하시는 하나님의 명령을 확인할 수 있다.

"여호와께서 모세에게 일러 가라사대 내가 유다 지파 훌의 손자요 우리의 아들인 브살렐을 지명하여 부르고 하나님의 영을 그에게 충만하게 하여 지혜와 총명과 지식과 여러 가지 재주로 정교한 일을 연구하여 금과 은과 놋으로 만들게 하며"(출애굽기 31:1~11)

위의 글에서도 알 수 있듯이 하나님께서 직접 유다 지파의 자손 브살렐을 지명하시고 있다. 이 얼마나 영광스러운 직책인가! 성막 건립이라는 그 막중한 책임을 맡은 사람이 바로 유다 지파의 자손 브살렐인 것이다. 그뿐만 아니라 그 후에 건물로서의 성전인 예루살렘 성전이 건축될 때도 유다 지파의 자손들이 쓰임 받고 있다는 사실도 확인할 수 있다.

<u>예루살렘 성전을 건축하기 위하여 모든 물자를 장만한 사람이 누구인가? 바로 다윗 왕이다.</u> 그리고 다윗의 아들 솔로몬이 예루살렘 성전을 건

축한 이스라엘의 왕이 된다. 그뿐만 아니라 바벨론 포로기를 지나고 파괴된 성전을 다시 건축한 사람도 유다 지파의 자손인 스룹바벨이다. 이처럼 하나님의 성전과 관계되는 모든 일에 유다 지파의 자손들이 쓰임을 받는 것을 알 수 있다.

그리고 또 한 가지, 성막을 완성하고 난 다음에 이스라엘 12지파의 대표가 성막에 나아가서 하나님께 예물을 드리는 순서가 정해지는데, 신기하게도 '제1일' 담당 지파가 바로 '유다 지파'의 수장 암미나답의 아들인 '나손'이었다.

왜? 무슨 이유가 있어서 유다 지파의 자손이 성막에서 예물 드림에도 제1번으로 낙점을 받게 되는 것일까? 하나님은 왜 이리 유다 지파를 축복하실까?

어디 그것뿐이랴. 이스라엘 민족의 광야 여정의 행군에서도 12지파 가운데서 가장 선두는 유다 지파이다. 즉, 제1대의 제1진으로 유다 지파가 그 사명을 감당하고 있는 것이다. 이러한 행군의 순서 역시 하나님께서 모세에게 지시한 내용이다.

나는 이러한 성경의 사실들을 통해 '성경에 흐르고 있는 인간 구원 역사의 큰 광맥'이 다른 지파가 아니라 바로 유다 지파의 자손들로 이어지고 있음에 주목했다.

왜 유다인가!
- '유다'가 누구이기에 큰 복을 누리는 것일까!

필리핀 올랑고에는 철새 서식지가 있다. 그리고 그곳은 관광지가 되어 1년에 꽤 많은 사람이 그곳을 찾는다. 철새들의 자리가 세계 곳곳에 마련되어 있는데, 우리가 있을 곳, 우리가 먹을 것 또한 이 세상에 예비되어 있지 않을까? 우린 하나님의 뜻을 그저 따르면 많은 문제를 고민할 필요 없이 해결할 수 있다.

지난번 글을 보면 알겠지만, 평소에 우리가 다소 고리타분하게 여길 수도 있는 '성막 건립'에도 하나님의 큰 축복의 말씀이 함께하고 있음을 알수 있다. 『살리는 사람 유다』란 글을 통해 우린 성경이 얼마나 깊고 오묘한지 다시 한번 알 수 있는 시간이 될 수 있을 것을 확신해 본다.

다시 '유다' 이야기로 돌아가 보자. 『살리는 사람 유다』란 글의 시작만 보더라도 유다는 참 축복받은 사람이다. 그의 후손들은 하나님께 쓰임받는 축복과 함께 이스라엘의 위대한 왕으로 칭송받고, 결국 '예수님이 태어난 지파'라는 엄청난 축복까지 받게 된다. 그 외에도 중간마다 부, 명예, 지혜 등 하나님은 많은 축복을 유다와 그의 후손에게 주고 있다. 그렇다면 유다가 왜 축복을 받았는지 그 이유만 알게 된다면 우리 역시 그런 축복의 대상이 될 수 있지 않을까! 하나님이 유다를 예뻐하셨다면 우리도 유다같이 행동한다면 우리 역시 예쁨을 받을 수 있지 않을까! 바로

‘이유’만 안다면 말이다.

　그래서 이번 글의 제목으로「왜 유다인가!-‘유다’가 누구이기에 큰 복을 누리는 것일까!」를 잡아 보았다.

　추가로『살리는 사람 유다』란 글이 나오기까지 ‘김수태 목사’의 상황을 조금 설명해 보려 한다. 이미 20여 년이 지난 그때 당시 인간적으로 볼 때 김 목사는 앞으로의 희망이 크지 않았고, 오히려 믿음에 대한 실망이 커진 상황이었다. 이 때문에 모발이 약해지고, 탈모 증세가 일어나는 등 건강상의 변화도 있었고, 당연히 경제적인 어려움도 함께 다가왔다. 번듯한 교회 사택에서 겨울이 되면 찬바람이 집 안으로 스며드는 허름한 집으로 이사를 해야 했던 시기도 바로 이때였다. 하지만 그런 상황 가운데서도 하나님께서 알게 해 준 ‘유다’는 김 목사의 삶에도 분명 변화를 가져오기 시작했다. ‘경제적’인 변화만 볼 때 크게 변한 건 없었다. 하지만 분명 하나님은 어려운 가운데 길을 열어 주셨고, 지속해서 깨달음을 주셨다. 개척교회에서 불과 몇 명이 안 되는 사람이었지만 계속 말씀을 전하는 시간들이 이어졌다.

　성경 속 그리고 삶 속에서 깨달은 ‘유다’! 그는 과연 누구이기에 큰 복을 누릴까? 그 이야기를 해 보려 한다. 그리고 반대로 유다 외에 다른 형제들이 왜 축복을 받지 못했는가에 대해서도『살리는 사람 유다』란 글 속에서 살펴본다.

　그렇다면 도대체 ‘유다’가 누구이며 무엇을 하였기에 이토록 큰 복을 누리고 있는 것인가를 우리는 분명히 밝혀야 한다.

1. 창49:1~28

이 성경의 말씀을 참조해 보면 유다에 대한 이해를 할 수 있는 구절이 나온다.

먼저 '유다'의 아버지 야곱이 12명의 아들에게 예언하는 장면이 창세기 49장에 언급되고 있다. 즉, 야곱이 임종하기 직전에 그 아들들을 불러서 축복하는 장면이 기록되어 있는데 이는 야곱의 예언이라기보다는 하나님께서 야곱을 통하여 그 열두 아들에게 전한 예언의 말씀이다. 우리는 그 말씀들을 통하여 많은 사실을 알 수 있다. 축복받은 아들이 있는가 하면 저주를 받은 아들들도 있다. 아래에서 성경을 확인하여 보자.

> "이들은 이스라엘의 십이 지파라 이와 같이 그 아비가 그들에게 말하고 그들에게 축복하였으되 곧 그들 각인의 분량대로 축복하였더라"(창49:28)

야곱이 축복하는 내용 가운데 누가 가장 큰 축복의 말씀을 들었는가? 창세기 49장 전체를 읽어보면 '유다'가 단연코 돋보인다. 유다에게 주어지는 축복의 예언을 아래에서 읽어보자.

> "유다야 너는 네 형제의 찬송이 될지라 네 자손이 네 원수의 목을 잡을 것이요 네 아비의 아들들이 네 앞에서 절하리라 유다는 사자 새끼로다 내 아들아 너는 움킨 것을 찢고 올라갔도다 그의 엎드리고 웅크림이 수사자 같고 암사자 같으니 누가 그를 범할 수 있으랴 홀이 유다를 떠나지 아니하며 치리자의 지팡이가 그 발 사이에서 떠나지 아니하시기를 실로가 오시기까지 미치리니 그에게 모든 백성이 복종하리로다"(창49:8~10)

유다의 아버지 야곱이 축복하는 내용을 읽어보면 유다는 형제들에게 찬송이 되는 사람이요, 유다에게 모든 백성이 절할 것이요, 치리자의 지팡이가 떠나지 아니할 것이며, 그 용맹함은 사자와 같다는 것이다. 아버지 야곱이 축복한 대로 유다 지파는 이스라엘의 왕족이 되는데, 바로 다윗 왕으로부터 시작이 되었고 남 유다 왕국의 왕들로 이어진 것이다. 유다는 그 아버지 야곱으로부터 12명의 아들 가운데서 가장 큰 축복의 예언 말씀을 들은 것이다.

하지만 유다와 달리 어떤 아들들은 축복의 예언을 들은 것이 아니라 저주의 말을 듣고 있다.

왜 사랑하는 아들들에게 그 아비는 저주의 말을 하게 되는 것일까? 그 이유는 각인의 분량대로 축복한다는 야곱의 말에서 알 수 있다. 즉, 각자에게 축복의 분량이 있다는 뜻이다. 이는 아버지의 뜻대로 축복의 말을 주는 것이 아니라 하나님이 주시는 대로 축복할 수밖에 없다는 뜻이다. 아버지의 마음으로는 축복하고 싶으나 저주할 수밖에 없다는 해석이다. 어느 아비가 임종 전에 그 아들들에게 저주의 말을 하고 싶겠는가!

그러나 야곱은 시므온과 레위에게는 저주의 말을 하고 있는 것이다. 그것도 한 번만 저주함이 아니라 두 번씩이나 "저주를 받을 것"이라고 말하고 있다. 이는 아비 야곱의 뜻대로 예언함이 아니라 하나님의 뜻을 대변하기 때문이다.

우리는 저주를 받을 것이라는 말을 아래에서 읽어 보자.

"시므온과 레위는 형제요 그들의 칼은 잔해하는 기계로다 내혼아 그의 집회에 참여하지 말지어다 그들이 그 분노대로 사람을 죽이고 그 혈기대로 소의 발목 힘줄을 끊었음이로다 그 노염이 혹독하니 저주를 받을 것이요 분기가 맹렬하니 저주를 받을 것이라 내가 그들을 야곱 중에서 나누며 이스라엘 중에서 흩으리라"(창49:5~7)

저주를 받은 두 사람은 야곱의 둘째, 셋째인 시므온과 레위이다. 그 두 사람은 왜? 무엇 때문에 이토록 가혹한 저주의 말을 듣게 되는 것인가? 그 이유를 밝히는 것이 유다가 축복을 받는 이유를 아는 데 결정적인 열쇠가 된다.

시므온과 레위가 저주를 받는 이유는 저들이 어떤 사건을 모의하여서 사람들을 죽였다는 데 이유가 있다. 그것을 야곱이 임종 전에 축복 대신에 저주의 말을 대신하고 있는 이유이다. 그렇다면 시므온과 레위는 누구를 죽였다는 것인가? 왜 무슨 이유로 해서 사람을 죽였다는 것인가? 어찌하여 저들은 저들의 칼은 사람을 죽이는 칼이 되고 말았는가 하는 것이다.

그 이유는 창세기 34장에서 찾을 수 있다. 야곱이 4명의 아내로부터 12명의 아들을 낳았는데 레아로부터는 6명의 아들과 딸 하나를 낳았다. 레아의 딸 디나는 곧 루우벤, 시므온, 레위, 유다 잇사갈, 스불론과 같은 어머니이다. 그런데 야곱의 가족이 세겜 성 밖에 머물러 있을 때의 한 사건이 일어났다. 레아의 딸 '디나'가 세겜 성안으로 나들이를 갔다가 그 성의 성주 세겜에게 욕을 당하게 되었다. 이 사건으로 인하여 세겜은 디나를 열렬히 사랑하게 되었다. 그래서 세겜 성주는 그의 아비 하몰을 내세워서 디나와 결혼할 수 있도록 협상하여 주기를 요청하기에 이른다. 하몰은 아들을 위하여 결혼이 성사될 수 있는 조건을 제시해 달라고 '디나의 아버지 야곱에게 사람을 보냈다. 이 사건에 대하여 야곱과 레아의 아들인 시므온과 레위는 누이가 이방인에게 욕을 당함에 분노하고, 그 치욕을 갚아 줄 모의를 하게 된다. 그 모의는 보복을 하기 위함이었다. 그래서 저들은 속임수로 결혼의 조건을 제시하게 된다.

그 조건은 세겜 성의 모든 남자가 할례를 받으면 자신들과 통혼이 가능하다는 것이었다. 디나를 열렬히 사랑하는 세겜은 이스라엘 백성들과 결혼할 수 있다는 조건을 받아들이고 명령을 내렸다. 즉, 세겜 성의 모든 남자가 성주의 명령을 따라서 할례(창34:24~26)를 받았던 것이다. 당시의 의학 기술로는 남자들이 할례(포경 수술)를 받게 되면, 상당한 기간 동안 엉거주춤한 자세를 취할 수밖에 없었다. 그리고 그 기동성은 대단히 저하된 상태가 되는 것이다. 그러한 세겜 성의 상황을 이용하여 시므온과 레위는 할례를 행한 3일째 되는 날에 세겜 성으로 공격하여서, 성주 세겜과 그 아비 하몰과 세겜 성의 남자들을 다 죽이고 또한 소와 양과 나귀와 재물들을 노략질하였던 것이다.

바로 이 사건을 행한 시므온과 레위가 하나님으로부터 저주를 받게 되는 살인 사건인 것이다.

비록 자신들의 누이 '디나'가 이방인으로부터 수치스러운 욕을 당한 사건이었기에 저들에게 복수함이 정당하다고 주장할 수도 있다. 그러나 죄를 지은 세겜 성의 성주 '세겜' 만을 죽인 것이 아니다. 그 아비와 그 성의 남자들을 다 죽인 것이다. 그러한 행위를 하나님은 저주로 답하시고 있는 것이다. 더욱이 할례를 받은 남자들이 고통받고 있는 시점에서 저들을 다 죽인 것은 정당화될 수가 없다는 것이다.

할례가 어떤 제도인가? 그 제도는 하나님께서 "아브라함과 맺은 언약의 표징"(창17:9~14)인 것이다. 즉, 히브리인의 남자아이가 태어나면 8일 만에 양피를 베어내는 의식을 행하라는 제도이다.
즉, 할례는 하나님께서 명령하신 성스러운 제도로서 하나님께 영광을 돌리기 위한 제도이다. 그러한 할례 제도를 시므온과 레위는 자신들의 목적을 성취하기 위한 궤계로 사용한 것이다. 그것도 세겜 성주를 속이고 집단으로 세겜 성의 남자들을 죽이는 데 이용한 것이다. 이러한 악용은 용납받을 수 없는 악행이다.

하나님은 시므온과 레위를 가리켜 "그들의 칼은 사람을 죽이는 무기다 그러므로 그들의 모의에 상관하지 말아라 그들의 집회에 참여하지 말아라"(창49:5~6)라고 하신다. 왜냐하면 그들은 자신들의 분노대로 사람을 죽였다는 것이다. 더욱이 하나님의 거룩한 제도인 '할례'를 이용하여 사람들을 죽였기 때문이다. 그러므로 저들은 "저주를 받을 것이요 분기가 맹렬하니 저주를 받을 것이라"(창49:7)라고 하신다. 저주를 받을 것이라는 말은 실로 사람이 말하는 중에서 최고로 무서운 말이다. 더욱이 사람의 저주가 아니라 하나님의 저주가 임했으니 피할 길이 없다. 하나님만이 그 저주를 풀어서 해방시켜 줄 수 있을 뿐이다.

왜 시므온과 레위는 그토록 혹독한 말을 받고 있는 것인가? 그 이유는 세겜 성의 남자들을 죽였기 때문이다. 비록 누이가 욕을 당했다 할지라도 살육이라는 보복은 하나님께서 용납할 수 없는 것이다. 왜냐하면 "원수 갚는 일은 사람이 하는 일이 아니라 하나님의 일"[1]이라고 하셨기 때문이다.

2. 신명기32:35, 롬12:19

필자는 시므온 지파의 후손들 가운데서 성경을 빛낸 사람을 아직은 찾지를 못했다. 그리고 레위 지파의 후손들을 보자. 엘리 제사장의 두 아들 '홉니'와 '비느하스'는 블레셋 나라와의 전쟁에서 같은 날 전사하고 만다. 그들은 평소에도 하나님의 눈 밖에 난 불량자(삼상2:12)라는 평을 들었으며, 저들은 특히 하나님의 제사를 멸시하는 사람이었다. 또한, 사무엘 제사장의 아들 '요엘'과 '아비야'도 사사가 되었으나 그 아버지 사무엘의 행

---

1 신명기32:35, 롬12:19.

적을 따르지 아니하고 자신들의 이익을 따라서 뇌물을 받고 판결을 굽게 하는 사사(삼상8:3)였다. 물론 레위 지파의 자손들 가운데서도 성경을 빛낸 사람들이 나타나기도 한다. 모세, 예레미야, 에스겔 같은 사람들이 나타나기도 하였지만, 유다 지파처럼 그 후손들이 계속하여 뛰어난 믿음의 자손들이 나타나지를 않고 있다. 반대로 하나님의 뜻을 따르지 아니하여서 하나님의 진노를 받은 레위의 후손들이 나타나고 있다.

모세에게 불평하고 불만을 하다가 땅이 꺼져서 생매장을 당한 일족의 사람들이 누구인가? 그들은 바로 레위 후손인 '고라'² 일당이다. 고라와 그 일당 250명은 모세의 지도력에 대하여 불평하다가 하나님의 진노(민수기16:31~35)를 받고 만다. 심지어는 모세의 누이 미리암과 형인 아론이 모세를 비방하다가 미리암이 '문둥병'³에 걸리고 만다. 모세가 누구인가? 민족의 지도자요, 하나님과 직접 교통하는 하나님의 종이다. 그 모세를 누구보다도 자랑스러워해야 하고 적극적으로 도와야 할 누이와 형이 모세를 비방한 것이었다. 실로 저주받은 레위의 후손들의 모습이다.

3. 민수기16:31~35, 민수기12:1~10

하나님은 분명히 사람을 죽이는 일에는 가담하지 말라고 하셨다. 죽이는 일은 저주를 받는 행위라고 하신다. 성경에서 얼마든지 확인할 수 있다. 아래의 하나님 말씀들을 읽어 보자.

"여호와의 미워하시는 것 곧 그 마음에 싫어하시는 것이 육칠 가지니 곧 교만한 눈과 거짓된 혀와 무죄한 자의 피를 흘리는 손과 악한 계교를 꾀하는 마음과 악으로 달리

---

2 민수기16:31~35.

3 민수기12:1~10.

는 발과 거짓을 말하는 망령된 증인과 및 형제 사이를 이간하는 자니라"(잠언6:16~19)

"레위와 세운 나의 언약은 생명과 평강의 언약이라 내가 이것으로 그에게 준 것은 그로 경외하게 하려 함이라 그가 나를 경외하고 내 이름을 두려워하였으며"(말라기2:5)

위의 성경 두 구절에서 하나님께서는 미워하시는 것과 사랑하시는 것을 분명히 제시하고 있다. 미워하는 것은 무죄한 자의 생명을 빼앗는 것이다. 그리고 하나님이 이스라엘 백성에게 주신 언약의 말씀은 생명과 평화이다. 예수님께서도 이 땅에 오셔서 하신 일들은 사람을 사람답게 살도록 해 주신 것이다. "가난한 자에게 복음이 전파되고 눈먼 자에게 다시 보게 하시고 포로된 자에게 자유를 마귀에게 눌린 자를 자유케"(눅4:18)하셨다. 실로 예수님은 사람을 살리시는 일들에 집중하신다.

그러므로 생명을 살리는 일! 바로 그것이 바로 하나님의 축복받는 일임을 깨달을 수 있다. 앞에서 인용한 말씀을 다시 인용하여 보자.

"살리는 것은 영이니 육은 무익하니라 내가 너희에게 이른 말이 영이요 생명이라"(요한복음6:63)

위의 성경 구절에서 알 수 있는 바와 같이, 예수님의 말씀이 영이요 생명이다. 그 영은 바로 사람을 살리는 영적인 말씀들임을 알 수 있다. 그러므로 성경은 분명히 생명을 살리는 사람이 하나님의 축복의 대상이 됨을 알려주고 있으며, 반대로 사람을 죽이는 자는 하나님이 싫어하시는 일이요, 저주를 받는 대상이 되고 마는 것도 알려준다.

이 글(살리는 사람 유다)의 주인공 유다는 하나님의 말씀, 곧 살리는 일을 실행한 자인가? 분명히 그러하다. 성경에 많은 곳에서 유다가 사람을 살리는 일을 한 사람임을 증명하고 있다. 그는 형제들이 동생 요셉을 죽이고자 하였을 때 어찌하든지 '살리고자'[4] 했던 사람, 그것을 기억한다면 유다가 왜 축복을 받았고, 그 외의 다른 형제들이 유다 후손들과 왜 다른 길을 갔는지 이해하는 데 도움이 된다.

최근 IPTV 업체들은 다양한 형태로 고객들에게 '영화'를 소개한다. 그런 가운데 '죽기 전에 꼭 봐야 할 영화'란 코너에서 <십계>라는 영화를 발견했다. 모세가 애굽을 탈출하는 이야기가 중심이 되는 영화이며, 십계명이 어떻게 이스라엘 백성에게 주어졌는지 등이 나오는 옛 영화이다. 최근에 기술이 좋아져서인지, 꽤 괜찮은 화질로 3시간이 넘는 영화지만 흥미진진하게 영화를 볼 수 있다.

<십계>를 보면 일부 유대인들이 40일(모세가 시내산에 올라가 있는 시기)을 참지 못해서 아론으로 하여금 금 신상을 만들게 하는 죄악을 지었으며, 지도자 모세에게 반대하고, 그 사건으로 인해 땅이 갈라지고 땅속으로 빠져 죽는 모습을 볼 수 있다. 하나님이 사랑해서 애굽에서 건져주었지만, 불과 40일을 못 참는 모습을 보면서, 사람이란 존재가 얼마나 허약한지 알 수 있었다. 그리고 그런 허약함에 빠졌을 때, 난 어떤 일을 우선으로 해야 할지에 대해 위의 글인 「살리는 사람 유다」를 통해 조금이나마 이해할 수 있을 듯하다.

유다와 형제들, 그들은 분명 축복과 저주라는 반대되는 결과를 받았다.

---

4 양소지, 『시로 읽는 예수 족보』, 서울, 로뎀서원, 2004, p. 130.

요셉 이야기의 숨은 주인공 '유다' 이야기

「살리는 사람 유다」는 말 그대로 유다의 이야기를 전하고 있다. 성경을 조금 읽어본 나와 같은 많은 사람은 대부분 형제들에게 미움을 사 죽을 뻔하고, 또 노예로 끌려가서 모함을 받아 감옥에 들어가고, 그러다 결국 하나님의 예비하심으로 애굽 나라의 총리대신에까지 오른 '요셉'에 관한 이야기를 알고 있다. 어린 시절 주일학교에서도 많이 배운 내용으로 이 사건을 보면서 나 역시 '고난받는 것이 꼭 나쁜 건 아니구나'란 생각을 해 본 적이 있다. 물론 내가 인생에서 큰 고난을 겪어보진 못했기에 '고난'이란 말을 쉽게 꺼낼 수는 없지만, 무언가 힘든 사건으로 고난을 겪는 주변 사람들에게 성경의 말씀, 특히 요셉의 사건은 큰 위로를 줌을 알고 있다.

나의 아버지인 김수태 목사 역시 요셉의 이야기로 인해 많은 위로를 얻었고, 위로뿐만 아니라 하나님께서 김 목사에게 요셉의 사건과 함께 「살리는 사람 유다」의 이야기를 깨닫게 해주셨음을 알고 있다.

하나님이 요셉의 사건으로 우리에게 위로를 주셨다면, 유다의 이야기까지 알고 나면 우리가 어떻게 축복을 받을 수 있는지에 대한 정확한 방법까지 알게 된다. 물론 하나님은 무수히 많은 사건으로 우리가 어떻게 하면 축복을 받는지 말씀해 주시고 있지만, 유다의 이야기는 성경에 나오는 한 사건이 아닌 성경 전체에 펼쳐지는 하나님의 축복을 보여 줌으로써 우리에게 확실한 축복의 통로를 알려주고 계신다.

최근 내 주변에는 부부의 인연을 맺고, 또 새로운 생명의 탄생을 보는 친구, 형, 누나 등 지인들이 많다. 과거 나와 축구공이나 농구공을 들고 놀던 친구들이 이제는 자신과 비슷한 얼굴을 한 아이들을 안고 모임에 나타나는 걸 보면 정말 놀랍다. 그리고 그들이 자신들의 아이를 얼마나 아끼는지, 사랑스러워하는지를 보면 새삼 더 놀랍다. 자기 자신보다 더 소중한 존재가 바로 자신의 가족이 아닐까. 그 가족들이 어떻게 하면 축복을 받을 수 있을까. 그 해답을 「살리는 사람 유다」에서 찾아볼 수 있다.

오늘은 왜 유다의 이름 앞에 '살리는 사람'이란 말이 붙었는지에 관해 이야기하려 한다. 우리가 잘 알지만 간과하기 쉬웠던 요셉과 유다의 이야기이다. 이 내용에는 지금까지 언급한 유다 외에도 요셉의 후손에 대한 이야기도 찾아볼 수 있다.

1. 성경에 나타난 '유다'의 행적

동생 요셉은 아버지 야곱의 사랑을 독차지하고 있었을 뿐만 아니라 또한 꿈을 꾸어서 형제에게 말하기를 "밭에서 곡식 단을 묶었는데 형들의 곡식 단이 요셉 자신의 곡식 단에 절을 하더라"(창37:7)라는 것이다. 그리고 이어서 또 꿈을 꾸었는데 이번에는 "해와 달과 열한 별이 요셉의 별에 절을 하더라"(창37:9)는 것이다. <u>요셉은 자신이 꾼 꿈을 형제들에게 말하였고, 이로 인하여 형제들은 요셉을 시기하고 질투하게 된다.</u>

그러던 어느 날, 형들이 집에서 멀리 떨어진 세겜이라는 곳에서 양 떼를 치고 있을 때였다. 이때 요셉이 아버지의 심부름으로 형들을 찾아오게 되고, 저 멀리 동생 요셉이 오는 것을 보고 "저 꿈꾸는 자의 꿈이 어떻게 되는가 우리가 볼 것이라"(창37:20) 하면서 요셉을 죽이기로 모의를 하는

데, 형들의 속셈은 요셉을 죽인 후에 악한 짐승이 잡아먹었다고 그 아비를 속이자는 것이었다. 이러한 위급한 상황에서 맏형 르우벤이 요셉을 살리려고 "피를 흘리지 말자 그를 광야 구덩이에 던지고 자신들의 손으로 요셉을 죽이지 말라"(창37:22)라고 제안을 하게 된다. 맏형의 제안을 받아들여서 형들은 요셉의 옷을 벗기고는 광야의 구덩이에 던져 넣고 말았다. 마침 그 웅덩이는 물이 없는 빈 웅덩이였다. 그렇지만 요셉은 자신의 힘으로는 그 깊은 웅덩이에서 탈출하여 생명을 구할 길은 없었다. 이제 요셉은 굶주림과 추위와 목마름의 고통 속에서 죽음이라는 어두움의 그림자가 자신을 덮치는 상황에 놓이게 됐다. 그러한 위급한 상황에서 우리의 주인공 '유다'가 그 형제들에게 말하기를 "우리가 우리 동생을 죽이고 그의 피를 숨긴들 무엇이 유익할까 그러지 말고 저를 이스마엘 상인들에게 종으로 팔아버리고 우리 손으로 그를 죽이지 말자 그는 우리의 동생이요 우리의 골육이니라"(창37:26~27) 하고 제안을 하였던 것이다. 당시의 상황으로는 유다가 동생 요셉을 살릴 수 있는 최선의 선택을 했는데, 당시 죽이려는 형제들을 설득하는 데 최선의 방책이 아닌가 생각된다. 그리하여 성경에 나왔듯 요셉은 이스마엘 상인들에게 종으로 팔려 가게 된다.

당시 상황을 살펴보면 이미 형제들은 요셉의 옷을 벗기고 웅덩이 안에 던져 넣은 상태이다. 그리고 그 옷에 숫염소의 피를 묻혀서 요셉이 악한 짐승에게 잡아먹혔다고 그 아비를 속이려고 모의했다. 그러한 상태에서 아무런 일이 없었던 것처럼 요셉을 웅덩이에서 건져내어서 다시 옷을 입히고 아버지 집으로 돌아가라 하고 말할 수는 없다. 그 급박한 상황에서 동생 요셉을 살릴 수 있는 길은 "팔아버리자"라고 제안하여 우선은 그 생명을 살려놓는 데 초점을 맞추는 길이다. 넷째 형 '유다'의 역할로 인해 '요셉'은 그 생명을 유지하게 되었고 이집트 나라에 종으로 팔려 가게 된다. 양소지도 '유다'가 동생 '요셉'을 살려준 사람[5]이라고 평가하고 있다.

---

5 양소지, 『시로 읽는 예수 족보』, 서울, 로뎀서원, 2004, p. 130.

여기서 또 재미있는 사실을 발견할 수 있다. '유다'는 동생 요셉을 이국땅으로 팔아버린 일로 인하여 마음의 가책[6]을 받아서 그 아비 집에서 아무런 일도 없었던 것처럼 형제들과 동거할 수는 없었다. 창세기 38장에는 유다가 그 아비 집을 떠나서 아둘람 땅에 가서 아둘람 사람 히라와 함께 살고 있었음이 밝혀진다. 왜 유다는 아버지 집을 떠나서 다른 지역에서 형제가 아닌 사람과 함께 살 수밖에 없었을까? 고대 사회에서는 아버지 집에서 형제들과 함께 사는 것이 보통이다. 유다가 스스로 그 아비 집을 떠나고 형제들을 떠나서 살고 있는 이유는 무엇인가. 그 이유는 동생 '요셉'이 악한 짐승에게 잡아먹혀 죽었다고 아버지를 속인 후 아버지와 함께 사는 것이 괴로워서 그러한 유랑의 길을 선택하였음을 추측해 볼 수 있다.

"그들이 서로 말하되 우리가 아우(요셉)의 일로 인하여 범죄하였도다 그가 우리에게 애걸할 때 그 마음의 괴로움을 보고도 듣지 아니하였으므로 이 괴로움이 우리에게 임하도다 르우벤이 그들에게 대답하여 가로되 내가 너희더러 그 아이에게 득죄하지 말라고 하지 아니하였느냐 그래도 너희가 듣지 아니하였느니라 그러므로 그의 피 값을 내게 되었도다 하니"(창42:21)

'유다'가 동생 요셉을 살려주는 행위는 하나님께서 기뻐하시는 역할을 한 것이다. 필자는 아래의 성구에서 하나님은 생명을 살리시기를 얼마나 기뻐하시는가를 알 수 있었다.

"주 여호와의 말씀에 나의 삶을 두고 맹세하노니 나는 악인의 죽는 것을 기뻐하지 아니하고 악인이 그 길에서 돌이켜 떠나서 사는 것을 기뻐하노라 이스라엘 족속아 돌이키고 돌이키라 너희 악한 길에서 떠나라 어찌 죽고자 하느냐 하셨다 하라"(에스겔33:11)

---

6   양소지, 『등불성경』, 서울, 로뎀서원, 2004, p. 58. 창세기 38:1 주석.

앞의 구절에서 알 수 있는 바와 같이 하나님은 악인까지도 회개하고 돌이켜 사는 것을 기뻐하신다. 하나님은 한없이 자비로우신 분이시다. 그러기에 악인의 죽음까지도 기뻐하지 않으시는 분임을 우리는 알아야 한다. 그 하나님께서 형제들에게 죽임당할 만한 죄를 지은 바가 없는 '요셉'이라는 청년이 죽기를 바라시겠는가! '요셉'은 두 번이나 꿈을 꾸었지만, 그 꿈은 요셉이 꾸고 싶다 하여 꾼 꿈이 아니다. 하나님께서 요셉에게 꾸게 하셔서 요셉이 꾼 꿈이다. 달리 말한다면 하나님은 요셉을 통하여 무엇인가를 계획하시고 있음을 꿈으로 알려 주신 것이다.

즉, 하나님의 특별하신 계획이 있어서 '요셉'으로 하여금 그러한 꿈을 꾸게 하셨다. 그러므로 '요셉'은 하나님의 특별한 계획 속에 있는 사람이지, 형제들이 죽여도 좋을 사람이 아니라는 말이다.

그러나 우리가 주목해야 하는 것은 하나님의 특별한 계획 속에 있는 '요셉'을 살려준 사람이 바로 '유다'라는 사람이란 점이다. '유다'가 살리는 일을 했다는 데 관심을 집중해야 한다.

창세기에 나오는 '요셉 이야기'에서 누가 주인공이라고 생각하는가? 물론 '요셉'이다. 그러나 '요셉 이야기'에서 '요셉'과 더불어 중요한 한 사람이 있으니 그가 바로 '유다'라는 사람이다. '요셉'은 드러난 주인공이요, '유다'는 숨은 주인공이라고 말한다면 어떨까! 필자는 유다라는 사람을 알면 알수록, 더 나아가 유다의 후손들을 알면 알수록 유다라는 사람이 얼마나 하나님의 사랑을 받은 사람인가를 깨닫게 되었다.

혹시 '요셉 이야기'에서 하나님의 또 다른 의도가 있다는 것인가? 요셉보다도 더 중요한 주인공이 있다는 뜻인가! 이는 하나님이 일으키시는 사건에서 드러내놓은 주인공인 '요셉'보다도 드러나지는 않았지만 참으로 중요한 주인공이 있다는 말씀인가! 필자는 유다의 후손들과 요셉의 후손들을 비교해 보면서 하나님의 또 다른 의도를 알 것만 같았다.

2. 요셉의 후손을 성경에서 찾아보자

"바아사가 여호와 보시기에 악을 행하되 여로보암의 길로 행하며, 그가 이스라엘로 범하게 한 그 죄 중에 행하였더라"(왕상15:34)

"유다 왕 아사랴의 삼십팔 년에 여로보암(2세)의 아들 스가랴가 사마리아에서 이스라엘의 왕이 되어 여섯 달을 치리하며 그 열조의 행위대로 여호와 보시기에 악을 행하여 이스라엘로 범죄케 한 느밧의 아들 여로보암의 죄에서 떠나지 아니한지라"(왕하 15:8~9)

위의 두 구절에서 등장하는 왕 중에 느밧의 아들 여로보암은 요셉 자손이다. 즉 하나님은 요셉(에브라엠) 지파에게도 복을 주어서 북 이스라엘의 왕국의 왕이 되게 해 주셨다. 그가 바로 <u>북 이스라엘 왕국의 초대 왕 여로보암(1세)이다. 그런데 성경에는 "이스라엘로 범죄케 한 느밧의 아들 여로보암의 길"이라는 말을 북 이스라엘 왕국의 여러 왕에게 인용되고 있다. 실로 요셉의 후손이 하나님 보시기에 악을 행하는 사람의 대명사처럼 인용됨이 놀라울 뿐이다.</u> 바아사 이스라엘의 왕도, 여로보암 2세의 아들 스가랴 왕도 여로보암 1세의 길로 행하는데… 그 길은 하나님 보시기에 악을 행하는 길이라는 것이다. 위에서 언급한 이스라엘의 두 명의 왕만이 악한 길로 감이 아니라 19명의 북 이스라엘의 왕들이 대부분 다 그러한 악한 길로 행하였다. 그 19명의 왕이 다 요셉 지파의 자손들은 아니라 해도 북 이스라엘을 대표하는 요셉 지파의 후손들이 왜 그러한 악한 길을 가고 있는지는 앞으로도 지속해서 연구해야 할 과제이다!

필자는 살리는 사람 '유다'가 '요셉 이야기'의 중요한 또 한 사람의 숨은 주인공임을 확신한다. 그리고 '유다'를 통해 주시고자 하는 하나님의 메시지를 간파해야 한다. 그리고 다시 한번 더 로마서의 말씀을 읽어보자.

> "육신의 생각은 사망이요 영의 생각은 생명과 평안(peace)이니라 육신의 생각은 하나님과 원수가 되나니 이는 하나님의 법에 굴복치 아니할 뿐 아니라 할 수도 없음이라 육신에 있는 자들은 하나님을 기쁘시게 할 수 없느니라"(롬8:6~8)

요셉 이야기에서 그 형들은 육신적인 생각을 하였기 때문에 동생 요셉을 시기하여 죽이려고 모의했다. 그러나 '유다'는 하나님께서 기뻐하시는 영의 생각을 한 것이다. 영의 생각은 생명과 평화임에 주목하자. 죽이려 하는 육신적인 생각을 하는 사람들은 하나님과 원수가 되는 길을 가게 된다. 그러나 영의 생각을 했던 유다는 하나님을 기쁘시게 하는 길을 간 것이다. 하나님과 원수가 되는 길을 가는 사람들이 어찌 하나님을 기쁘시게 할 수 있겠는가!

위의 글에서 알 수 있듯이 그 유명한 요셉의 이야기에서 김 목사는 '숨은 주인공', 바로 유다를 발견했다. 하나님의 말씀에 어긋나지 않은 행동을 하는 유다, 그래서 '생명과 평안'을 중시한 하나님의 뜻을 전한 유다의 이야기는 우리에게 분명한 메시지를 주고 있음을 알 수 있다.

이어서 위의 글에 잠시 언급됐는데, 유다 외에도 요셉을 살리고자 했던 사람이 한 명 더 있음을 알 수 있다. 바로 야곱의 첫째 아들 '르우벤'이다.

르우벤에 대해서도 「살리는 사람 유다」란 글에 언급된다. 다음번 포스트에서는 유다와는 또 다른 살리는 일을 한 '르우벤'과 '유다'는 어떻게 차이가 있는지에 관해서 이야기해 볼 계획이다.

왜 「살리는 사람 르우벤과 유다」가 아닌 「살리는 사람 유다」가 글의 제목이 됐는지 알 수 있는 대목이다.

성경에 나온 많은 사람을 우리가 쉽게 기억할 수는 없다. 물론 잘 기억하고 있는 사람들도 있으리라. 그러나 교회를 30년 넘게 다녔지만 내가 아는 성경의 인물들은 10대 때 교회 학교에서 배운 인물들과 별반 차이가 없는 듯하다. 사실 회개할 부분임을 이렇게 글로 쓰고 나서야 깨닫게 된다. 아무튼, 성경에는 수많은 인물이 나오는데 우리는 그들이 과연 어떤 삶을 살았는지 잘 알지 못한다. 하지만 우리가 성경에 나온 그 많은 사람의 삶을 조금씩 알아가다 보면, 그들의 믿음 또는 행동으로 인해 그들이 어떻게 하나님께 축복을 받았는지, 또는 축복을 받지 못하고 어렵게 살았는지 알 수 있다. 그중에서도 특히 축복받은 사람들의 행동을 보면, '우리도 이렇게 하면 축복을 받을 수 있구나!'라고 조금의 힌트를 얻을 수 있다. 김수태 목사의 글 「살리는 사람 유다」를 통해서도 우린 유다를 통해 '축복'을 위해 우리가 해야 할 일을 알게 된다.

그렇다면 반대로, 비슷한 일을 행했음에도 축복을 받지 못한 사람들, 심하면 저주를 받은 사람들을 통해서도 우린 우리가 하지 말아야 할 행동에 대해서 힌트를 얻을 수 있다. 물론 성경의 인물들에 대해 우리가 모든 걸 알 수는 없고, 또 성경의 부분적인 면을 보고 "이 사람은 잘못됐어!"라고 쉽게 이야기할 수도 없다. 하지만 분명 '어떠한 사건, 어떠한 일은 하면 안 된다!'라는 깨달음은 얻을 수 있다.

다행히 『살리는 사람 유다』에는 축복을 받은 유다 외에 축복을 받지 못한 이의 내용도 찾아볼 수 있다.

3. 요셉을 살린 '르우벤', 왜 그는 유다와 같은 축복을 받지 못했나!

물론 필자가 간과해서는 안 되는 한 사람이 있다. 즉, 유다 이외에도 요셉을 살리고자 애쓴 사람이 있었다. 그가 바로 맏형 르우벤이다. 그렇다면 왜 르우벤은 '유다'와 같은 축복을 받지 못했는가? 필자는 그 이유도 분명히 밝혀야 함을 알기에 르우벤에 대한 이야기를 해 보려 한다.

성경은 르우벤이 동생 요셉을 살리는 데 앞장을 선 사람임을 증거하고 있다. 죽이려는 형제들에게 "우리들의 손으로 요셉을 죽이지 말자 그를 광야 웅덩이에 던져 넣자"(창37:21~22) 하고 말한 사람이 바로 르우벤이다. 이는 르우벤이 동생 요셉을 살리고자 하였음을 증명한다. 그리고 르우벤은 맏형이므로 그 누구보다도 영향력이 큰 사람이다. 그런 르우벤이 요셉을 죽이지는 말자고 하니 요셉을 죽이고자 했던 형제들도 그의 뜻을 따라 웅덩이에 던져 넣는 데 합의하게 된 것이다. 르우벤의 행동도 우선은 동생을 살려놓고 보자는 의도였음을 유추해 볼 수 있다. 그러므로 르우벤도 동생 요셉을 살리려고 적극적으로 노력한 사람인데 그럼 당연히 르우벤의 후손들 역시 유다의 후손처럼 축복을 받았을까? 안타깝게도 르우벤의 후손 중에서는 축복을 받은 사람을 쉽게 찾아볼 수 없다.

그 이유는 무엇일까? 특히 유다 지파와 비교가 안 되며, 결국 르우벤은 장자의 명분(역대상5:1)까지도 요셉 지파에게 빼앗겨 버리게 된다.

> "이스라엘(야곱)이 그 땅에 유할 때에 르우벤이 가서 그 서모 빌하와 통간하매 이스라엘이 이를 들었더라"(창35:22)

위의 구절에서 읽어본 바와 같이 야곱의 장자 르우벤은 씻을 수 없는 죄악을 행하였는데 그것은 서모(아버지의 첩)와 통간(간통과 동일한 말)을 하였던 점이다. 비록 서모라 하지만 아버지의 아내이다. 그러한 사람과 통간을 했으니 용서받지 못할 큰 죄악임이 분명하다. 야곱이 임종 시에 유언할 때도 그 사건을 말하면서 "르우벤은 아비의 침상에 올라 더럽혔다"(창49:4)라는 말을 남기고 있다. 그가 저지른 죄가 너무나 중(重)하였기에 그 복을 다 감하고 말았다는 결론을 내려볼 수 있다.

성경은 아버지와 어머니를 치는 자와 저주하는 자(출애굽기21:15, 17)는 반드시 죽이라고 말씀하고 있다. 그리고 누구든지 그 계모와 동침하는 자는 그 아비의 하체를 범한 죄가 된다. 그러한 경우에도 반드시 그 두 사람을 다 죽이라(레위기20:11)고 나온다. 이러한 말씀에 비추어 보면 르우벤은 죽임을 당할 만한 죄악을 행했던 것이다. 그러하기에 르우벤은 하나님의 축복에서 멀어진 것이다.

<u>그리고 유다와 르우벤은 똑같이 '살리는 사람'이긴 했지만, 행동에 분명 차이가 있었다. 창세기를 면밀하게 읽어보면 유다가 르우벤보다 살리는 일에 훨씬 더 적극적인 행동을 한 사람으로 나타나고 있다. 그러한 증거는 요셉이 이집트 나라의 총리가 되고 난 후의 사건에서 알 수 있다.</u>

요셉이 이집트에서 13년 동안 종으로서 살아왔다. 그러다가 하나님이 주시는 꿈을 해석하는 능력으로 인하여 이집트 나라 바로 왕의 꿈을 해석해 주고는 그 나라의 총리대신이 되는 행운을 얻게 되었다. 요셉이 그 당시 강대국이었던 이집트의 총리가 된 후에 이집트와 중동 일대에는 큰 흉년이 들었다. 7년간의 흉년으로 인하여 곡식을 구하는 것은 매우 어려운 일이었다. 요셉이 총리로 있었던 이집트는 곡식이 있었지만, 그 주변국은 미리 대비하지 못했기에 곡식을 구입하기 위해서는 이집트로 가야만 하는 일이 벌어졌다. 이러한 연유로 야곱의 아들 역시 곡식을 구입하기 위하여 이집트로 가게 됐다.

곡식을 구입하기 위하여 요셉 총리 앞에 선 사람들, 그들은 바로 요셉을 이스마엘 상인들에게 팔아넘긴 형제들이었다. 그런데 이집트로 간 형제들 중 총리가 된 요셉의 동생(라헬의 아들. 요셉과 베냐민)인 베냐민이 없었다. 그 누구보다도 동생 베냐민의 생사를 알기를 원했던 요셉은 형들에게 여러 가지 질문을 해 동생이 생존해 있음을 알게 된다.

그리고 그 동생을 직접 보길 원한 요셉은 다음에 곡식을 구입하러 올 때는 반드시 베냐민을 데려오라고 엄명을 내렸다. 만약에 베냐민을 데려오지 아니하면 당신들은 곡식을 구입할 수도 없을 뿐만 아니라 당신들을 스파이로 알겠다고 말했다. 그래서 두 번째 곡식을 구입하려고 할 때에 반드시 베냐민을 동행해야만 했는데, 요셉을 잃은 후 상심이 컸던 아버지 야곱은 베냐민을 그 형들의 손에 보내려 하지 않는다. 그 이유는 자신이 사랑하던 아들 요셉이 악한 짐승에게 먹혀 죽었다고 알고 있었고, 요셉의 동생 베냐민마저 죽게 될까 봐 염려했기 때문이다.

이러한 상황을 타개하기 위하여 마침내 르우벤이 나서게 되는데 그것은 르우벤 자기 아들 두 명의 생명을 걸고 기필코 베냐민을 다시 데려오겠다는 약속을 한 것이다. 아래에서 르우벤의 용기 있는 맹세를 읽어 보자.

"르우벤이 아비에게 고하여 가로되 내가 베냐민을 아버지께로 데리고 오지 아니하거든 나의 두 아들을 죽이소서 내가 그를 아버지께로 데리고 돌아오리이다"(창42:37)

르우벤의 약속 이후에야 비로소 곡식을 구입하기 위해 베냐민과 함께 이집트로 가게 된다. 요셉 총리는 자신의 동생 베냐민이 생존하여 있음을 확인하고는 청지기에게 꾀를 내어 동생 베냐민을 이집트에 머물게 하려고 꾀를 쓴다. 그 꾀는 베냐민의 곡식 자루에만 요셉의 은잔과 곡식값을 몰래 넣어 베냐민을 도둑으로 몰아 이집트에 남기는 것이었다. 형제들이 곡식을 구입 후 집으로 가던 중 요셉 총리의 청지기가 군사를 이끌고 추격해 와서는 형제들의 곡식 자루를 검사하게 되고, 곡식 자루 검사에

떳떳했던 형제들은 만약에 총리의 은잔을 훔친 사람이 있다면 총리의 종이 되겠다고 대답했다.

성경에서도 이 장면을 생생히 묘사하고 있다. 아래에서 저들의 말의 실수를 읽어보자.

"종들 중 뉘게서 발견되든지 그는 죽을 것이요 우리는 우리 주의 종이 되리이다 그가 가로되 그러면 너희 말과 같이 하리라 그것이 뉘게서든지 발견되면 그는 우리 종이 될 것이요 너희에게는 책망이 없으리라"(창44:9~10)

요셉의 형제들은 자신들이 총리의 은잔을 훔친 적이 없기에 위와 같이 당당하게 대답하였던 것이다. 그런데 총리의 은잔이 베냐민의 곡식 자루에서 발견되고 말았다. 이제 베냐민은 애굽에 머물러야만 하고 총리의 종이 되어야만 하는 난감한 처지가 되고 만다. 야곱의 아들들에게 큰 문제가 생긴 것이다. 저들 형제들은 곡식을 구입하기 위하여 베냐민을 이집트로 데려올 때 그 아버지 야곱에게 약속하였던 것이다. 그 약속은 틀림없이 베냐민을 데려오겠다는 약속이다. 만약 데려오지 못한다면 르우벤은 자기 아들 두 명이 죽게 된다. 참으로 저들에게는 심각한 일이 닥치고 만 것이다. 만약 베냐민을 데려가지 못한다면 아버지를 뵐 면목이 없다. 베냐민에게 어떤 문제가 생긴다면 그 아버지 야곱이 슬픔으로 인하여 죽을지도 모른다. 참으로 위급한 지경이다.

이러한 위급한 상황이 발생했으니 누가 나서서 문제를 해결할 것인가? 당연히 맏형 르우벤이 나서야 한다고 생각할 수 있다. 더욱이 자기 두 아들의 생명까지 담보가 되어 있으니 말이다. 그런데 르우벤은 잠잠했다. 둘째 시므온도 잠잠했다. 셋째 레위도 마찬가지다. 그 누구도 나서지 아니하고 침묵하고 있을 뿐이다.

그때 우리의 주인공 '유다'가 용감하게 그 위급한 문제를 해결하려고 자신을 던지고 있다. 유다는 자신을 희생해 이 문제를 해결하게 되는데, 유다의 자기희생적인 말을 아래에서 읽어 보자.

"청컨대 주의 종으로 아이를 대신하여 있어서 주의 종이 되게 하시고 아이는 형제와 함께 도로 올려보내소서 내가 어찌 아이와 함께하지 아니하고 내 아비에게로 올라갈 수 있으리이까 두렵건대 재해가 내 아비에게 미침을 보리이다"(창44:33~34)

유다는 자신이 베냐민을 대신해 총리의 종이 되겠다고 한다. 그러니 베냐민을 아버지 집으로 돌려보내 달라고 요청하고 있다. 즉, 베냐민이 아버지 집으로 돌아가지 못한다면 그 재해가 아버지에게 일어날 것이란 걸 안 유다는 자신을 희생한다. 이미 동생 요셉에게 저지른 죄악으로 인하여 괴로워하던 유다였다. 또다시 베냐민으로 인하여 아버지가 고통당하는 것을 볼 수가 없었음이 분명하다. 이러한 유다의 행동은 자기희생적이다. 르우벤과 유다의 차이를 단적으로 보여 준다.

'유다'가 누구냐? '요셉'에게는 자신을 살려준 고마운 형이다. 그 '유다'가 다시 아버지와 동생 베냐민을 살리기 위하여 스스로 종이 되겠다고 나선 것이다. 이러한 유다의 행동을 보고는 마침내 요셉이 감동을 받게 되고, 자신이 바로 형제들의 동생 요셉이라고 밝히게 된다.

실로 베냐민 사건에서도 '유다'는 사람을 살리고자 노력한다. 그것도 자신이 타국에서 종이 되어서라도 동생과 아버지를 살리고자 한 것이다. 유다와 그 후손이 왜 하나님의 축복을 한껏 받았는지를 알게 해 주는 대목이다. 유다는 르우벤보다도 훨씬 더 적극적으로 사람을 살리는 일에 앞장섰다. 그것도 자신을 희생하면서까지 말이다.

필자는 이제 유다와 그 후손들이 어떠한 하나님의 축복을 받게 되는지를 이 글에서 밝히게 될 것이다. 하나님께서 유다 지파에게 주시는 그 놀라운 축복의 현장을 살펴보자.

이번 '르우벤'과 관련된 글을 보면서 개인적으로 놀란 건 르우벤이 간통을 저지른 죄악보다, 르우벤보다 더 사람을 살리고 자기희생까지 했던 유다의 모습을 발견한 것이다. 단순히 그는 요셉만을 살린 것이 아니었다. 하나님은 우리에게 '유다'를 통해 너무 많은 것을 알게 해 준다. 성경을 읽다 보면 자신을 내려놓음이 얼마나 귀함을 알 수 있는데, 그걸 실천한 사람이 유다임을 알 수 있었다.

제1장. 「살리는 사람 유다」를 정리하며

『살리는 사람 유다』란 글은 김수태 목사가 어려움 중에 하나님께서 주신 깨달음을 기록한 글이다. 그 글을 하나님이 주셨다고 이야기할 수 있는 건, 역사적인 사실이 모든 걸 증명하기 때문이다. 총 19장의 글로 이뤄진 글 중 첫 번째 장인 「살리는 사람 유다」에 대한 글을 몇 번에 나눠 기록해 봤다. 꽤 핵심이 되는 내용들, 특히 하나님이 야곱의 네 번째 아들인 '유다'를 통해 무엇을 우리에게 보여 주시는지 충분히 알 수 있는 내용이 실렸음에도 나의 부족한 글솜씨 때문에 글이 다소 어렵게 표현되기도 했을 것이다. 특히 성경에서 기록한 방대한 역사는 쉽게 알기엔 나부터도 어려움을 느낀다. 그래서 1장이 끝난 지금 약간의 정리를 해 보려 한다.

1. 살리는 사람 유다를 알게 된 김수태 목사

이 글이 나오게 된 건 김수태 목사가 겪은 일과 함께 보면 조금 이해가 쉬워진다. 개인적으로 '고난 속에서 찾아오신 하나님'을 통해 많은 사람에게 위로가 되길 희망해 본다.

김수태 목사는 순탄할 것만 같았던 교회 담임목사 생활에서 고난을 겪게 된다. 그 정확한 이유는 하나님이 아시겠지만, 정확한 사실은 고난을 받은 후 김수태 목사 그리고 그의 가족들이 하나님께 더욱 다가가고 있었다는 점이다. 방언과 예언, 병 고침 등 놀라운 일들이 벌어졌지만, 오히려 그러한 일들은 김 목사에게 교회를 나오는 상황이 되어버렸고, 그로 인해 인간적으로는 힘들었지만 분명 하나님은 하나님의 이야기를 김 목사에게 들려주셨다.

그 이야기가 바로 유다의 이야기이다.

2. 요셉의 이야기에 위로를 받다

유다의 이야기를 알기 전에 요셉의 이야기가 먼저 나온다. 우리가 아는 요셉은 누구인가. 아비인 야곱의 사랑을 한 몸에 받았고, 두 번의 꿈을 꾸었으며, 그 사건으로 인하여 형제들의 미움을 사고, 결국 죽을 고비에서 살아나 애굽의 종이 된 요셉의 이야기! 그리고 결국 총리대신에까지 오르며 가족을 구원한 요셉의 이야기는 김수태 목사뿐만 아니라 많은 사람에게 하나님이 어떤 분이며, 고난 가운데서도 분명 위로를 받을 수 있는 이야기이다.

어린 나이의 요셉 역시 그 험한 고난을 잘 이겨냈는데, 나이가 찬 어른들이 자신에게 닥친 고난을 못 이겨낼 게 무엇이 있을까! 김 목사 역시 자신이 요셉보다 2.5배나 많은 나이였음을 기억하고 위로를 받으며 그 당시 고난을 이겨내겠다는 마음을 먹는다. 그리고 요셉의 이야기에 숨은 주인공인 유다를 발견하게 된다.

3. 그럼 대체 유다는 누구인가!

자꾸 '유다', '유다' 하는데, 유다는 누구인가!? 성경에서 '유다'란 이름으로 가장 유명한 인물은 안타깝게도 예수님을 팔아넘긴 가룟 유다이다. 하지만 성경을 자세히 보면 '유다 지파'라는 말이 많이 나온다. 김 목사가 발견한 유다는 아이러니하게도 예수님을 팔아넘긴 가룟 유다가 아닌 '유다 지파'의 유다이다.

이스라엘의 12지파는 야곱의 12 아들로 인해 만들어지는데, 그중 네 번째 아들이 바로 '유다'이며, 유다 지파에는 그 유명한 다윗 왕이 있었고, 다윗 왕과는 비교하지 못할 '예수님' 역시 유다 지파에서 탄생하신다. 여기서 잠깐! "동정녀 마리아에게서 난 예수님에게 웬 지파?"라고 하신다면, 예수님의 어머니인 마리아가 바로 유다 지파의 자손 요셉과 부부이기 때문이다. 예수님이 유다 지파에 소속된다기보다는 유다 지파의 사람에게서 예수님이 탄생하셨기 때문에 유다 지파는 엄청난 영광을 입었다고 보면 될 것이다.

결과적으로 유다 지파는 엄청난 축복을 받았다. 예수님과 다윗 왕뿐만 아니라 유다 지파의 면면을 살펴보면 엄청난 축복을 받았음을 알 수 있는데, 성막 건축의 책임자 브살렐(브살렐 이야기)을 비롯해 많은 사람의 이야기를 통해 확인할 수 있다.

<u>유다는 야곱의 네 번째 아들이고, 큰 축복을 받은 사람이다! 이것을 기억하자!</u>

4. 그럼 왜 유다는 이런 축복을 받았을까!

유다는 정말 엄청난 축복을 받았다. 이제 1장이다 보니 몇몇 사건만 보여 주지만, 19장까지 계속해서 그가 어떤 축복을 받았는지 알 수 있는 증거들로 가득하다! 그런데 하나님이 왜 이런 축복을 유다에게 주셨을까!? 그 이유만 안다면 우리도 축복을 받을 수 있지 않을까!

유다가 축복을 받은 데는 여러 가지 이유가 있겠지만, 그중에서 김수태 목사가 깨달은 점은 바로 '요셉의 이야기'에 나온다.

요셉의 이야기는 요셉이 주인공이지만, 김 목사가 이야기하는 숨은 주인공은 바로 '유다'이다.

요셉을 살리신 건 분명 하나님이시다. 하지만 하나님은 그 가운데 유다를 사용하셨다. 형제들이 요셉을 죽이려 할 때 유다는 그를 살리자고 형제들을 설득한다. 비록 종으로 팔아넘기긴 했지만, 생명을 살린 유다의 행동은 분명 축복받아 마땅한 일이다. 이 글은 제목은 「살리는 사람 유다」이다. 결과적으로 제목을 풀어보자면 '요셉을 살린 사람 유다'라고도 볼 수 있다. 사람을 살리는 일, 그 일에 하나님은 큰 축복을 더해 주셨다.

5. 그런데 사람을 살리면 모두 축복을 받을까?

유다와 함께 요셉을 살리는 데 하나님의 쓰임을 받은 사람이 있다. 그건 바로 야곱의 장남인 '르우벤'이다. 하지만 르우벤은 유다와 같은 축복을 받지 못했다. 그 이유는 르우벤은 유다와 다른 죄를 지었기 때문이다.

하나님은 분명 사람을 살리는 일에 대해 축복을 하신다. 하지만 사람만 살린다고 모두 복을 받는 건 아니다. 하나님을 두려워하고, 하나님의 뜻에 맞게 살아야만 복을 받는다. 그럼 유다가 어떤 삶을 살았기에 하나님의 축복을 받았을까! 살리는 사람 유다, 우린 그에게서 축복의 통로를 찾아볼 수 있다.

김 목사에게 주신 하나님의 말씀 제2장은 '유다의 의'에 대한 내용이다.

유다의 '의(義)' 그리고 '회개'란 무엇일까?

꽃 피는 봄이 오고 있다. 그리고 예수님의 부활을 기념하는 부활주일 역시 이번 주이다. 2009년경에 길에서 우연히 찍은 꽃처럼, 우리는 부활 이후로 새로운 삶을 살아가고 있다. 단지 우리가 모르고 살아갈 뿐이다. 봄이 주는 '새롭다'란 이미지처럼, 부활주일과 함께 새롭게 거듭날 우리를 기대해 본다.

교회에 다니다 보면 의문이 드는 점이 한둘이 아니다. 사람이란 존재가 워낙 약하디약하다 보니 의심도 많고, 온전한 믿음을 가지는 게 참 어렵다고 생각해 본다. 나 스스로도 평생을 교회에 다녔지만, 아직까지 의문도 많고, 또 잘 알지 못함에 부끄러운 적이 한두 번이 아니다. 그런 의문 중에 기독교와 타 종교를 구분하는 것에 대해서 사람들이 오해하는 점이 있어서 잠깐 이야기해 보려 한다. 바로 기독교는 '행위'보다는 '믿음'을 중요시한다는 점에 대해서다.

일부 기독교를 비판하는 사람들은 이야기한다. "아니, 저렇게 행동하는 사람이 천국 간다고? 어떻게 기독교인이라면서 저렇게 행동하는 거야!", "과거에 그렇게 나쁜 짓 많이 하더니 회개한다고 천국 간다는 게 말이나 돼!" 등 교회 다니는 사람들의 행동을 보면서 기독교에 대해 비판한다.

사실 이런 부분에 대해서 비판을 들을 때 교회 다니는 사람들이라면 답하기 어려웠던 적이 한 번씩은 있지 않았을까. 그렇다면 사람들의 이런 비판에 있어서 과연 우리는 그걸 무시하고 우리에겐 '믿음'이 있으니깐 괜찮다고 그냥 쉽게 생각할 수 있을까.

우리가 이러한 비판 속에서 가장 먼저 생각해야 할 것은 인간은 '행위'로써 완전해질 수 없다는 것이다. 성경에 '믿음의 조상'인 아브라함조차 하나님은 "너는 행위로써 자랑할 것이 없다"라고 말씀하셨다. 그러나 그렇다고 해서 하나님이 "행동은 아무렇게나 해!"라고 말씀하신 적은 절대 없음을 기억해야 한다.

여기서 약간의 해답을 찾을 수 있지 않을까. 사람의 행위 자체가 하나님의 구원을 얻는 도구는 아니지만, 분명 행위로 인해 벌을 받을 수 있고, 또한 행위로 인해 하나님의 축복을 받을 수도 있다는 점에서 '행위' 역시 분명히 중요하단 걸 알아야 한다. 물론 기독교인이라면 '하나님의 뜻에 맞는 행위'를 하는 것이 중요하고, 그건 바로 '믿음'이 있어야만 나올 수 있는 것이기에 '행위'보다는 '믿음'이 강조됨이 아닐까!

그렇다면 하나님의 축복을 받은 '유다' 그의 행위는 어땠을까? 김수태 목사의 『살리는 사람 유다』란 글의 제2장의 제목은 '유다의 의(義)'이다. 우린 제2장에서 유다의 행동에 관해서 확인해 볼 수 있다.

사실 제2장 유다의 의를 먼저 읽고 나서 잘 이해가 안 되는 부분이 있어서 목사님께 조금 더 구체적으로 물어봤고, 그는 이에 대해 성경을 인용해 하나님의 '의(義)'란 과연 어떤 것일까에 대해 이야기해 주었다.

'제2장. 유다의 의'를 읽기 전에 먼저 성경에서 말하는 의(Rightness)란 무엇인지 김수태 목사의 설명을 적어 본다.

"성경에서 말하는 의란 사람의 의가 아닙니다. 보통 의란 쉽게 이야기하면 사람들이 보기 '좋은 일', 옳은 일을 하는 것을 이야기하는데, 하나님의 의란 사람이 아닌 하나님이 보시기에 좋은 일, 옳은 일을 하는 것을 의미합니다. 즉, 하나님의 말씀을 실천하는 자를 뜻하는 것이지요. 성경 말씀을 인용해 보겠습니다.

'네 말로 의롭게 되고, 네 말로 정죄된다'(마태복음 12장 37절)

'우리가 믿음으로 의롭게 하심을 받았으니'(로마서 5장 1절)

'아브라함이 하나님을 믿음에 그것이 그에게 의로 여겨진 바 되다'(로마서 4장 3절)

우린 위의 세 가지 말씀에서 하나님의 의에 대해서 말씀하고 있습니다. 그리고 믿음과 사람의 행동, 말과의 관계에서 생각해 볼 수 있습니다. 하나님의 뜻에 따르는 행위, 그것이 곧 하나님의 '의'라고 생각해 볼 수 있습니다"

그럼 김수태 목사의 글 '제2장. 유다의 의'를 읽어 보자.

유다는 과연
하나님의 의를 실천한 사람인가?

야곱의 넷째 아들 유다는 동생 요셉을 살려 주었을 뿐만 아니라[7] 그는 하나님의 의를 실천한 사람이었다. 특히 그는 회개할 줄 아는 사람이었고, 하나님의 말씀을 지킨 자를 높여 주는 사람이었다. 그렇다면 과연 회개하는 사람에게 의가 있다고 말할 수 있을까? 정답부터 이야기하자면 그렇다고 대답할 수 있다. 성경에서 이에 대한 이야기를 쉽게 찾을 수 있는데, 세례 요한이 "회개하라 천국이 가까웠느니라"(마태복음3:2)라고 외치면서 그에게 나아오는 사람들에게 세례를 베풀었고, 요한은 회개하는 사람들에게 세례를 베풀었다. 예수님께서도 제1성(聲)으로 "회개하라 천국이 가까웠느니라"(마태4:7)라고 하셨다. 세례 요한과 예수님의 모습에서 보듯이 예수님을 구주로 믿는 첫 번째의 일이 바로 회개(悔改)하는 일이며, 회개로 인해 우리는 예수를 믿는 사람이 되는 것이다.

성경은 "아브라함이 하나님을 믿으매 이것이 의로 여기신 바 되었다"(로마서4:3)라고 말씀하시고 있다. 그러므로 회개하고 하나님을 믿는 자에게 '의'가 있다고 말해도 무리가 없을 것 같다.

그렇다면 유다는 과연 회개하는 사람이었을까. 유다의 일화를 성경에

---

7 양소지, 『시로 읽는 예수 족보』, 서울, 로뎀서원, 2004, p. 130.

서 찾아봤다.

유다는 형제들이 동생 요셉을 미디안의 상인들에게 팔아버리고는 그 아버지 야곱에게는 동생의 채색옷에다 숫염소의 피를 묻히고는 짐승에게 먹혔다고 거짓말을 하게 되었는데 그것이 유다의 마음에 가책[8]이 되어서 스스로 그 아버지의 집을 떠나서 헤브론 땅 아둘람 지역에 가서 살고 있었다. 아끼고 사랑하던 아들 요셉이 죽은 것으로만 안 아버지 야곱은 자신의 옷을 찢고 굵은 베로 허리를 묶고 오래도록 요셉을 위하여 애통하였다고 성경은 기록하고 있다. 그러한 아버지를 뵈옵고 사는 것이 양심에 가책이 된 유다는 스스로 아버지 집을 떠나 다른 지역에 가서 살고 있었다. 우리는 유다가 스스로 그 아비의 집을 떠났다는 사실만으로도 다른 형제들과 비교됨을 알 수 있다. 맏형 르우벤도 그 아비의 집에 살고 있고, 둘째 시므온도, 셋째 레위도 그리고 다른 형제들도 그 아비 집에서 같이 살고 있는데, 오직 유다만이 그 아비 집을 떠나서 다른 지역에서 살고 있었다는 것은 아비의 강요에 의해 아비 집을 떠난 것이 아니라 스스로 행동한 것임을 알 수 있다.

그 유다가 가나안 사람 수아의 딸과 결혼하여서 아들을 3명을 낳게 되었는데 '엘', '오난', '셀라'였다.

세월이 흘러서 유다는 장자 '엘'을 위하여 아내를 맞게 하였는데 그 여인의 이름이 '다말'이었다. 성경은 유다의 장자 '엘'이 여호와의 목전에서 악을 행하므로 여호와께서 '엘'을 죽이셨다고 하였다. 엘은 자신의 죄 때문에 죽임을 당했고, 아내 '다말'은 남아있었다.

---

8 양소지, 『시로 읽는 예수 족보』, 서울, 로뎀서원, 2004, p. 130.

당시 이스라엘에는 레비리트[9] 율법이 있었는데, 이 율법은 형이 죽으면 형의 씨를 이어가기 위해 동생이 형수와 부부의 관계가 되어야만 한다는 내용이다. 물론 이 법칙은 당시 하나님의 뜻이었고, 아버지 유다는 둘째 '오난'에게 레비리트 율법을 지키도록 명령을 내렸다. 그것은 곧 '오난'이 형수인 '다말'을 자신의 아내로 맞아들여야만 하는 일이었다. 그 '오난'이 형수의 침실에 들어가게 되었을 때, 그때 오난은 죽은 형 '엘'의 부인에게서 낳을 아이가 형의 아이가 되는 것이 싫었던 탓에 관계를 맺은 후 땅에다가 설정을 하고 말았다. 이러한 행위는 하나님의 뜻을 어긴 것이며, 하나님의 목전에 악한 행위가 되었으므로 하나님은 둘째인 '오난'도 죽게 하셨다.

> "오난이 그 씨가 자기 것이 되지 않을 줄 알므로 형수에게 들어갔을 때에 형에게 아들을 얻게 아니하려고 땅에 설정하매 이 일이 여호와 목전에 악하므로 여호와께서 그도 죽이시니"(창세기38:9~10)

유다 지파의 족장 유다에게는 큰 위기가 닥쳐왔다. 장자와 차자가 죽어버리고 말았던 것이다. 이제 살아남은 아들은 '셀라' 혼자였다. 이러한 때 유다는 자신의 며느리 '다말'을 친정으로 돌아가서 '셀라'가 장성하기를 기다리라고 명령했다. 이러한 명령을 내린 배경을 살펴보면 셋째인 '셀라'마저 죽을까 염려가 돼 의도적으로 다말을 친정으로 보냈음을 알 수 있다. 그런 유다의 생각도 모른 채 친정으로 돌아가서 기다리고 있던 유다의 며느리 '다말'은 셋째인 '셀라'가 장성하기만을 기다리고 있었다. 세월이 흘러서 셀라가 충분히 장성하였건만, 시아버지 유다로부터는 아무런 소식이 없었다.

---

9 레비리트(계대) 결혼 법: 신명기25:5~10. 아들을 낳지 않고 형이 죽으면 그 죽은 자의 아내는 타인에게 시집을 가지 말고 남편의 형제와 결혼하여서 낳은 첫아들을 죽은 자의 아들로 하여 그 후사를 잇게 하는 법을 말한다.

유다의 며느리 다말의 혁명적인 행동

이는 유다가 다말에게는 셋째인 '셀라'를 신랑으로 줄 마음이 없었기에 다말에게 소식이 전해지지 않은 것이다. 유다는 이때 자기 아들들의 죄를 보지 못하고 두 아들의 죽음의 이유를 다말에게서 찾았다. 다말이 재수 없는 여인이기에 두 아들이 죽었다고 생각한 것이다. 이러한 분위기를 충분히 감지한 '다말'은 가히 혁명적이라 할 만한 비상수단을 강구할 수밖에 없었다. 그 비상한 수단은 바로 자신이 창녀로 변복하고 시아버지 유다의 씨를 받아내는 일을 계획한 것인데 우리는 그 장면을 성경에서 읽어 볼 수 있다.

"혹이 다말에게 고하되 네 시부가 자기 양털을 깎으려고 딤나에 올라왔다 한지라 그가 그 과부의 의복을 벗고 면박으로 얼굴을 가리고 몸을 휩싸고 딤나 길 곁 에나임 문에 앉으니 이는 셀라가 장성함을 보았어도 자기를 그의 아내로 주지 않으로 인함이라 그가 얼굴을 가리었으므로 유다가 그를 보고 창녀로 여겨 길 곁으로 그에게 나아가 이르되 청하건대 나로 네게 들어가게 하라 하니 그의 며느리인 줄을 알지 못하였음이라 그가 이르되 당신이 무엇을 주고 내게 들어오려느냐 유다가 이르되 내가 내 떼에서 염소 새끼를 주리라 그가 이르되 당신이 그것을 줄 때까지 담보물을 주겠느냐 유다가 이르되 무슨 담보물을 내게 주랴 그가 이르되 당신의 도장과 그 끈과 당신의 손에 있는 지팡이로 하라 유다가 그것들을 그에게 주고 그에게로 들어갔더니 그가 유다로 말미암아 임신하였더라"(창세기38:13~14)

'다말'의 이러한 행동은 소위 말하는 여인의 정욕을 채우기 위함이 아님을 알아야 한다. 김이곤 교수는 '다말'의 이러한 행동을 찬양하라고까지 하면서 '다말'을 이스라엘의 현자(賢者)요, 여권 운동의 선구자인 유다의 며느리, '다말'을 찬양하라[10]고 표현하고 있다.

왜 '다말'이라는 여인을 찬양하라고까지 표현하고 있을까? 그 이유는 쓰러져 가는 한 가문, 대가 끊길 위기에 있는 한 가문을 일으키기 위해 자기를 버려, 가장 수치스럽고 고통스러운 자리에까지 내려갔다는 데 있다. 자신의 육신적인 욕망 때문이 아니라 한 공동체의 구원 때문에 젊은 사내들은 거들떠보지도 않고, 단지 이 위대한 의무를 망각하고 있는 저 늙은 시부를 유혹, 수치스러운 범죄에 빠지게 함으로 그 의무를 비로소(!) 깨우쳐 준, 저 당돌하기 짝이 없는 '다말', 그 여인을 찬양하라는 것이다.

다말의 이 용감한 행동을 김이곤 교수는 여자로서는 감당할 수 없는 수치와 모멸의 자리로 스스로 낮아지고 희생하여 가문과 공동체 구원이라는 놀라운 일을 수행한 여인 '다말'을 감히 십자가 위의 대속적 희생 제물로 자신을 인류에게 내어주신 '예수 그리스도'의 한 예표가 되었다[11]고까지 표현하고 있다.

유다와 '다말'의 성적인 관계함을 어떻게 평가할 것인가? 김이곤 교수는 다말을 찬양받을 여인으로 평가하고 있음에 반하여 다른 성서 주석가들은 유다와 다말의 관계를 불륜(不倫)[12]으로 평가하기도 한다. 시부와 며느리와의 육체관계는 분명히 불륜의 관계이다. 그러나 '다말'이 의도한 것은 불륜을 저지르려는 의도가 아님을 알아야 한다. 왜냐하면 그 여인은 젊

---

10 김이곤, 『구약성서의 고난신학』, 서울, 한국신학연구소. 1989, pp. 431~432.

11 김이곤, 『구약성서의 고난신학』, 서울, 한국신학연구소. 1989, pp. 431~432.

12 『아가페 큰글 성경』, 서울, 아가페 출판사, 2000, p. 60.

은이요, 시부와의 관계에서의 결과는 자신의 생명을 걸어야 하는 대단한 모험이었기 때문이다. 실제로 다말이 임신한 사실이 밝혀지고 이로 인하여 "화형을 시켜라"(창세기38:24)는 명령을 받게 되면서 그때 그 사건이 얼마나 위험한 일인지 우린 알 수 있다.

상황으로 볼 때 다말은 불같은 사랑을 행한 것이 아니다. 그 상대는 늙은 시부였다. 시부 유다는 '다말'이 자신의 생명을 바칠 만한 사랑의 대상이 아니었다. 그녀는 오직 한 가정의 대를 이어야 한다는 자신의 신성한 의무를 다하려는 일념으로 시부와의 관계를 시도한 것이지, 결단코 자신의 육적인 쾌락을 위해서가 아니었다. 오히려 자신을 수치와 모멸감에 빠뜨릴 희생을 감수하고 그러한 행동을 수행한 것이다.

유다의 며느리 '다말'은 자신을 희생하여 가문을 일으키는 비상수단을 강구한 용감한 여인이다. 성경은 '다말'과 같은 여인 '룻'을 칭송하고 있음을 우리는 알아야 하는데, 이는 아래에서 읽어 보자.

"가로되 네가 누구뇨 대답하되 나는 당신의 시녀 '룻'이오니 당신의 옷자락으로 시녀를 덮으소서 당신은 우리 기업을 무를 자가 됨이니이다 가로되 내 딸아 여호와께서 네게 복 주시기를 원하노라 네가 빈부를 막론하고 연소한 자를 좇지 아니하였으니 너의 베푼 인애가 처음보다 나중이 더하도다 내 딸아 두려워 말라 내가 네 말대로 네게 다 행하리라 네가 현숙한 여자인 줄 나의 성읍 백성이 다 아느니라"(룻기3:9~11)

룻기서의 주인공 '룻'은 이스라엘 여인이 아닌 이방 여인이다. '룻'은 성경 66권 중의 한 권인 룻기서의 주인공이다. 더욱이 그녀는 이방 여인으로서 예수 그리스도의 족보[13]에 나오는 영광스러운 여인이 되었던 사람이다.

---

13 마1:5.

여인으로서는 더 누릴 것이 없을 정도로 최고의 영광을 차지한 사람이다. 그녀가 이토록 큰 영광을 누린 이유는 무엇인가? 그 이유는 오직 한 가지, 자기 남편의 후사를 이어가야 한다는 의무(레비리트 율법)를 지키려고 한 것이다.

윗글을 읽다 보면 지금도 일어나기 어려운, 상상하기 어려운 일이 과거에 있었고, 또 그 일이 성경에 기록됨에 신기함을 느낀다. 과연 다말은 어떤 결과를 맞이했을까. 그리고 과연 그 결과가 '유다의 의'와 무슨 관계가 있을까. 궁극적으로 하나님이 성경에서 이 사건에 대해서 무엇을 보여 주고 계실까.

그런 궁금함을 가져 본다.

룻기서의 주인공 룻 그리고 다말 이야기

세상에는 수많은 사람이 있다. 그들은 누군가에 의해 태어났고, 또 서로 사랑하며, 그로 인해 또 그들의 후손을 남긴다. 그들 각자 자신의 중요한 목표를 위해 살아가고 있고, 누구나 축복받은 삶을 원한다. 하지만 어떤 것이 제대로 된 축복의 삶이며, 자기뿐만 아니라 자신들의 가족 그리고 자신의 후손들까지 축복을 받는 방법에 대해서는 잘 알지 못한다. 그 방법만 안다면 수많은 사람이 놀이동산에서 느끼는 가족 간의 즐거움과는 비교도 할 수 없는 기쁨과 함께 하루하루를 살 수 있을 거라 확신해 본다.

'제2장. 유다의 의'는 유다 그리고 유다의 후손들이 어떻게 축복을 받게 됐는지, 그 이유 중에서도 어떻게 보면 인간으로서 가장 궁금한 '대체 유다가 어떤 사람일까?'에 대한 답변을 들려준다. 성경은 일부 위인전처럼 사람의 흠을 감추지 않는다. 오히려 성경에 나오는 위대한 사람들 역시 하나님 앞에서 죄인이며, 그들의 죄가 어떻게 드러나는지를 정확하게 짚어 준다. 죄로 인해 벌을 받는 사람도 나오지만, 의인이 죄를 지었음에도 회개하고 하나님께 용서받는 장면도 수없이 볼 수 있다.

나 스스로 죄 없다고 이야기할 수 있는 사람이 과연 있을까?

예수님이 한 간음한 여인을 사람들이 돌로 치려고 할 때 "죄 없는 자가 돌로 치라"라고 말씀하신다. 그리고 그 누구도 그 여인을 돌로 내려칠 수 없었다.

지난 이야기에서 들려주었듯이 유다는 죄 있는 사람이다. 하지만 그가 죄를 저질렀을 때 그의 태도를 통해 유다가 어떤 사람인지에 관한 힌트를 얻을 수 있다.

이번 내용은 지난 글에 이어진 다말 그리고 룻의 이야기다.

'룻'은 시어머니인 '나오미'의 명령을 따라서 타작마당에서 잠자고 있는 '보아스'라는 남자의 이불 밑으로 몰래 들어간 여인이다. 시어머니의 부탁이 있었다 해도 외간 남자의 이불 밑으로 들어간다는 일이 쉬웠겠는가! 어떠한 일이 일어날지 예측할 수 없는 모험에 뛰어들었다. 엄청난 위험을 감수하고 감행한 행동이라는 뜻이다. 이때 주의할 점은 그 행동에 대한 오해다. 그때의 행동은 여인이 남자를 찾아가서 성적인 관계를 맺으려 하는 행동이 아니라 그 이상의 어떤 사명을 수행하기 위한 행동이었다. 결과적으로 봐도 '보아스'는 '룻'의 행동에 이유가 있음을 알고, 그녀를 정숙한 여인으로 인정하였다. 그리고 그녀의 기업을 무를 법적인 절차를 밟은 후 자신과 결혼을 성사시킨 것을 성경에서 확인할 수 있다.

룻기서의 주인공 '룻'은 그 후에 '다윗'의 증조모[14]가 되었음을 성경은 증언하고 있다. 타작마당에서 남자의 이불 밑에 몰래 들어가는 여인을 어찌 정숙한 여인이라고 말할 수 있는가? 그런데 그 여인이 정숙한 여인으로 인정받고 있다. 그 이유는 그녀의 동기가 육체적인 욕심에 기인한 것이 아니라 오직 죽은 남편의 대를 이어가야 하는 자신의 의무를 수행하

---

14 룻기4:21~22.

려고 하는 데 있었기 때문이다. 그 의무 수행은 하나님의 법을 지키려는 행동임을 인식해야 한다.

우리는 '룻'이라는 여인이 우연히 성경 한 권의 주인공이 된 사람이 아님을 알아야 한다.

그녀가 그와 같은 대우를 받을 만한 용감한 행동을 했기 때문인데, "시모의 하나님이 나의 하나님이 되리니"(룻1:6)라고 말하면서 고향을 떠나서 끝까지 시모를 따라왔으며 하나님의 법을 지키려고 큰 모험을 감행하였음은 분명 용감한 행동이었다.

성경은 어떠한 사람이 하나님의 사랑을 받는지 그 예를 보여 주고 있다. 특히 그 대답은 예수께서 하신 말씀을 통해서 구체적으로 알 수 있다.

"한 사람이 예수께 여짜오되 보소서 당신의 모친과 동생들이 당신께 말하려고 밖에 섰나이다 하니 말하던 사람에게 대답하여 가라사대 누가 내 모친이며 내 동생들이냐 하시고 손을 내밀어 제자들을 가리켜 가라사대 나의 모친과 나의 동생들을 보라 누구든지 하늘에 계신 내 아버지의 뜻대로 하는 자가 내 형제요 자매요 모친이니라 하시더라"(마태12:47~50)

예수님의 대답은 하나님의 뜻대로 행하는 자가 내 형제요, 자매요, 모친이라는 것이다. 하나님의 말씀(뜻)을 지키는 자가 바로 하나님의 사랑을 받을 수 있는 자요, 그가 바로 하나님의 축복을 받는 사람이 되는 것이다.

'룻'이 축복을 받은 이유는 바로 하나님의 말씀을 지키려고 노력한 사람이기 때문이다. 하나님은 타작마당에서 행해진 룻의 의도를 아시기에 그에게 은총을 베풀어서 '다윗'의 증조모가 되게 해 주셨다.

우리는 유다의 며느리 '다말'이 비상한 수단을 강구했던 일 역시 여인의 육욕을 채우려는 행동이 아니었으며, 오직 자신의 신성한 의무를 수행하여 죽은 남편의 대를 이어가려는 의도였음을 알아야 한다. 그러므로 '다말'을 부정한 여인 혹인 불륜을 저지른 여인으로 해석함을 지양하고 '다말'을 용기 있는 행동을 한 여인, 특히 하나님의 법을 지키려 했던 여인으로 기억해야 한다.

다시 유다와 다말의 이야기로 넘어와 보면 이야기는 극적이면서 흥미로운 장면들로 이어진다. '다말'의 그 숭고한 의도를 모르는 시아버지 '유다'는 '다말'이 임신을 했다는 소식을 듣고는 '다말'을 화형에 처하라고 명령한다.

> "석 달쯤 후에 혹이 유다에게 고하여 가로되 네 며느리 다말이 행음하였고 그 행음함을 인하여 잉태하였느니라 유다가 가로되 그를 끌어내어 불사르라"(창세기38:24)

위의 말씀에서 알 수 있는 바와 같이 당시 시아버지에게는 며느리를 죽일 수 있는 권리가 있었다. 그러므로 시아버지 '유다'는 행음하여 잉태한 며느리를 화형에 처하라는 가혹한 형벌을 내렸다. 그런데 며느리를 잉태케 한 사람이 누구인가? 그 사람은 바로 '유다' 자신이었음에도 불구하고, 화형하라는 명령을 내린 것이다.

유다가 비록 자신의 아내가 죽은 후라 할지라도 길거리에서 창기를 만나 관계를 가진 행위는 분명히 죄악이다. 유다는 창기로 변장한 며느리 '다말'을 알지 못하고 그녀에게 들어가서 동침을 하였고, 그 결과 '다말'이 잉태하게 됐다. 그 사실을 모른 채 유다는 명령을 내렸고, 화형이란 위급한 상황에 닥친 '다말'은 마침내 자신을 잉태케 한 사람의 도장, 끈과 지팡이를 증거로 내어놓는다. 다말이 제시한 증거물의 주인은 바로 유다 자신이었고, 그 증거물들이 다말로 하여금 화형의 위기에서 벗어나게 해 주었음을 성경에서 확인할 수 있다.

우리는 이 장면에서 '유다'가 취한 행동을 면밀하게 평가해 보아야 한다.

과연 '유다'가 취한 행동이 하나님의 뜻에 맞는 행동인가 하는 것이다. 결론을 먼저 말하면 '유다'가 취한 행동은 하나님의 뜻에 맞는 행동이었다. 그렇다면 '유다'는 어떠한 행동을 취하였기에 하나님의 뜻에 맞는 행동을 하였다고 평가를 하는가?

'유다'의 행동은 자신의 죄악을 깨닫고 회개하였음에 있다. 우리는 '유다'의 말을 아래에서 읽어 보자.

> "여인이 끌려나갈 때에 보내어 시부에게 이르되 이 물건 임자로 말미암아 잉태하였나이다 청컨대 보소서 이 도장과 그 끈과 지팡이가 뉘 것이니이까 한지라 유다가 그것들을 알아보고 가로되 그는 나보다 옳도다 내가 내 아들 셀라를 주지 아니하였음이로다 하고 다시는 그를 가까이하지 아니하였더라"(창세기38:25~26)

'유다'는 자신이 하나님의 말씀을 따라서 그 아들 '셀라'를 며느리 '다말'에게 주어 후손을 이었어야 함에도 불구하고 그 일을 행하지 않았다는 것을 고백하고 있다. 즉, 레비리트 율법을 지키지 않았다는 것이다. 이러한 고백은 '유다'의 용기 있는 고백이다. 그 고백은 자신의 부끄러움이 다 드러나는 고백인 것이다. 특히 자신이 창기(며느리 다말)에게 들어갔던 비밀마저도 백일하에 드러나는 상황이다. 사람이 자신의 치부를 드러낸다는 것은 결코 쉬운 일이 아니다. 그것은 용기 있는 자만이 할 수 있는 고백임을 우리는 스스로 안다.

필자는 여기서 '유다'가 용기 있는 회개자라는 사실에 관심을 가져 본다. 한 지파를 이끌어야 하는 족장, 그가 바로 '유다'이다. 그 누구보다도 체면을 내세워야 하는 처지임에도 '유다'는 자신의 부끄러운 비밀을 지혜로운 자신의 며느리 다말과 지파 사람들 앞에서 드러내고 있다.

만약 반대로 족장의 체면을 유지하기 위해 자신의 치부를 덮어 버리려고 했다면 어떠한 일이 일어났을까! 상상만 해도 끔찍한 일이 일어났을 것이다. 며느리 '다말'을 불에 태워 죽였을 것이며, 당시 '유다'는 얼마든지 그렇게 할 수 있는 권력을 가졌기에 더더욱 그런 일이 일어날 수 있었다. 얼마든지 그 죄를 며느리 '다말'에게 뒤집어씌울 수 있었다는 말이다. 더욱이 '다말'은 유다의 두 아들을 죽게 한 며느리가 아닌가! 실제로 자신의 셋째 아들인 '셀라'를 '다말'에게 주지 않은 이유도 그 형들과 같이 죽을까 염려하였기 때문이었다.

그는 '다말'에게 자신의 권력을 이용해 죄를 뒤집어씌울 수 있었고, 죽여서 화근을 잘라버릴 수도 있었다. 그러나 유다는 그러한 행동을 하지 않았다. 자신의 죄를 '다말'에게 뒤집어씌우지도 아니했고, 오히려 자신의 부끄러운 행동을 드러내어 회개하고 있는 것이다.

자신의 죄를 죄로 알고 회개한다는 것은 용기 있는 자요, 무엇보다도 하나님을 두려워하는 사람이다. 왜냐하면 사람은 속일 수 있고 그 죄를 뒤집어씌울 수 있을지도 모르나 하나님을 속일 수 없다. 유다의 후손 중 대표적인 다윗 역시 죄가 있었고, 당시 '나단' 선지자가 다윗의 죄를 지적했을 때 즉시 회개하는 모습을 보여 주고 있다. 그 장면 역시 성경에서 읽어 볼 수 있다.

"그러한데 어찌하여 네가 여호와의 말씀을 업신여기고 나 보기에 악을 행하였느뇨 네가 칼로 헷 사람 우리아를 죽이되 암몬 자손의 칼로 죽이고 그 처를 빼앗아 네 처를 삼 았도다 다윗이 나단에게 이르되 내가 여호와께 죄를 범하였노라 하매"(사무엘하 12:9~13)

위의 장면은 '다윗'이 '우리아'의 아내 '밧세바'를 범하고 그 죄를 숨기기 위해 자신의 권력을 이용해 그 남편인 '우리아'를 죽였을 때의 일이다. 다 윗은 자신의 죄를 나단이 지적했을 때에 하나님 앞에서 죄를 지었음을 고백하고 회개하는 모습을 보여 주고 있다. 다윗은 그 범죄함을 인하여 하나님의 버림을 받지 않기 위하여 애쓰는 글을 아래에서 읽어보자.

"하나님이여 내 속에 정한 마음을 창조하시고 내 안에 정직한 영을 새롭게 하소서 나 를 주 앞에서 쫓아내지 마시며 주의 성령을 내게서 거두지 마소서"(시편51:10~11)

시편 51편은 다윗이 밧세바를 취하고 나단으로부터 죄를 지적받고 난 후에 지은 시이다. 그는 하나님께서 자신을 버리실까 봐 매우 두려워하였 음을 시에서 잘 표현하고 있다. 이와 같이 하나님을 두려워하는 사람은 자신이 지은 죄를 회개할지언정 결단코 다른 사람에게 죄를 뒤집어씌우 지 않는다. 그 이유는 하나님을 속일 수가 없다는 사실을 알기 때문이다.

그러므로 '유다'가 자신의 죄를 깨닫고 회개하였다는 사실은 하나님을 두려워하는 사람이라는 뜻이다.

그 유다는 '다말'을 향하여 "너는 나보다 의로운 사람이라"(창세기38:26) 라고 하였다. 유다가 며느리 다말을 향하여 이와 같이 말하였다는 것에 필자는 주목한다. 왜냐하면 옳은 일을 한 사람에게 옳은 일을 했다고 말 할 수 있는 사람이기에 주목하는 것이다. 다말이 누구인가? 이미 유다가 화형에 처하라고 선고한 사람이다. 다말은 유다보다 높은 지위에 있는 사람도 아니다. 그러기에 유다가 다말에게 자신보다 의로운 사람이라고 말한 것은 그 어떠한 의도가 있어서가 아니라, 있는 그대로를 말한 것이다. 사실을 사실대로 말할 수 있는 사람도 소중한 사람이다. 왜냐하면 다른 사람이 잘되는 것을 보기 싫어하고 기회가 주어지면 남을 헐뜯어서 깎아내리기를 좋아하는 것이 일반적인 사람이기 때문이다. 더욱이 자신의 치부를 덮기 위하여 온갖 수단 방법을 동원하는 세상의 권력자들이 얼마나 많은가! 그러기에 '유다'라는 사람을 소중한 사람으로 여기게 되고, 그는 분명 하나님께 축복을 받은 사람이 된 것이다.

결론적으로 유다는 옳은 일을 한 사람을 칭찬할 줄 아는 사람이다. 그는 무엇보다도 하나님의 말씀을 지키려고 용감하게 행동을 한 다말을 자신보다 의로운 사람이라고 평가하고 있다. 필자는 여기서 '유다'라는 사람을 이렇게 평가하고 싶다.

"그는 회개할 줄 아는 사람이요, 하나님의 말씀을 지키려는 사람이요, 옳은 사람을 옳다고 말할 줄 아는 용기 있는 사람이다"라고 말이다.

제2장. 「유다의 의」를 정리하며

'제2장. 유다의 의'는 유다와 다말의 사건, 하나의 이야기로 설명되고 있다. 그리고 김수태 목사는 마지막 글에 정리를 통해 유다가 어떤 사람이고, 그의 의가 무엇인지 한 문장으로 설명하고 있다. 정리해 보면 다음과 같다.

① 유다는 회개할 줄 아는 사람이다.
② 유다는 하나님의 말씀을 지키려는 사람이다.
③ 유다는 옳은 사람을 옳다고 말할 줄 아는 용기가 있는 사람이다.

위의 3가지 외에 개인적으로 가장 인상 깊었던 말은 지금을 살아가고 있는 이 시대의 정치권력가들 그리고 지도층 중 일부가 저지르고 있는 일이 결코 향후 하나님께 축복을 받을 일이 아니란 것이다. 물론 하나님의 말씀을 잘 지키고 행하는 자들도 많이 있겠지만, 우리는 언론을 통해 그렇지 못하는 사람들을 꽤 많이 접해 볼 수 있다. 유다와는 달리 자신의 치부를 드러내지 않기 위해서 자신의 권력과 돈을 이용하는 사람들의 이야기. 그들은 사람들에게 벗어날 수는 있을지는 몰라도 결코 하나님 앞에서는 그 죄를 벗어날 수 없다.

그들이 자신만이 아닌 자신의 가족과 후손을 생각한다면 어서 빨리 유다나 다윗처럼 회개하고, 자신이 하나님의 편에서 멀어지지 않도록 기도

해야 할 것이다.

그리고 나 스스로도 반성해 본다. 과연 내가 얼마나 내 죄에 대해 숨기고 살아왔는가. 지금 생각해도 별거 아닌 듯 지나치고 싶지만, 남에게는 상처를 주었을 그런 행동들에 대해 반성하고, 하나님께 용서를 구해 본다.

다음에 이어질 이야기는 '제3장. 유다 지파의 우위'에 대한 이야기다. 잠깐 광고를 하자면 유다에게는 형과 동생들까지 자신을 포함해 총 12명이 있었고, 그들이 우리가 흔히 이야기하는 12지파의 시작이다. 그들 중 유다 지파는 어떤 위치에 있었을까?. 김수태 목사가 성경에서 찾은 하나하나의 예를 살펴보면 새롭고 특별한 사실을 알 수 있을 것이다.

제3장

유다 지파의 우위
- 이스라엘 12지파 중
가장 많은 축복을
받은 지파는?

몽골은 한때 기마민족으로 전 세계를 호령했다. 하지만 현재 수도인 울란바토르마저도 낙후됐다는 생각이 들 정도로 그들의 번성은 그저 과거의 추억이 돼 버렸다. 설교 말씀을 듣다가 많이 공감한 것 중 하나는 하나님을 믿은 나라들과 아닌 나라들의 현재의 모습의 차이만 보더라도 하나님이 얼마나 사람들에게 축복을 내려 주시는지에 대해 알 수 있다는 내용이다. 몽골 역시 많은 선교사님이 그들의 변화를 위해 노력하고 있고, 그들 역시 발전을 위해 몸부림치고 있다. 그들에게도 하나님의 축복이 함께하길 기도해 본다.

열매교회 김수태 목사의 글인 『살리는 사람 유다』는 총 19장으로 나뉘어 유다 지파의 축복받음과 그 이유, 그로 인해 우리 역시 축복을 받을 수 있음을 증거하고 있다. 오늘 소개할 글은 '제3장. 유다 지파의 우위'이다.

<u>하나님은 분명 유다 지파를 축복해 주셨고, 이는 유다 지파와 함께 이스라엘을 구성한 12지파를 서로 비교해 보면서 좀 더 명확히 알 수 있다.</u> 이번 제3장은 유다 지파가 타 지파에 비해서 어떤 위치에 있었는지, 하나님이 유다 지파에게 어떻게 축복해 주셨는지를 역사적·산술적으로 확인할 수 있는 장이다. 성경을 읽다 보면 수많은 사람이 등장한다. 우린 그들을 쉽게 지나칠 수 있지만, 그들이 성경에 기록된 건 단순히 역사의 한 인물이기 때문이 아니라 그들로 인해 분명 우리가 알 수 있는 그 무엇이 있기 때문이 아닐까.『살리는 사람 유다』란 글을 블로그에 올리면서 내가 깨달은 건 '성경'이 너무 소중하다는 것이다.

하나님께서 직접 지시해 주신다면 그만한 영광이 없겠지만, 이미 하나님은 성경을 통해 너무 많은 것을 우리에게 알려주셨고, 우린 그걸 잊은 채 살아가고 있을 뿐이었다. 그 대표적인 사람이 나 자신임을 반성하며, '제3장. 유다 지파의 우위'를 소개해 본다.

유다 지파의 우위

"또 요셉의 장막을 버리시며 에브라임 지파를 택하지 아니하시고 오직 유다 지파와 그가 사랑하시는 시온 산을 택하시며"(시78:67~68)

"나 예수는 교회들을 위하여 내 사자를 보내어 이것들을 너희에게 증언하게 하였노라 나는 다윗의 뿌리요 자손이니 곧 광명한 새벽 별이라 하시더라"(계22:16)

야곱의 12명의 아들이 형성한 12지파 중에서 어느 지파가 가장 우위에 있는 지파라고 말할 수 있는가? 성경이 증거하는 답을 찾아볼 필요가 있다. 그 이유는 어느 지파가 하나님의 축복을 가장 많이 받았는지를 단적으로 보여 주는 예이기 때문이다.

장자가 속한 지파가 우위에 있는가?

　　야곱의 장자는 르우벤이다. 성경에서는 장자에 대해 높이 평가하고 있고, 현재를 살아가는 우리 역시 장손, 장남 등에 대해 소중히 생각하고 있다. 그렇다면 야곱의 장자였던 르우벤, 그는 과연 이스라엘 12지파 가운데 가장 우위에 있었을까? 정답은 '아니다'. 르우벤 지파는 르우벤 시대부터 장자가 누릴 축복을 박탈당하고 있다. 그 이유는 르우벤이 서모 '빌하'의 침상에 올랐기 때문(창세기49:4)이라고 한다. 그리하여 장자의 명분마저 요셉 지파로 넘어가는 것을 성경이 증거하고 있음을 아래에서 읽어 볼 수 있다.

　　"이스라엘의 장자 르우벤의 아들들은 이러하니라 르우벤은 장자라도 그 아비의 침상을 더럽게 하였으므로 장자의 명분이 이스라엘의 아들 요셉의 자손에게로 돌아갔으나 족보에는 장자의 명분대로 기록할 것이 아니니라 유다는 형제보다 뛰어나고 주권자가 유다로 말미암아 났을지라도 장자의 명분은 요셉에게 있느니라"(역대상5:1~2)

　　위의 글에서 알 수 있는 바와 같이 르우벤은 장자의 명분마저 빼앗기는 불운을 당하고 있다. 그러므로 장자라 해서 가장 우위에 있는 지파라고 말할 수 없다. 그렇다면 어느 지파가 가장 우위에 있는 지파인가? 장자의 명분을 획득한 요셉 지파일까?

요셉 지파가 우위에 있는 지파인가?

요셉 지파는 장자의 명분을 획득하였을 뿐만 아니라 왕족이기도 하다. 통일 왕국의 마지막 왕이었던 솔로몬이 죽자 이스라엘 나라는 북 이스라엘(10지파)과 남 유다(2지파)로 나뉘게 된다. 북 이스라엘의 초대 왕은 누구인가? 그 사람은 '여로보암'으로 요셉 지파(에브라임과 므낫세 지파가 됨)인 에브라임 지파의 사람이다(왕상12:20). 그는 솔로몬의 신복이었는데, 솔로몬 왕에게 반역을 하고, 애굽으로 도망을 갔다가, 솔로몬 왕이 죽고 난 후에 다시 이스라엘로 돌아와서 나라를 나누어서 북 이스라엘을 건설하게 된 것이다.

그 여로보암은 에브라임 족속인 스레다 사람(왕상11:26)이었다. 여로보암이 북 이스라엘의 초대 왕이 됨으로써 요셉 지파가 북이스라엘 나라의 왕위를 차지하게 된다. 그리고 북 이스라엘 나라의 왕통을 요셉 지파가 대체로 이어갔다고 볼 수 있기에 요셉 지파도 왕족의 지파가 된 것이다. 요셉 지파가 이처럼 왕통을 이뤄갈 만한 복을 받은 이유는 그 조상 요셉에 기인한다고 해석해 볼 수 있다.

창세기 37장 1절에서부터 시작되는 요셉의 일대기는 참으로 드라마틱한 삶이다. 원래 요셉은 그 아버지 야곱으로부터 극진한 사랑을 받는 아들이었음을 우리가 알 수 있다. 즉, 요셉은 야곱 집의 왕자와 같은 대우를 받으면서 살았는데 그러한 아버지의 사랑받음이 오히려 형제들의 시기와 질투의 대상이 되어서 하루아침에 이집트에 팔려 가서 노예의 신분이 되고 말았다. 하지만 하나님의 특별하신 돌보심을 받은 요셉은 13년이라는 긴 세월을 지난 후에 이집트 나라의 총리대신이 되는 행운을 잡게 된다.

요셉은 분명히 다른 형제들과 비교해 보면, 하나님의 축복을 받은 사람임에 틀림이 없다. 먼저 장자의 명분을 획득한 지파가 되었고, 요셉의 두 아들 '에브라임'과 '므낫세'는 각각 한 지파를 이끄는 수장이 된다.

하나님은 레위 지파를 제사장 지파로 빼시고, 부족한 하나의 지파 자리에 요셉 지파를 두 지파로 나누어서 12지파를 만들었다. 그래서 요셉 지파는 일약 두 지파가 되는 복을 받게 된다. 두 지파가 되는 축복은 분명히 대단한 축복이라 할 수 있다. 그러므로 요셉 지파는 다른 지파가 누리지 못하는 복을 두 가지나 얻게 된 것이다. 그것은 바로 장자의 명분을 획득하였을 뿐만 아니라 두 지파를 꾸리게 되는 복을 함께 획득한 것이다. 아래의 글에서 하나님께서 요셉에게 주시는 축복의 말씀을 읽어 보자.

"요셉은 무성한 가지 곧 샘 곁의 무성한 가지라 그 가지가 담을 넘었도다 네 아비의 축복이 내 부여조의 축복보다 나아서 영원한 산이 한없음같이 이 축복이 요셉의 머리로 돌아오며 그 형제 중 뛰어난 자의 정수리로 돌아오리로다"(창세기:49:22~26)

위의 구절에서 읽어본 것처럼 요셉은 그 아비 야곱으로부터 큰 축복의 말씀을 전해 들었다. 실제로 요셉 지파는 북 이스라엘의 왕족이 되었으므로 분명히 요셉 지파가 받은 복도 대단하다.

그러나 요셉 지파가 받은 복이 아무리 크다 해도 유다 지파와는 비교가 되지 않는다. 그 이유가 필자를 흥미롭게 하는데 그 이유를 다음 글에서 밝혀 보자.

1. 후손의 숫자에서 유다 지파가 많다

비록 요셉 지파가 두 지파가 되는 복을 누리게 되었지만, 그 두 지파 후손의 수는 유다 한 지파보다 작다. 하나님께서는 창세기 1장 27절~28절에서 사람을 창조하시고 복을 주시며 말씀하셨는데 그것이 바로 <u>생육하고 번성하라는 말씀이셨다. 그러므로 성경에서 번성하는 복은 하나님께서 주시는 복임에 틀림이 없다.</u>

민수기 2장에 따르면 유다 지파 군인의 수는 74,600명이며 에브라임 지파는 40,500명이며 므낫세 지파는 32,200명이라 했다. 즉, 요셉의 아들 두 지파가 합쳐도 그 수가 72,700명이니까 유다 지파보다는 1,900명이 적다.

이 군인의 숫자 비교가 초창기를 지나 세월이 가면 갈수록 그 차이는 더욱더 벌어지고 있음을 성경은 증거하고 있다. 필자가 성경 속에서 조사한 바에 의하면 후손의 숫자를 계수할 때는 언제나 유다 지파가 가장 많은 숫자를 나타내고 있었다. 즉, 다윗의 시대에 군인의 숫자를 조사한 적이 있었는데, 이스라엘 군인의 수 110만 명, 유다의 군인의 수 47만 명이라는 조사 결과가 나왔다. 이때의 조사에는 유다는 한 지파(베냐민을 제외한 숫자)이고, 북 이스라엘은 10지파의 숫자이다. 그러므로 우리가 그 숫자를 분석해 보면 다음과 같다.

요셉 지파가 속한 북 이스라엘의 10지파가 110만 명이니까, 요셉 지파 2지파의 숫자는 22만 명이라 할 수 있다. 그러므로 유다는 47만 명, 요셉은 2지파로 평균해서 22만 명으로 계산해서(평균했으니 다소 차이가 있다), 유다 지파의 자손들이 얼마나 번성하였는가를 웅변적으로 증거하고 있다(역대상21:5~6). 그리고 역대상 4장 27절에서 "그 온 족속이 유다 자손처럼 번성하지 못하였더라" 하고 증언하는 말씀도 기록되어 있다. 그러므로 후손의 번성에서는 요셉 지파는 두 지파를 합쳐도 유다 지파를 능가할 수는 없었다.

2. 왕위의 계승도 유다는 계속되고 있지만, 요셉은 그러하지를 못했다

북 이스라엘의 초대 왕은 '여로보암'이었다. 그런데 북 이스라엘의 왕위 계승은 그리 순탄치 않았다.

성경에 보면 북 이스라엘 왕국에는 19명의 왕이 있었는데 여로보암의 후손으로 19명이 구성된 것이 아니라 끊임없는 쿠데타[15]와 함께 새로운 왕조가 설립된다. 즉, 역성반란(易姓反亂)이 계속하여 일어난 것이다.

그렇다면 역성반란의 원인은 무엇일까? 무엇보다도 초대 왕 여로보암의 죄악 때문 아닐까. 그는 하나님 앞에서 크게 3가지 죄악을 저질렀는데, 그것을 아래에서 읽어 보자.

첫 번째 되는 죄악은 단 지역과 벧엘 지역에 금송아지(왕상12:28~29)를 만들어서 세우고는 백성들에게 그 금송아지에 예배하게 한 것이다. 여로보암은 북 이스라엘의 백성들이 남 유다의 수도인 예루살렘에 가서 예루살렘 성전에서 여호와께 예배드리는 행위를 막고자 했다.

두 번째 죄악은 제사장을 세우는데, 레위 자손이 아닌 보통 사람(왕상 12:31)으로 제사장이 되게 했다.

---

15 가) 왕상 15:27-잇사갈 족속 아히야의 아들 바아사가 북 이스라엘의 2대 왕인 나답을 죽이고 왕이 되다. 나) 왕상16:9-시므리가 4대 왕 엘라를 죽이고 왕이 됨. 다) 왕상16:16-오므리가 7일 왕인 시므리를 죽이고 왕이 됨. 라) 왕하9:14-예후가 9대 왕인 여호람을 죽이고 왕이 됨.

세 번째 죄악은 하나님의 절기를 자기 마음대로 변경한 죄악이다. 구체적으로 초막절은 7월 15일부터 시작하여 일주간을 지키는 절기인데, 그 초막절의 절기를 8월 15(왕상12:33)일부터 시작하도록 명령을 내렸다.

이러한 죄악으로 인하여 여로보암 왕의 아들 나답이 북 이스라엘 왕위를 계승하였으나 2년 만에 잇사갈 지파의 자손 바아사가 반역하여 나답 왕을 죽이고 자신이 대신 왕이 됐다. 그 후 성경은 북 이스라엘 왕들의 죄악을 말하면서 <u>'여로보암'의 죄악을 인용하고 있다.</u>

"바아사가 여호와 보시기에 악을 행하되 '여로보암의 길'로 행하며 그가 이스라엘로 범하게 한 그 죄 중에 행하였더라"(왕상15:34)

"오므리가 여호와 보시기에 악을 행하되 그 전의 모든 사람보다 더욱 악하게 행하여 느밧의 아들 '여로보암의 길'로 행하며"(왕상16:25~26)

위 두 부분의 성경 구절에서 읽어본 바와 같이 느밧의 아들 '여로보암'의 죄악이 계속하여 인용되고 있다. 이는 그만큼 여로보암의 죄악이 크다는 것을 의미하고 있다. 북 이스라엘은 198년 동안 19명의 왕이 즉위하지만, 그 왕위가 요셉 지파로만 계승되는 것이 아니라 끊임없는 쿠데타로 인하여 왕들이 교체된다. 즉, 북 이스라엘의 왕위는 다른 지파에 의하여 유린당하였음을 알 수 있다.

이와 비교해 남 유다 나라는 344년 동안 20명의 왕이 즉위하였는데 한 사람(대하22:10~12)을 제외하고는 계속해서 유다 지파 소속인 다윗의 후손으로 왕위가 계승되었음을 알 수 있다.

역사적으로 요셉 지파와 유다 지파와의 왕위 계승과 왕조의 연수를 비교해 보더라도 유다 지파가 요셉 지파보다 하나님의 축복을 받았음을 알 수 있다. 그리고 무엇보다도 영원한 왕이신 예수 그리스도께서 유다 지파의 후손으로 오심으로써 요셉 지파와는 비교할 수 없는 지파가 된 것이다.

3. 믿음의 후손도 유다가 앞서고 있다

요셉 지파의 인물 중에는 대표적인 믿음의 후손으로 눈의 아들 여호수아(대상7:27)를 꼽을 수 있다. 그는 모세의 후계자로 가나안 땅으로 인도한 민족의 지도자였다. 그런데 여호수아도 그 후손을 본다면 중요한 인물 중에서 크게 축복받은 사람을 찾기가 어렵다. 즉, 자손만대가 복을 받은 사람은 아니라는 뜻이다.

또한 요셉 지파 중에는 기드온(삿6:15)이라는 인물도 등장한다. 그는 300명의 군사로 미디안 13만 명의 대군을 물리친 전쟁 영웅이다. 그러나 그 역시 그의 후손은 축복을 누리지 못했다. 아들 중 한 사람인 아비멜렉이 후계자가 되기 위해서 기드온의 아들 70명(삿9:5)을 한꺼번에 죽이는 끔찍한 일을 행한다. 그 후 그는 후계자가 되었지만 3년 만에 죽고 만다.

요셉 지파 중에도 뛰어난 인물들이 있었지만, 그 후손들이 계속하여 복을 받지는 못했음을 확인해 볼 수 있다. '제1장. 살리는 사람 유다에서 유다 지파의 후손들이 얼마나 많은 축복을 받았음을 이야기한 적이 있다. 요셉 지파 역시 유다 지파보다 우위에 서지 못했다.

<u>요셉 지파: 여호수아 - 기드온 - 여로보암</u>

<u>유다 지파: 갈렙 - 훌 - 브살렐 - 야베스 - 다윗 - 솔로몬 - 이사야 - 아사 - 요시아 - 다니엘 - 스룹바벨 - '예수 그리스도'</u>

앞에서 보듯 비교가 되지 않는다. 장자권을 가졌으며, 왕족이었던 요셉 지파라 해도 유다 지파를 능가하지 못했다면 유다 지파를 능가할 다른 지파는 존재하지 않은 것인가?

제사장 족속인 레위 지파가
유다 지파를 능가할 수는 없는가?

제사장 족속인 레위 지파는 이스라엘의 왕 제도가 있기 전에 가장 우위에 있는 족속이었다고 말할 수 있다. 왜냐하면 사무엘 제사장 같은 사람은 왕권과 제사장권을 동시에 장악하고 있었던 신정정치의 대표적인 인물이기 때문이다. 그러므로 사사 시대를 지나 왕 제도가 없던 시대에는 사무엘 제사장이 최고의 권력을 장악한 인물이었다. 그 사무엘은 누구인가? 그는 레위 지파의 자손 '엘가나'의 아들(대상6:1~28/삼상8:1~2)이다. 그는 이스라엘 백성들로부터 존경을 받았을 뿐만 아니라 그의 두 아들도 사사로 임명을 받았다.

그러기에 사무엘의 시대를 놓고 본다면 레위 지파가 다른 지파보다 우위에 있었다고 말할 수도 있다. 그뿐만 아니라 신약성경 히브리서 7:7에는 "폐일언하고 낮은 자가 높은 자에게 복 빎을 받느니라"라는 말씀이 있다. 이 말씀은 성경에서 높고 낮음의 그 기준을 밝히고 있다. 그렇다면 누가 복을 빌어 주는 위치에 있는 것인가? 그 역할은 제사장이 하는 역할이다. 그렇다면 제사장이 속한 레위 지파가 우위에 있는 지파가 되는 것인가?

필자는 그 해답으로 레위 지파의 수장 레위가 태어나기도 전에 그 조상인 아브라함이 멜기세덱 제사장에게 복 빎을 받았다는 사실을 제시하고

자 한다. 그 멜기세덱은 누구인가. 우리는 아래의 구절에서 알 수 있다.

> "이 멜기세덱은 살렘 왕이요 지극히 높으신 하나님의 제사장이라 여러 임금을 쳐서 죽이고 돌아오는 아브라함을 만나 복을 빈자라 아브라함이 일체 십 분의 일을 그에게 나눠 주니라 그 이름을 번역한즉 첫째 의의 왕이요 또 살렘 왕이니 곧 평강의 왕이요 아비도 없고 어미도 없고 족보도 없고 시작한 날도 없고 생명의 끝도 없어 하나님의 아들과 방불하여 항상 제사장으로 있느니라"(히브리서7:1~3)

위의 구절에서 볼 수 있는 바와 같이 레위의 증조부 아브라함이 멜기세덱 제사장으로부터 복 빎을 받았다. 이는 아브라함보다 멜기세덱이 더 높은 사람이라는 뜻이다. 그런데 그 멜기세덱이 누구인가? 바로 예수 그리스도께서 대제사장이시고 멜기세덱의 반차를 좇은 대제사장이라고 성경은 증거하고 있다. 즉, 레위보다도 더 높은 지위를 가진 사람이 있었다는 증거이다. 우리는 그 증거를 아래의 글에서 읽어볼 수 있다.

> "또한 이와 같이 그리스도께서 대제사장 되심도 스스로 영광을 취하심이 아니요 오직 말씀하신 이가 저더러 이르시되 '너는 내 아들이니 내가 오늘날 너를 낳았다' 하셨고 또한 이와 같이 다른 데 말씀하시되 '네가 영원히 멜기세덱의 반차를 좇은 제사장이라 하셨으니'"(히브리서5:5~6)

위의 성경 구절에서 알 수 있듯이 예수 그리스도는 멜기세덱의 반차를 좇은 대제사장이시다. 그러므로 예수님의 등장으로 유다 지파는 레위 지파보다 더 높은 위치에 설 수 있게 된다.

유다 지파는 야곱이 그 아들 12명을 축복하는 내용(창49:10)에서도 그 규(왕권을 상징)가 유다를 떠나지 아니하며 치리자의 지팡이가 그 발 사이에서 떠나지 아니한다는 예언을 들은 지파이다. 그뿐만 아니라 하나님께서 유다의 자손 다윗과 맺은 언약에서도 유다 지파가 이스라엘의 주권자 임을 분명히 밝혀 주고 있다. 그러므로 이스라엘에서 그 어느 지파보다도 유다 지파가 받은 복은 크며, 제사장의 지파인 레위 지파 역시도 유다 지파보다 우위에 설 순 없었다.

하나님께서 다윗과 맺은 언약을 보자.

"그러므로 내 종 다윗에게 이처럼 말하라 만군의 여호와께서 이처럼 말씀하시기를 내가 너를 목장 곧 양을 따르는 데서 취하여 내 백성 이스라엘의 주권자로 삼고 네가 어디를 가든지 내가 너와 함께 있어 네 모든 대적을 네 앞에서 멸하였은즉 세상에서 존귀한 자의 이름같이 네 이름을 존귀케 만들어 주리라"(사무엘하7:8~9)

유다 지파가 하나님께로부터 받은 축복이 여러 방면에서 나타남을 알 수 있는데, 그것을 시편 기자는 직접적으로 표현하고 있다. 아래에서 읽어 보자.

"또 요셉의 장막을 싫어 버리시며 에브라임 지파를 택하지 아니하시고 오직 유다 지파와 그 사랑하시는 시온 산을 택하시고"(시78:67~68)

시편 기자는 요셉 지파와 유다 지파를 비교하고 있지만, 그것은 분명히 요셉 지파 한 지파를 의미하는 것이 아니라 다른 지파 모두를 의미하는 말씀인 것이다. 그러기에 "오직 유다 지파와 그 사랑하시는 시온 산을 택하시고"라고 말씀하신 것이다. 하나님의 뜻이 온통 유다 지파에게 집중하고 있음을 알 수 있다.

유다 지파는 장자의 지파도 아니요, 장자의 명분을 계승한 지파도 아니다. 더욱이 제사장의 지파도 아니다. 그러나 유다 지파는 그 어떤 지파보다도 하나님의 축복을 가장 많이 받은 지파요, 12지파 중에서 가장 우위에 있는 지파임이 틀림이 없다. 특히 하나님이신 예수 그리스도께서 유다 지파를 통하여 이 땅에 탄생하신 것으로 이미 타 지파와는 비교할 수 없는 축복이 유다 지파에게 내려졌음을 알 수 있다. 그 이상의 축복이 어디에 있겠는가? 우리는 왜 유다 지파가 그토록 큰 축복을 받은 지파인가를 분명히 알아야 하고 배워야 하고, 또 배운 대로 행동해야 한다. 그리하여 독자 제위도 또한 유다 지파와 같은 축복을 누리시기를 간절히 바라는 마음이다.

제3장. 「유다 지파의 우위」를 정리하며

 '제3장. 유다 지파의 우위'는 역사적으로 12지파 중 가장 축복을 많이 받은 유다 지파에 관해 설명하고 있다. 장자권도 왕권을 가진 지파도, 그리고 제사장마저도 그저 열두 명의 아들 중 넷째였던 유다의 후손과 비교할 수 없었다. 유다와 그의 후손들은 어떻게 그 많은 축복을 누릴 수 있었을까. 김수태 목사는 유다가 축복을 받은 이유에 대해서 제1장에 설명했고, 앞으로 이어질 글에서도 그들이 얼마나 많은 축복을 받았는지 지속해서 설명하고 있다.

 나 역시 이런 축복을 받을 수 있을까!? 쉽지 않은 일이지만, 하나님은 분명 성경과 『살리는 사람 유다』란 글을 통해 그 방법을 상세히 알려주시고 있다.

첫 번째로 쓰임 받은
유다 지파 1

오늘 아침에는 오랜만에 조금 이른 시간에 지하철을 탔다. 여느 때라면 가장 환승이 빠른 곳을 골라서 사람들이 내리기 직전에 아주 빠른 속도로 내려서 누구보다 빨리 에스컬레이터를 타야 지각을 하지 않을 정도로 급하게 하루를 시작했지만, 오늘은 여유가 있어서인지 천천히 걸어가면서 평소의 나와 같이 아주 빠른 속도로 움직이는 사람들을 보고 있었다. 질서는 없었다. 서로 부딪치며 움직이는 그들을 보면서, 아슬아슬했다. 양보란 없고, 또 누군가 질서를 잡아 줄 사람도 없었다. 안타깝지만 나 역시 평소엔 그들 속에서 아슬아슬한 하루를 시작한다. 그리고 수많은 사람이 꼭 아침 출근 시간뿐만 아니라 직장에서 또는 학교에서 그런 삶을 살아간다. 우린 무엇을 위해, 하루를 살고 있는가. 누구나 쉽게 자신에게 던지는 질문들 속에서 쉽게 답을 찾는 사람은 많지 않다.

<u>하지만 하나님을 믿는 사람들이라면 질문에 대한 답은 매우 쉽다. 하나님이 정해 준 삶을 살면 되기 때문이다.</u> 하나님이 정해 준 질서에 맞춰 살아간다면 우리의 삶은 아슬아슬한 외줄 타기에서 벗어날 수 있다. 그렇다면 하나님이 정해 준 질서는 어떤 것일까? 우린 어떻게 알 수 있을까? 나역시 잘 모른다. 그런데 이번과 다음번 주제인 '제4장. 첫 번째로 쓰임 받은 유다 지파'를 읽으면서 조금의 힌트를 얻었다는 생각이 든다.

출애굽 여정의 진 배치에서
유다 지파가 제1진이다

"선두로 유다 자손의 진영의 군기에 속한 자들이 그들의 진영별로 행진하였으니 유다 군대는 암미나답의 아들 나손이 이끌었고"(민10:14)

"첫째 날에 헌물을 드린 자는 유다 지파 암미나답의 아들 나손이라"(민7:12)

<u>만군의 야훼 하나님은 이스라엘 백성들을 사용하실 때에 첫 번째로 사용하는 지파가 있음을 성경을 통해서 알 수 있다. 첫 번째로 사용됐다는 것은 하나님의 신임을 가장 많이 받고 있다는</u> 증거가 될 것이다. 그것도 한 민족의 역사의 중요한 시점마다 한 지파를 사용하는 것을 성경은 증거하고 있다. 그 첫 번째로 쓰임을 받는 지파는 당연히 유다 지파였다. 지금부터 유다 지파가 이스라엘 역사에 있어서 어떻게 쓰임 받고 있는지 성경을 통해 밝혀 본다.

이스라엘 나라가 모세의 지도를 받으면서 애굽에서 탈출해 광야 40년의 길을 행군할 때의 일이다. 출애굽이라는 민족의 대이동에서 질서를 확립하는 것은 쉬운 일이 아니었다. 그것도 사람들의 숫자가 "유아 외에 보행하는 장정이 육십 만가량"(출애굽기12:37)이라고 하였으니, 많은 숫자의 사람들의 이동이라 할 수 있다. 더욱이 고대 사회에서의 이동이었으니 운송 수단도 오늘날과는 다른 모습이었다. 거기다가 "양과 소와 심히 많은

생축을 함께 이끌고"(출12:38) 가야 했으니, 그 질서를 확립하는 일은 심히 어려운 일이었을 것으로 추측해 볼 수 있다. 그런데 이스라엘의 대이동에는 무질서가 난무했다는 기록은 찾아볼 수 없다. 반대로 생각해보면 질서가 있었음을 알 수 있다. 대이동의 질서를 확립하기 위해서는 무엇보다도 탁월한 지도력이 요청되었을 것이다. 성경은 모세가 하나님의 명령을 받아서 그 일을 수행했다고 밝히고 있다. 모세는 질서를 확립하기 위해서 각 지파가 천막을 쳐야 할 위치를 정해 주었고, 행진할 때에 진을 형성하는 방법과 행군하는 순서를 정해 주었다.

그것이 바로 진 배치도요, 진행하는 순서였다.

모세가 지시한 진 배치도에는 3개의 지파를 하나의 대로 만들게 했다. 즉, 이스라엘 12지파를 제1대~제4대로 분류하고, 그 제1대(민10:14)의 수장으로 임명된 것이 바로 유다 지파였다. 이스라엘이라는 한 나라가 세워질 미래의 땅을 향하여 나아갈 때 하나님은 세밀하게 준비하게 하시고, 질서를 따르도록 명령을 내리셨다. 그 행군에서 가장 중요한 역할을 하게 되는 지파가 바로 유다 지파라는 사실을 우리는 진 배치를 통해 간접적으로 알 수 있다. 물론 유다 지파가 제1대이고, 그 대의 수장이라는 것만으로는 유다 지파가 가장 중요한 역할을 한다고 단정할 수는 없을 것이다. 하지만 성경은 광야 행군에서 유다 지파가 가장 중요한 역할을 한다는 것을 추가 증거로 밝히고 있다.

그 첫째 이유는 모세의 텐트를 치는 방향과 동일하게 유다 지파가 텐트를 친다는 사실이다. 진 배치도에 의하면 유다 지파가 진을 치는 위치가 모세가 진을 치는 위치와 같다는 사실이다. 즉, 진 배치도에는 12지파가 위치하는 장소와 방향이 있다.

<진 배치도>[16]

아셀		단		납달리
베냐민		므라리		이사갈
에브라임	게르솜	(성막)	[아론 자손] →	(유다)
므낫세		고핫		스불론
갓		르우벤		시므온

위의 진 배치도에서 알 수 있는 바와 같이 성막을 한가운데 위치하게 하고 그 주변으로 2중으로 진을 형성하게 되는데, 첫 번째로 진을 치는 것은 성막에 봉사하는 레위인들이 각각 그 자손대로 성막을 중심으로 하여 사면에 위치와 방향이 정해져 있는 대로 진을 친다. 다음으로 그 주위를 12지파가 진을 치게 된다는 것이다. 유다 지파의 진이 모세와 아론이 위치하는 곳과 같으며 방향도 같다는 것이다(화살표 참조). 이는 유다 지파가 당시의 지도자인 모세와 같은 중요한 역할을 한다는 증거가 되는 것이다. 그것을 아래에서 읽어보자.

"여호와께서 모세와 아론에게 일러 가라사대 이스라엘 자손은 각각 그 기(旗)와 그 종족의 기호를 진(陳)을 치되 회막(성막)을 사면으로 대하여 치라 동방 해 돋는 편에 진 칠 자는 그 군대대로 유다의 진기에 속한 자라 유다 자손의 족장은 암미나답의 아들 나손이요"(민수기3:38)

"장막 앞 동편 곧 회막 앞 해 돋는 편에는 모세와 아론의 아들들이 진을 치고 이스라

---

16 『The interpreter's bible』, Abindon press, Nashville, USA, 1978, 12권, p. 149.

엘 자손의 직무를 대신하여 성소의 직무를 지킬 것이며 외인이 가까이하면 죽일지니라"(민수기3:38)

위의 두 글에서 알 수 있듯이 모세와 아론이 위치하는 해 돋는 편 동방, 그 방향에 유다 지파의 진이 위치하게 한 것이다. 이것은 무엇을 의미하는 것인가? 지도자 모세와 같은 위치에 있는 진은 유다 지파가 가장 중요하게 쓰임을 받고 있다는 증거라고 볼 수 있다. 이러한 배치를 하게 하신 분은 하나님이시다. 그러므로 하나님은 출애굽 과정에서 모세와 동시에 유다 지파를 가장 중요하게 사용하시고 있다는 것을 보여 주시고 있다.

그 둘째 이유는 군인의 숫자로서 제1진 유다 진이 가장 중요한 진임을 알 수 있다. 유다 지파가 속한 제1대는 그 군인의 숫자가 다른 부대보다 가장 많은 수임을 알 수 있다. 제1대 유다 대는 그 수가 186,400명(민2:9)이며, 제2대 르우벤 진은 151,450명이며, 제3대 에브라임 진은 108,100명이며, 제4대 단 진은 157,600명이었다. 그 군인의 숫자를 분석해 보면 제2대와 제4대의 군인의 수보다는 유다 진이 30,000여 명이 많지만, 제3대 에브라임 진과 비교해 보면 80,000여 명이 많음을 알 수 있다. 이는 거의 1.8배에 이르고 있는 것이다. 더욱이 이러한 부대의 형성은 "하나님의 명령에 의한 것"(민2:1~3)이었다. 하나님은 유다 진에 가장 많은 군인을 배치하셨고, 제1대 제1진으로 배치하여 가장 중요하게 사용하시고 있음을 말씀해 주시고 있는 것이다.

성막을 건립한 후 예물 드림에 있어서도 첫 번째가 유다 지파다

하나님은 모세로 하여금 하나님을 섬기고 예배할 성막을 건립할 것을 명하시고 "상세한 설계도"(출26:1~27:21)를 주셨다. 그 설계도에 따르면 성막의 규모와 사용할 재료 그리고 성막에 있어야 할 성물 등도 상세하게 가르쳐 주시고 있다. 그뿐만 아니라 제사장의 의복, 여러 가지 보석들도 지시하고 계신다. 그리고 제사를 드릴 때의 제물들도 지시하시고 있다. 그리고 <u>성막을 건립할 책임자도 지명하셨는데 그 사람이 유다 지파의 자손 브살렐(출31:2)이다.</u> 하나님은 성막 건립이라는 거룩한 공사를 시작함에 있어서 모든 것들을 세세하게 계획하시고 진행하신 것이다. 성경을 통하여 알 수 있는 사실은 하나님께서 하시는 일들이 우연히 이루어지는 것은 없다는 것이다! 그 일에 이유가 있고, 필요하시기에 만드시고, 있게 하신 것이다. 더욱이 성막은 하나님의 뜻을 알리는 거룩한 장소이다. 그러한 곳이기에 상세한 설계도를 모세에게 주어서 그대로 건립하게 하셨다. 유다 지파의 자손 브살렐을 책임자로 하여 이스라엘 백성들이 정성과 노력으로 마침내 성막을 완공하게 되었다.

<u>성막을 건립하고 난 후 이스라엘 백성들은 얼마나 기뻐하였겠는가!</u>

하나님이 주신 상세한 설계도대로 성막을 완공하였으니 그 기쁨은 대단했을 것이다. 저들의 생애에서 처음으로 하나님의 집을 완공하였으니

그 얼마나 감격스럽겠는가! 이날은 이스라엘 백성들만 기뻐한 것이 아닐 것이다. 하나님께서도 기뻐하신 날일 것이다. 이제 성막 안에서 일어날 일들을 생각하면서 하나님께서도 기뻐하셨으리라! 내 백성들이 나의 집에서 나를 찬양하고, 그 소원들을 기도하는 거룩한 장소가 완공되었으니 말이다. 그러므로 성막 완공은 하나님과 이스라엘 백성들이 함께 기뻐하는 날이었다.

그 거룩하고 기쁜 날에 이스라엘 백성들은 성막에서 처음으로 하나님께 예물을 드리면서 예배하게 되었던 것이다. 저들은 성막에서는 처음으로 예물을 하나님께 드리는 행사인 것이다.

하나님께 처음으로 드리는 예물!

그 예물 드림을 맡은 자가 과연 누구일까! 어느 지파가 그 놀라운 영광을 차지할까! 그래도 맏이인 르우벤 지파의 자손일까? 아니면 민족의 지도자 모세가 속한 레위 지파의 자손일까? 우리는 아래의 성경 구절에서 그 영광스러운 첫 번째 예물을 드린 지파를 알 수 있다.

"여호와께서 모세에게 이르시기를 족장들은 하루 한 사람씩 단의 봉헌 예물을 드릴지니라 하셨더라 제1일에 예물 드린 자는 유다 지파의 암미나답의 자손 나손이라 그 예물을 성소의 세겔대로 나손의 예물이었더라"(민7:11~17)

위의 구절에서 증거한 바와 같이 성막을 완공하고 난 후의 제1일에 예물을 드린 사람은 유다 지파의 족장 '나손'이었다. 나손은 누구인가? 그가 누구이기에 그토록 영광스러운 첫 번째로 하나님께 예물을 드릴 수 있었는가? 그 이유는 그가 바로 유다 지파의 족장이었기 때문이다.

하나님은 유다 지파의 족장으로 하여금 가장 먼저 첫 번째 날에 예물을 드리는 영광을 주신 것이다. 이러한 순서를 정해 주신 분은 하나님이시다. 사람들의 예법이나 전통을 따름이 아니라 하나님께서 정해 주시는 질서라는 말이다. 그러므로 교회의 질서는 하나님이 정해 주시는 질서를 따라야 한다는 것이다.

예를 들면, 교회의 순서는 사람의 나이나 다른 어떤 것의 순서가 아니라 임직 순서대로 한다. 즉, 하나님께서 정해 주신 순서가 있다는 것이다. 순서뿐만이 아니라 모든 것을 성경에서 제시하는 대로 따라야 한다. 그 질서가 얼마나 중요한가를 사울 왕의 예(例)에서 알 수 있다. 사울 왕은 블레셋 나라와의 전쟁이 일어나서 나라가 위급한 지경에 처하게 되었다. 왕은 군사들을 소집하고, 출정식을 해야 하고 선포하는 것이다. 이스라엘의 출정식은 하나님께 번제를 드리는 예식을 행한 후에 선포하는 것이다. 그런데 집례할 제사장 사무엘이 나타나지를 않고 있다. 이스라엘 군사들이 집합해 있는 길갈에 사무엘 제사장이 오지를 않고 있다. 7일을 기다리라 하여 7일을 기다렸는데도 사무엘은 나타나지를 않았다. 전쟁 출정식이 선포되지 아니하니까 집합해 있던 군사들은 사기가 저하되고, 흩어지고 있었다(삼상13:8). 이러한 위급 지경의 상황에서 사울 왕은 자신이 제사장을 대신하여 번제를 드리는 예식을 집례하였던 것이다.

그런데 그 행위가 죄악이 됐다.

번제를 드리는 예식을 행한 후에 사무엘 제사장이 나타났다. 사무엘은 왕을 향하여 크게 질책하면서 왕의 행위는 망령된 행동이라고 했다. 왜 사울 왕은 망령된 행동을 하였다고 질책을 받게 된 것인가? 그 이유는 왕이 해서는 안 될 일을 했기 때문이다. 즉, 제사장만이 집례할 수 있는 번제 드림을 왕이 집례하였기 때문이다.

그 행위는 사울 왕이 하나님께서 세운 질서를 깨뜨리는 행위를 해버렸음을 성경은 증거하고 있다.

여기서 필자는 사울 왕의 입장을 충분히 이해할 수 있다. 즉. 전쟁이 일어나서 이미 적군은 공격해 오고 있는데 제사장은 정한 기일 안에 오지도 아니하고, 군사들은 흩어지고 있는 상황이었으니까 사울 왕은 불가피하게 자신이 제사장을 대신하여 번제를 드린 것이다.

그러나 그것은 하나님께서 사울 왕을 시험하는 시험이 될 수도 있었음을 사울은 몰랐다. 왜냐하면 "전쟁은 여호와께 속한 것이라"(삼상17:47)라는 말씀을 믿고 따라야 함을 간과한 것이다. 즉, 전쟁의 승리와 패배는 하나님의 손에 달려 있으니, 그러므로 이 전쟁에서 승리하든지, 패배하든지 그 일은 하나님께 달려 있다는 고백을 하고 기다렸어야 하는데, 사울은 그렇게 하지 못했다.

그 상황에서 사울 왕은 자신이 왕으로서 무엇인가를 해야 한다고 생각을 했고 그래서 제사장만이 할 수 있는 제사를 집례하고 말았던 것이다. 사울 왕이 행한 행동은 필자도 이해할 만한 상황이었다. 그러나 아무리 위급한 지경이라 해도 하나님은 그 이유를 용납하지 않으시고 있다. <u>즉, 한 나라의 운명이 달려 있는 그 위급 지경에서도 하나님의 질서는 지켜져야 한다는 것이다.</u>

<u>그것이 바로 하나님이 세우신 질서인 것이다.</u>

우리는 모세가 하나님께서 정하신 일들을 따르고 있음을 알아야 한다. 즉, 모세는 자기 마음대로 질서를 정함이 아니라 하나님께서 세우신 질서를 진행하고 있을 뿐이다. 모세는 하나님의 명령대로 유다 지파의 족장

나손으로 하여금 제1일에 예물을 봉헌하게 하였던 것이다. 맏아들인 르우벤 지파는 제4일에 예물을 하나님께 드렸고, 요셉 지파는 제7일에 드리는 순서를 맡게 되었다. 하나님은 유다 지파를 언제나 특별하게 대우하시는 것을 보여 주시고 있다. 성경에서 중요한 사건마다 그 첫 번째로 사용하시는 지파는 유다 지파인 것이다.

가나안 전쟁에서도
제1번의 진군은 유다 지파이다

　유다 지파는 광야 40년 동안의 행군에서는 언제나 제1진으로서 앞장서서 행군을 이끌었다. 그리고 여호수아와 함께 가나안 땅을 점령할 때도 유다 진이 앞장서서 가나안 전쟁을 수행하여 왔음을 성경은 증거하고 있다.

　가나안 전쟁에서 또 하나 짚어볼 것은 가나안 전쟁 중에 여호수아가 죽고 난 후의 상황이다. 이스라엘에는 여호수아를 이을 지도자가 없는 상태였다. 아직도 가나안 전쟁이 진행되고 있었던 상황이었다. 아직도 정복해야 할 땅이 많이 남아 있었던 시점이다. 이러한 중요한 시기에 하나님은 누구를 사용하시는 것인가. 모세와 여호수아를 통하여 이루어놓은 모든 것들을 완수해야 하는 상황에서 하나님의 선택은?

　<u>어떤 면에서는 모세와 여호수아가 있을 때보다도 지금이 더욱더 중요한 시점일 수 있다.</u> 왜냐하면 마지막 부분을 잘 완수하지 못한다면 이제까지 이루어 놓은 모세와 여호수아의 모든 것들이 허망하게 끝이 날 수도 있는 시점이기 때문이다. 그 중요하고도 중요한 시점에서 하나님은 또다시 유다 지파를 사용하시고 있음을 아래에서 알 수 있다.

　"여호수아가 죽은 후에 이스라엘 자손이 여호와께 묻자와 가로되 우리 중 누가 먼저 가나안 사람과 싸우리이까 여호와께서 가라사대 유다가 올라갈지니라 보라 내가 이

땅을 그 손에 붙였노라 하시니라"(사사기1:1~2)

위의 글에서도 알 수 있듯이 하나님은 유다 지파를 또다시 사용하셔서 가나안 전쟁을 완수하려 하신다. 유다 지파에 대한 하나님의 신임은 다른 지파가 따라갈 수 없는 그 무엇이 있음을 성경은 여러 사건을 통하여 증거하고 있다.

다윗 왕궁을 운영하는 순서에서도 유다 지파가 첫째 달이다

이스라엘의 왕궁을 운영함에 있어서 12지파를 1개월씩 책임을 지우게 했다. 그 첫째 달이 바로 유다 지파이다.

"첫째 달 반의 반장은 삽디엘의 아들 야소브암이요 그의 반에 이만 사천 명이라 그는 베레스의 자손으로서 첫째 달 반의 모든 지휘관의 우두머리가 되었고"(대상27:2~3)

"다윗의 용사들의 이름이 이러하니라 다그몬 사람 요셉밧세벳이라고도 하고 에센 사람 아디노라고도 하는 자는 군장의 두목이라 저가 한때에 팔백인을 쳐 죽였더라 그다음은 아호아 사람 도대의 아들 엘르아살이니 다윗과 함께 한 세 용사 중에 하나이라"(삼하23:8~9)

베레스의 자손 삽디엘의 아들 야소브암이니, 그는 유다 지파의 사람이다.

야소브암이라는 사람도 흥미로운 사람이다. 다윗에게는 삼십 인의 두목이 있었는데 그가 바로 야소브암이다(대상11:10~11). 그는 다윗의 용사를 말할 때에 첫번째로 등장하는 인물이다.

사무엘하 23장 8절~9절에 등장하는 요셉밧세벳, 아디노는 같은 사람이며 그 사람이 바로 대상 27장 2절~3절에 등장하는 야소브암이다. 그러니까 다윗의 용사 중에서도 대단히 중요한 인물이다. 그가 바로 왕궁 수비대의 첫째 달을 책임지는 책임자인 것이다. 야소브암이 우연히 왕궁 수비대의 첫째 달을 책임지는 것이 아니라 다윗의 가장 신임하는 인물이기에 가능한 것이다. 그가 바로 유다 지파의 자손인 것이다.

유다 지파의 책임은 왕조 시대에도 이어지고 있다. 출애굽 광야 생활에서도 유다 지파는 가장 중요한 역할을 했고, 가나안 전쟁에서도 제1대였다. 그리고 왕정 시대의 왕궁 수비대의 역할에서도 첫째 달은 유다 지파의 몫이었다.

우리는 이토록 유다 지파를 중히 사용하시는 하나님의 그 깊은 뜻을 헤아려야 한다.

그것이 바로 우리가 성경을 통하여 하나님의 뜻을 발견하는 길이기 때문이다.

제4장. 「첫 번째로 쓰임 받은 유다 지파 1」을 정리하며

우선 한 달간 『살리는 사람 유다』에 대한 글을 정리하지 못한 나 자신의 게으름을 반성한다. 분명히 이 일은 내가 하는 일이 아님에도 난 마치 내가 하는 듯 글을 미루고 미뤄 왔다. 나 자신에 부족함을 느끼기에 앞서서 하나님께 죄송하고 글의 저자인 김수태 목사님에게도 죄송함을 느낀다.

하나님의 일은 항상 질서와 쓰임 받는 사람이 있다. 이 글을 부족한 내게 정리하게 해 주심에 감사하며, 꾸준히 열심히 하겠음을 다시 한번 다짐해 본다.

첫 번째로 쓰임 받는 유다 지파 이야기는 계속해서 이어진다.

유다 지파가 곳곳에서 가장 첫 번째로 쓰임 받을 수 있었다는 증거를 보면서, 하나님이 내리신 영원한 축복 그 축복을 받기 위해 기도해 본다.

하나님은 분명 우리에게 대대손손 축복을 내려주시길 원하는데, 우린 그 증거를 보고도 못 본 척, 들어도 못 들은 척하며 살아간다. 이 『살리는 사람 유다』를 통해 누군가가 아니라 나 스스로가 하나님께 축복받기 위해 노력해야 함을 깨닫고 알려주시는 이야기를 듣기 위해 노력해야 함을 깨달아 본다.

첫 번째로 쓰임 받은
유다 지파 2

사람에게는 '사랑니'가 있습니다. 이 사랑니는 참 유용한 어금니 바로 옆에 있는데, 생각보다 유용하지 않고 오히려 사람을 아프게 합니다. 그래서 많은 사람이 사랑니를 뽑아버리지요. 근데 또 어떤 의사들은 향후에 어금니가 기능을 잃을 때 사랑니를 사용해야 할 수도 있다고 이야기합니다. 어떤 의견이 맞을지는 잘 모르겠지만, 사랑니 때문에 아파 본 저로서는 '나중에는 어떻게 될지 몰라도, 지금은 뽑아버렸으면 좋겠다'란 생각을 해 봅니다. 우린 이 자그마한 사랑니 때문에도 고민이 많습니다. 뽑느냐 마느냐, 아니면 이 사랑니 때문에 잇몸이 부어올라 먹을 걸 잘 못 먹는 경우도 생기지요. 그래도 우리 몸의 일부이니 잘 데리고는 있지만, 문제가 생기니 저같이 뽑아 버리고 싶은 마음이 드는 분도 많을 것입니다.

그런데 우리 하나님께 우리는 어떤 존재일까요. 전 왠지 제가 사랑니 같은 존재가 아닐까 생각해 봅니다. 하나님 보시기에 제가 유용하지도 않고, 오히려 자꾸 말을 안 들으니 확 뽑아버릴까 싶기도 할 듯합니다. 그리고 간혹 하나님의 마음을 아프게도 할 듯합니다. 근데 하나님은 절 쉽게 포기하실 분이 아님을 알고 있습니다. 알고 있으니 더 잘해야 하는데 생각처럼 잘 되지 않음에 오늘도 용서를 구해 봅니다.

유다의 이야기를 읽으며, 유다의 행동과 유다 지파의 행동을 닮아야겠다는 생각과 함께 그 주변 유다 외의 11지파가 왜 유다보다 축복을 못 받는지에 대해서도 생각해보게 됩니다. 유다는 첫 번째로 쓰임 받지만, 그 외에 첫 번째가 아닌 지파와 사람들의 행동들에 대해서도 교훈을 얻어 봅니다. 그리고 하나님은 사랑이 많은 분이시지만 분명 죄에 대해서는 무서운 분임을 깨달아 봅니다.

지난주 첫 번째로 쓰임 받은 유다 지파 1편에 이어서 2편을 통해서 또 한 번 유다 지파와 이스라엘 그리고 그 주변국의 이야기를 들어 보았습니다.

국내 문제해결에도 유다 지파가 쓰임 받고 있다

필자는 성경을 읽으면서 "사랑과 긍휼하심이 너무나 크신 하나님"(시 136:1~26)을 여러 곳에서 발견할 수 있었다. 그러나 그 하나님은 스스로 말씀하시기를 "나는 질투하는 하나님"(출20:5)이라 하시면서 우상 숭배를 철저히 배격하시고 있음을 말씀하시고 있다. 그 하나님은 이스라엘 나라를 하나님의 이상적인 나라로 건립하기 위해서는 하나님의 반대되는 것들을 철저히 응징하심을 보여 주시고 있다. 예를 들면, 가나안 전쟁 시에 적군을 진멸하되 "유아까지 진멸하라"(신2:34)고 명령하시고 있다.

사랑이 많으신 하나님께서 어찌하여 '유아'까지 죽이라고 하시는가에 대한 의문이 있을 수 있다. 그러나 분명한 이유가 있다. 그 이유는 하나님의 이상적인 나라에는 이방 문화(이방 종교)가 들어오지 못하도록 철저히 배격해야 함을 알려주기 위해서이다. 그뿐만 아니라 이스라엘 나라 안에서도 하나님의 뜻을 세우시기 위해서는 엄청난 희생을 감수하시는 것을 보여 주시고 있다.

그 예(例)가 베냐민 지파에게 내린 징벌이다. 즉, 베냐민 지파의 사람들이 하나님의 뜻을 세우는 것을 거절했을 때 하나님은 무엇을 하셨는가? 그 대답은 베냐민 지파의 남자들 2만 5,000명이 죽게 되는 가혹한 징계를 내리시고 있음을 성경을 통해 알 수 있다.

사사기에 의하면 레위 지파에 속한 한 남자가 자신의 여인을 처가에서 데려오다가 밤이 되어서 기브아라는 곳에 머물게 되었다. 기브아는 베냐민 지파에 속한 동네였다. 그곳에서 "기브아의 비류들이 레위 지파의 처를 밤새도록 욕보여서"(삿19:25) 죽게 하는 사건이 일어났다. 레위 지파의 남자는 그 억울함을 이스라엘 전 지파에게 통보하게 되었고, 그리하여 이스라엘 사람들은 미스바에 모이게 되었는데, 그 수가 40만 명이나 되었다. 그 40만 명은 칼을 빼는 보병(삿20:2)들이었다. 이러한 백성의 총회가 미스바에서 모였고, 레위 지파의 처를 죽게 만든 베냐민 지파의 비류들을 처벌하고자 결정을 하였다. 그러나 베냐민 지파의 사람들은 자신들의 사람들을 보호하기 위하여 이스라엘 총회의 결정을 거절하고 만 것이다. 이스라엘 총회가 결정한 것은 이스라엘 중에 일어난 악을 제거하기 위하여 악행자들을 처벌하기 위해서였다. <u>이는 곧, 하나님의 의(義)를 세우려는 뜻이었다.</u>

우리는 아래에서 이스라엘 총회가 베냐민 지파에 보낸 내용을 확인해 볼 수 있다.

"이스라엘 지파들이 베냐민 온 지파에 사람들을 두루 행하며 이르기를 너희 중에서 생긴 이 악이 어찜이뇨 그런즉 이제 기브아 사람 곧 그 비류를 우리에게 붙여서 우리로 죽여 이스라엘 중에 악을 제하여 버리게 하라 하나 베냐민 자손이 그 형제 이스라엘 자손의 말을 듣지 아니하고 도리어 각 성읍에서 기브아에 모이고 나가서 이스라엘 자손과 싸우고자 하니"(삿20:12~14)

<u>이스라엘 총회가 결정한 것을 베냐민 지파가 거절함으로써 국내 전쟁이 일어난 것이다.</u> 이 전쟁으로 인하여 베냐민 지파의 남자들이 죽게 되는 수가 2만 5,000명이나 되었다. 죽은 자들이 다 칼을 뺄 수 있는 용사(삿20:46)였다. 이는 참으로 비극적인 국내 전쟁이었다. 그 전쟁으로 인하

여 베냐민 지파의 남자들은 600명만 남게 되었으니 이는 한 지파가 멸망에 이른 비극적인 일이었다. 이처럼 하나님은 하나님의 의를 세우기 위해서는 한 지파의 멸망까지도 감수하시고 있음을 알 수 있다.

필자는 하나님의 의를 세우기 위한 전쟁에서도 유다 지파가 첫 번째로 쓰임을 받고 있음을 알 수 있었다. 즉, 이스라엘 지파의 대표들이 하나님께 묻기를 누가 먼저 베냐민 자손들과 싸우리이까 하고 하나님의 뜻을 물었다. 그때 하나님의 대답은 유다 지파가 먼저 싸우라고 하신 것이다 (삿20:18).

실로 하나님은 유다 지파를 먼저 사용하시고 있음을 나타내고 있으시다.

가나안 전쟁이든지, 국내 전쟁이든지 간에 하나님의 뜻을 이루시기 위해서는 가장 먼저 사용하시는 지파는 '유다 지파'라는 사실이다. 그 이유는 무엇일까? 이는 유다 지파가 하나님의 마음에 가장 합한 지파이기 때문이다. 유다 지파의 조상 유다는 그 동생 요셉을 살려주는 일에 앞장을 섰던 사람이다. 즉, 유다 지파는 살리는 일을 하는 지파라는 등식이다. 그러므로 하나님의 의(義)를 세우는 것은 곧 사람을 살리기 위한 의(義)라고 해석해 볼 수 있다. 하나님께서 베냐민 지파의 사람들을 그토록 처절하게 응징하는 이유도 하나님의 의를 세우시기 위해서는 불가피한 선택이었다. 그러한 선택을 통해서라도 하나님의 의를 세우심으로써 사람의 진정한 살길이 무엇인가를 나타내시고자 하는 것이다. 사람을 살리는 일에 끊임없이 유다 지파를 첫 번째로 사용하시고 있음을 알 수 있다.

유다 지파를 그토록 중용하는 이유를 우리는 알아야만 한다.

예수 시대의 능력자들도
유다 지파의 자손들이 다수다

유다 지파가 받은 축복의 깊이는 예수님의 시대에까지 이어져 왔음을 증거하는 문헌을 발견하였을 때 필자는 참으로 놀랄 수밖에 없었다. 이는 유다 지파가 받은 그 축복이 구약의 시대로만 끝이 난 것이 아님을 증거해 주는 것이기 때문이다.

바벨론 포로기라는 아픔의 시대를 지난 유다 민족은 또다시 구약성경과 신약성경의 중간기라는 암울한 시대를 보내야만 했다. 말라기 선지자의 예언 활동(BC 430년경)을 끝으로 약 400여 년간 하나님은 말씀이 없으셨다. 즉, 선지자들을 통하여 말씀을 주시지 않으셨다는 뜻이다. 그러므로 이스라엘 민족은 답답한 세월을 보내야만 했었을 것이다. 그러한 암울한 시대를 보내면서도 하나님을 향한 믿음과 메시야를 기다리는 소망(눅 2:28~32)을 가지고 버티는 사람들이 분명히 있었다. 그러한 사람들의 존재를 증거하는 일이라면 신약성경에서 증거를 많이 찾아볼 수 있다. 예수님 시대에도 여전히 성전 의식이 행해져 왔고, 제사장이 존재했으며, 율법 학자들과 서기관들이 존재해 왔기 때문이다. 이는 하나님을 섬기는 믿음의 생활을 계속하여 왔음을 의미하는 것이다. 그러므로 하나님의 말씀이 없었던 신, 구약 중간기에도 하나님의 거룩한 뜻은 계속하여 진행되어 왔음을 알 수 있다.

이 당시에도 하나님의 복을 받은 사람들이 있었으며, 그 반대의 사람들도 있었다.

필자는 '하나님께서 유다 지파에게 제1번의 역할을 감당하게 하는 복을 누리게 하심이 예수님 시대에서는 어떠할까?' 하고 의문을 가지고 있었다.

그런데 역시 유다 지파의 자손들이 하나님이 주시는 복을 받고 있었음을 발견할 수 있었다. 그 증거로 예수님 시대에도 유다 지파의 자손들이 그 사회에 영향력을 끼치는 부류의 사람들이었다는 것이다. 그 대답을 찾는 데 산헤드린 의회의 구성원 연구는 큰 도움을 준다.

산헤드린은 오늘날 민주 국가의 국회와 같은 역할을 하는 국가 기관인데 그 구성원들을 보면, 고위 사제들과 명망 있는 바리새파 사람들, 그리고 사두개파 사람들, 그리고 유력자들[17]이었다. 여기에 등장하는 유력자들은 신약성경에 등장하는 원로들이라는 말로 표현되어 있다. 탈무드에도 원로들에 대한 정체를 말해주는 데가 있는데 그것은 '이 시대의 명사들', '예루살렘의 명사들', '예루살렘의 귀족들'[18]이란 말로 표현된다. 이들이 바로 원로들이라고 불리는 사람들이었다. 그들은 평민을 대표하는 원로요, 이스라엘 지파의 수장들이었다.

한 가지 흥미로운 일은 당시 산헤드린의 의원들 중의 한 부류가 바로 원로들이었다는 사실이다. 그들은 사제 귀족도 아니었고, 유망한 바리새파, 사두개파 사람들이 아니었는데도, 그들은 산헤드린의 의원이었고, 예루살렘의 유력자들이요, 부자들이었다. 저들이 그 사회의 유력자들이었

---

17 J. 예레미아스, 『예수 시대의 예루살렘』, 서울, 한국신학연구소, 1992.

18 J. 예레미아스, 『예수 시대의 예루살렘』, 서울, 한국신학연구소, 1992, p. 290.

기 때문에 산헤드린의 의원이 될 수 있었던 것이다. 필자는 그 원로들에게 관심을 집중해 보았다. 그 이유는 그들이야말로 유대 사회에 막강한 영향력을 끼치는 부류의 사람들이었기 때문이다. 저들은 특정한 계급이 있기 때문에 의원이 된 것이 아니라 그 사회에 영향력을 끼치는 사람들이었기에 의원이 될 수 있었던 부류의 사람들이었다. 그러므로 어떤 면에서는 진정한 유대 나라의 능력자들이라 평가할 수 있다. 로마의 통치를 받고 있던 그 시대에 그 민족에게 막강한 영향력을 펼칠 수 있는 사람들, 그들이 진정으로 능력자들이요, 하나님의 사랑을 받는 사람들임을 알 수 있다.

그렇다면 과연 그들은 누구인가?

그들이 누구인가를 알 수 있는 중요한 사료가 있었는데. 그것은 성전의 재단용 목재를 공급할 권리를 가지고 있었던 유력한 가문들의 이름이 나오는 명단이다. 성전의 재단용 목재를 공급하기로 되어 있는 사제와 평민들은 9일(일 년 동안에) 동안만 목재를 공급하였다. 그 공급한 유력자의 명단은 아래와 같다.

가) 니산월 1일에는 유다 가문의 '아라' 일가가
나) 타무쯔월 20일에는 유다 가문의 '다윗' 일가가
다) 아브월 5일에는 유다 가문의 '바로스' 일가가
라) 아브월 10일에는 레갑 가문의 '여호나답' 일가가
마) 아브월 10일에는 베냐민 혈통의 '스나아' 일가가
바) 아브월 15일에는 유다 가문의 '자뚜엘' 일가와 사제들과 레위인들과
   출신 성분이 불분명한 사람들
사) 아브월 20일에는 유다 가문의 '바핫모압'의 일가가
아) 앨룰월 20일에는 유다 가문의 '아딘' 일가가

자) 테브헤트월 1일에는 유다 가문의 '바로스' 일가가 한 번 더 나무를 공급한다.[19]

위의 글에서 알 수 있는 바와 같이 성전 재단용 목재를 1년에 9일 동안 헌납하게 되는데, 그중 7일이 '유다' 가문의 자손들로 구성이 되어 있다는 사실이다. 이러한 현상을 어떻게 해석할 수 있을까. 이는 유다 지파의 자손들이 얼마나 번창하였는가를 알 수 있는 귀중한 자료이다. 그 이유는 당시 성전의 재단용 목재를 헌납하는 권리는 특권으로 간주되어 왔기 때문이다. 그리고 그 권리는 수백 년을 이어온 권리[20]였다. 왜냐하면 목재 헌납의 특권이 형성된 시기는 바벨론 포로기 이후의 일이었기 때문이다.

즉, 포로 후기 이스라엘 공동체가 재조직되었을 때 이루어진(탈무드의 주장에 근거하다) 것[21]이기 때문이다. 그들 가문의 명단이 레갑 가문을 제외하고는 구약성경 에스라서와 느헤미야서(7:8~20)에 언급이 되어 있는 가문이라는 점도 특이하다. 그러므로 유다 가문의 자손들은 450여 년 동안 그 특권을 누려왔으며, 예수님 시대에도 그 특권을 유지해 오고 있었음을 증거하고 있다.

'J. 예레미아스'는 그의 책 『예수 시대의 예루살렘』에서 그들 가문은 수백 년 동안 우월한 지위를 차지할 수 있었던 유력한 귀족 가문의 이름들이라 추측할 수 있다고 평가하고[22] 있다.

필자는 성전 재단용 목재 공급의 가문들이 예루살렘의 유력자들이라

---

19 J. 예레미아스, 『예수 시대의 예루살렘』, 서울, 한국신학연구소, 1992, pp. 292~293.

20 J. 예레미아스, 『예수 시대의 예루살렘』, 서울, 한국신학연구소, 1992, p. 293.

21 J. 예레미아스, 『예수 시대의 예루살렘』, 서울, 한국신학연구소, 1992, p. 293.

22 J. 예레미아스, 『예수 시대의 예루살렘』, 서울, 한국신학연구소, 1992, p. 293.

는 것으로 판단한 후 아주 흥미로운 결론을 내릴 수 있었다. 그것은 유대 나라의 평민의 유력자들은 대부분 유다 지파의 자손들이라는 사실이다. 즉, 평민의 유력자들 중 레갑 가문(모세의 처가에 속한 겐 족속: 이방인: 대상 2:55, 삿1:16)과 베냐민 지파와 레위 지파 일부분을 제외하고는 전부가 유다 지파의 자손들인 것이다. 그것은 무엇을 의미하는 것인가?

그 대답은 유다 지파 자손들의 번성이라는 사실이다. 그들은 대토지의 소유자[23]들이었고, 예수님 시대에도 가장 영향력이 있는 평민 귀족들이 되어 있었던 것이다. 그들은 유력자들이었고, 산헤드린 의원들이었다. 그 유력자들 중 상당 부분이 바로 유다 지파의 자손들이라는 사실이다. 필자는 하나님께서 유다 지파의 자손들에게 끊임없이 복을 주시고 있었음을 확인할 수 있었다.

---

23 J. 예레미아스, 『예수 시대의 예루살렘』, 서울, 한국신학연구소, 1992, p. 293.

제5장. 「첫 번째로 쓰임 받은 유다 지파 2」를 정리하며

이번 글에는 조금의 설명을 덧붙여 볼까 합니다. 설명이라고 하면 거창하고, 요약 정도라고 보면 될 듯하네요.

우선 제4장, 제5장은 하나님이 꾸준히 유다 지파를 사용하고 있고, 또복 주고 있음을 증거하고 있습니다. 근데 이번 2편에 나온 내용은 간단히 두 가지 정도입니다. 첫 번째는 하나님의 의를 실천하기 위한 전쟁, 즉 하나님께 죄를 지은 자에 대해 하나님이 응징을 하기 위해 이뤄진 전쟁에서도 가장 첫 번째로 사용됨이 유다 지파였다는 사실입니다.

하나님의 의를 위한 전쟁의 결과는 당연히 '승리'입니다. 그 승리에 첫 번째로 쓰임 받는 것은 가장 큰 역할을 할 수 있었다고 보면 될 듯한데, 그 큰 역할에 유다 지파가 쓰였음을 윗글에서 확인해 볼 수 있습니다.

그리고 두 번째는 구약과 신약 그 사이의 시대인데요. 읽으시다 보면 다소 어려울 수 있는데 제가 간단히 정리해 보면 하나님의 직접 개입하지 않은 그 중간 시대에도 유다 지파가 꾸준히 축복받은 삶을 살았음을 통해 유다 지파는 꾸준히 축복받았음을 알 수 있었습니다. 김수태 목사는 이시대에 유다 지파가 '유력자'였음을 여러 가지 증거로 증명하고 있습니다.

유력자란 사전적 의미로 '세력이나 재산이 있는 사람'을 뜻합니다. 하나님이 유다 지파의 세력을 키워 주셨고, 또한 재산까지 부어 주셨음을 알 수 있습니다.

우리가 성경이나 성경을 해석한 글을 읽다 보면 가끔 어려운 부분이 있습니다. 하지만 하나님은 그 속에서 분명 우리에게 주는 메시지를 보여 주시고 있고, 우리는 다소 어렵더라도 그 뜻이 무엇인지 하나님께 물어보며 알아가려는 노력이 필요합니다. 그것이 바로 우리가 축복받을 수 있는 길이기 때문입니다.

행복이 바로 앞에 있는데, 하나님이 축복을 부어 주시려고 준비하고 있는데, 그것을 바로 앞에서 놓치는 어리석음이 없길 하나님께 기도합니다.

제6장

성전 건축에 쓰임 받은
유다 지파

김수태 목사의 글 『살리는 사람 유다』를 블로그에 정리하면서, 지인에게 들은 말 중 하나는 글이 다소 어렵다는 이야기를 들었다. 물론 나 역시 글을 읽다 보면 어려워서 몇 번 다시 읽고, 김수태 목사에게 조언을 구하며 글을 정리한 적도 여러 번이다. 그래서 이번부터는 조금 짧게 글을 정리해 보고자 한다. 이번 '성전 건축에 쓰임 받은 유다 지파' 역시 그리 긴 챕터가 아니지만 나눠서 블로그에 올려보려 한다. 짧게 나눠서 올리는데는 거의 한 달이 넘어 글을 올리는 내 게으름을 다그치고자 하는 의도도 있다. 다시 한번 하나님께 회개하면서 글을 올려 본다.

　이번 글은 '성전 건축'에 대한 글이다. 구약을 읽다 보면 성전 건축과 관련된 글을 볼 수 있다. '성전'은 하나님께 예배드릴 건축물이니 요즘의 교회라고 보면 될 듯하다. 우리나라는 저녁에 높은 곳에서 올려보면 곳곳에 십자가 불빛이 이곳저곳을 비출 정도로 교회가 많다. 그래서일까. 개인적으로는 '성전'을 짓는 것이 그리 어려운 일일까라고 생각하기도 하지만, 우리나라의 많은 목사님은 교회를 세우고 또 그 교회가 크기와 상관없이 교회를 유지하는 것이 얼마나 어려운 것인지 잘 알 듯하다.

　하나님께 예배드리는 교회, 그리고 성전 그리고 그 이전의 성막. 우리가 하나님을 가장 가까이 느낄 수 있는 그곳에 '유다 지파가 어떻게 쓰임을 받았는지'는 이번 제5장을 통해서 알아볼 수 있다.

성막 건립의 책임자 브살렐

세계의 선진국들은 우주 개발을 위하여 엄청난 인력과 재화를 투자하고 있다. 그리하여 우주에서 그 어떤 물체를 가져왔다면 그 값어치는 상상을 초월한 값이 매겨진다. 그 이유는 간단하다. 우주에서 가져온 물체이기 때문이며, 그 물체를 통해 우주의 비밀을 밝혀내는 정보로서의 가치가 있기 때문이다. 비밀에 싸인 미지의 세계의 물체는 그토록 가치가 큰 것이다.

그런데 성경에는 천국에 있는 성전의 모형을 자세하게 알려주는 기록이 나온다(출36:1, 출39:1, 출39:43). 그것은 하나님께서 모세에게 자세하게 지시한 사건으로 그 크기와 넓이, 높이뿐만 아니라 성전에 사용할 재료와 성전에서 사용할 필요한 기구들까지도 기록되어 있음을 우리는 성경을 통해 알 수 있다. 이를 다시 해석해 보면 천국의 성전 정보를 성경에서 상세하게 알려주고 있다는 사실이다. 이 얼마나 소중한 정보인가! 천국의 그 어떤 것을 알 수 있는 소중한 정보이기에 그 가치는 우주에서 가져온 물건과 비교할 수 없는 정말 소중한 정보이다.

이 이야기는 출애굽기에 나오는 이야기로 이스라엘 민족이 광야 생활을 하던 시기였기 때문에 건축물로는 성전을 건립할 수가 없었지만, 조립식 건물로 지어서 언제나 이동이 가능하도록 하는 그러한 성전을 건립하였던 내용이다. 그것이 당시 성막이라고 했는데 그 성막은 하나님께서 임재하시는 장소였다. 그곳에서 하나님은 이스라엘 민족이 살아가야 할 길을 가르치셨다. 저들을 애굽의 노예 생활에서 구출하여 새로운 땅으로 가서 복되게 살게 하는 길을 가르치고 지시하는 장소가 바로 성막이었다. 성막은 바로 사람을 살리시는 일을 하시는 하나님의 거룩한 임재의 장소였다.

당시는 신정정치(神政政治)를 펼치던 시대였기에 성막은 이스라엘 민족의 종교적, 정치적, 정신적 중심지였다. 이는 이스라엘 민족에게 있어서 가장 소중한 건물이요, 장소였다. 그런데 그 귀중한 성막을 건립하는 데도 유다 지파가 중심이었음을 성경은 증거하고 있다.

하나님은 모세에게 성막을 건립할 것을 지시하면서 그 책임자를 지명하시는데 그 지명자를 아래에서 확인할 수 있다.

"여호와께서 모세에게 일러 가라사대 내가 유다 지파 훌의 손자요 우리의 아들인 브살렐을 지명하여 부르고 하나님의 영을 그에게 충만하게 하여 지혜와 총명과 지식과 여러 가지 재주로 공교한 일을 연구하여 금과 은과 놋으로 만들게 하며"(출애굽기 31:1~4)

하나님은 성막 건립이라는 중요한 일의 책임자를 유다 지파의 자손인 브살렐이라는 사람을 지명하여 부르시고 그에게 하나님의 영을 충만하게 부어서 그 일을 감당할 수 있는 지혜와 총명과 지식과 여러 가지 재주를 주시고 있다. 우리가 위의 말씀에서 알 수 있는 것은 브살렐이 다른 사람보다 성막을 건립할 수 있는 남다른 재주가 있는 특별한 사람이 아니라는 것이다. 하나님이 그를 부르시고 그에게 성막 건립에 필요한 모든 지혜와 기술을 주신 것이다. 중요한 사실은 하나님께서 사람을 선택하여 사용하신다는 점이다.

하나님의 선택받은 사람이 다른 지파가 아닌 유다 지파였는데, 왜 하나님은 그토록 중요한 성막 건립에도 유다 지파의 자손을 부르시는가? 그 이유는 무엇인가? 결론은 하나님만이 아시는 일이지만 우린 힌트를 얻을 수 있는데, 유다 지파는 사람을 살리는 지파였고, 그 점이 분명 하나님의 선택을 받는 데 크게 영향을 주지 않았을까 생각해 볼 수 있다.

성막은 이스라엘 민족을 살리시기 위하여 하나님께서 임재하시는 장소이다. 그 성막을 건립하는 책임자는 사람을 살리는 지파의 사람이 담당해야 함을 알 수 있다. 이는 형제를 미워하고 형제를 사지(死地)로 빠뜨리게 했던 조상을 가진 지파에게 그 중요한 사명을 감당시킬 수가 없다는 사실도 알려준다. 사람을 살리는 조상을 가진 유다 지파가 그 일을 감당하는 것이 정당하며, 그것이 바로 하나님의 뜻임을 우리는 성막 건립의 책임자 브살렐을 통해 알 수 있다.

예루살렘 성전 건축에 쓰임 받은 다윗과 솔로몬

어제 7월 21일 설교 말씀이 생각난다. '나를 붙잡아 주시는 하나님' 그리고 '회개할 기회를 주시는 하나님'. 하나님은 무서운 분이시다. 특히 잘못된 믿음, 즉 이방신, 하나님 외에 다른 신을 믿는 것에 대해 매우 분노하신다. 그래서 하나님은 경고를 통해 회개하고 붙잡아서 다시 하나님 곁으로 부르길 원하신다. 사람들, 아니, 나부터도 하나님의 경고의 메시지를 빨리 알아차린다면, 나의 삶은 지금 더욱 하나님과 친밀해져 있지 않을까 생각된다.

하나님과 매우 친밀한 삶을 살았던 사람들이 성경에 많이 나온다. 그중에서 많은 사람이 좋아하고, 또 나 역시 좋아하는 다윗 왕과 지혜의 왕인 솔로몬 왕이 있다. 솔로몬이야 다윗의 아들이니 당연히 같은 집안이다. 그럼 다윗은? 다윗은 바로 유다 자손 중 한 명이다. 『살리는 사람 유다』 김수태 목사의 글 중에서 다윗은 유다 지파가 축복을 받았다는 부분 중 꽤 많은 부분을 증명해 주고 있다.

오늘 볼 이야기 역시 다윗 그리고 솔로몬의 이야기이며, 지난번에 이어 성전 건축과 관련된 소중한 일에 하나님이 유다 지파를 쓰셨음을 확인할 수 있는 이야기이다.

다윗은 하나님의 일에 열심인 사람이었다. 그는 자신이 이스라엘의 왕이 되고 난 후에 하나님의 법궤가 수도인 예루살렘에 있지 아니하고 지방인 '기럇여아림'에 있는 것을 마음에 꺼려 하면서 옮겨오고자 하였다. 그는 이 사실을 온 이스라엘 백성에게 알리고 30,000명을 선택하여 하나님의 법궤를 모셔오도록 하였던 것을 우리는 아래에서 읽어볼 수 있다.

> "다윗이 이스라엘에서 뺀 무리 삼만을 다시 모으고 일어나서 그 함께 있는 모든 사람으로 더불어 바알레유다(기럇여아림)로 가서 거기서 '하나님의 궤'를 메어 오려 하니 그 궤는 그룹들 사이에 좌정하신 만군의 여호와의 이름으로 이름하는 것이라"(사무엘하 6:1~2)

다윗이 이스라엘 백성 중에서 삼만 명을 선택하여 하나님의 궤를 모셔오고자 하였음은 그 행사를 거국적으로 행하고자 하였던 의도였다. 그는 하나님의 법궤를 예루살렘 성으로 모셔 오는 것을 계기로 하여 여호와 하나님의 성전을 건립하고자 하는 뜻을 그 백성들에게 보여 준 것이라고 할 수 있다. 왜냐하면 다윗은 이어서 성전을 건립할 의사를 나단 선지자에게 전하고 있기 때문이다. 우리는 다윗의 마음을 아래의 글에서 읽어볼 수 있다.

> "왕이 선지자 나단에게 이르되 볼지어다 나는 백향목 궁에 거하거늘 '하나님의 궤'는 휘장 가운데 있도다 나단이 왕께 고하되 여호와께서 왕과 함께 계시니 무릇 마음에 있는 바를 행하소서"(사무엘하7:2~3)

다윗은 자신은 백향목으로 건축한 화려한 왕궁에 살면서 '하나님의 궤'를 휘장 가운데 계심이 합당하지 않다고 생각하고 성전을 건축할 것을 나단에게 통보하였던 것이다. 그러나 그 밤에 하나님은 나단에게 나타나셔서 말씀하시기를 성전을 건축하지 않았음에 대하여 책망하시지 않으셨음을 알리고 <u>다윗이 성전을 건축할 마음을 가짐에 대하여 축복하시면</u>

서 다윗의 아들 대(代)에서 성전을 건축할 것을 허락하시고 있다. 아래에서 읽어 보자.

> "네(다윗) 수한이 차서 네 조상들과 함께 잘 때에 내가 네 몸에서 날 자식을 네 뒤에 세워 그 나라를 견고케 하리라 저는 내 이름을 위하여 집을 건축할 것이요 나는 그 나라 위를 영원히 견고케 하리라"(사무엘하7:12~13)

즉, 다윗은 하나님의 성전을 건축하고자 하였지만 하나님의 허락을 받지는 못하였다. 왜 하나님은 다윗에게 성전을 건축하지 못하도록 하셨을까?

다윗은 성전 건축을 하고 싶었지만, 성전은 하나님의 허락하에만 가능한 일이었다. 즉, 성전 건축은 아무나 언제든지 하고 싶다고 해서 건축할 수 있는 일이 아니라고 볼 수 있다. 그러므로 어떤 사람이 성전을 건축했다는 것은 축복된 일이라 볼 수 있다. 왜냐하면, 그 사람에게 하나님은 성전 건축을 허락하셨기 때문이다. 여하튼 다윗은 성전을 건축할 수 없었다. 그 이유를 아래의 글에서 읽어 보자.

> "다윗이 그 아들 솔로몬을 불러 이스라엘 하나님 여호와를 위하여 전을 건축하기를 부탁하여 이르되 내 아들아 나는 내 하나님 여호와의 이름을 위하여 전(殿)을 건축할 마음이 있었으나 여호와의 말씀이 내게 임하여 이르시되 너는 피를 심히 많이 흘렸고 크게 전쟁하였느니라 네가 내 앞에서 땅에 피를 많이 흘렸은즉 내 이름을 위하여 전을 건축하지 못하리라"(역대상22:6~8)

위의 말씀에서 알 수 있는 바와 같이 다윗은 성전을 건축하는 것을 허락받지 못했는데 그 이유는 다윗이 전쟁을 많이 하여서 피를 심히 많이 흘리게 하였기 때문이었다. 비록 그 전쟁이 나라를 굳건히 세우기 위하여 수행한 불가피한 전쟁이었다 할지라도 전쟁은 전쟁이며, 그리고 생명을 잃게 한 것은 사실이라는 것이다. 이로 보건대 성전은 누구든지 건축하고 싶다 하여 건축할 수 있는 건물이 아님을 알 수 있다. 다윗 같은 믿음이 출중한 사람이라 하더라도 그가 전쟁을 많이 하여서 사람의 생명을 수없이 죽게 하였다면 성전 건축은 할 수 없다. 우리는 여기서 성전과 생명을 깊이 연관시키고 있는 하나님의 뜻을 알아야 한다. 성전은 사람을 살리기 위한 장소이다. 하나님께서 생명을 주시고 생명을 풍성하게 하기 위하여 사람을 만나는 장소이다. 그러므로 생명을 많이 죽게 한 다윗의 손으로는 성전을 건축할 수가 없음을 하나님은 알려주셨다. 대신에 하나님은 그의 아들 솔로몬의 대에서는 그 거룩한 일을 하도록 허락하시고 있다.

다윗이 성전을 건축하고자 하는 그 마음을 받으시고 아들의 대에서 성전을 건축할 수 있도록 그 물자를 준비하는 것을 다윗에게 허락하시고 있다. 다윗은 감사한 마음으로 성전을 건축할 수 있는 물자를 열심히 준비하는 것을 아래의 말씀에서 읽을 수 있다.

"다윗이 명하여 이스라엘 땅에 우거하는 이방 사람을 모으고 석수를 시켜 하나님의 전을 건축할 돌을 다듬게 하고 다윗이 또 문짝 못과 거멀못에 쓸 철을 한없이 준비하고 또 심히 많아서 중수를 셀 수 없는 놋을 준비하고 또 백향목을 무수히 준비하였으니 이는 시돈 사람과 두로 사람이 백향목을 다윗에게로 많이 수운하여 왔음이라"(역대상22:2~4)

다윗은 그의 아들 솔로몬이 하나님의 성전을 건축하는 데 부족함이 없도록 물자를 준비하였다. 그리하여 솔로몬은 어려움 없이 성전을 건축할 수 있었다. 솔로몬은 자신이 왕위를 물려받은 후에 4년 2월에 성전을 건축을 시작하여 제11년 8월에 완공을 하니 7년 6개월이라는 기간이 소요

되었다. 이리하여 마침내 하나님의 성전이 건축물로서 그 위용을 이 땅에 나타내게 되었던 것이다. 하나님은 성전 건축을 다윗과 솔로몬에게 허락함으로써 또다시 유다 지파를 사용하셨음을 알게 된다.

제2의 성전 건축자 스룹바벨

미국 여행을 하면서 아마 가장 많이 마주쳤던 곳은 바로 '도로'다. 조금 더 의미를 부여하는 단어로 표현하자면 '길'을 항상 접했다. 특히 자동차로 여행했던 터라 그 넓은 땅의 수많은 '길'이 우리와 함께했다. 생각보다 잘 정리된 길을 보며 아무 생각 없이 카메라 셔터를 눌렀고, 지금은 그 길을 통해 만난 많은 것들이 미래의 길로 이어지고 있다. 우리는 성경을 접하면서 지금 당장 그 말씀이 우리에게 어떤 의미인지 아는 경우도 있겠지만 대부분은 잘 모른다. 적어도 나는 그렇다. 하지만 하나님의 말씀을 믿고 따르다 보면 어떤 결과가 올지 조금은 예상해 볼 수 있다. 그리고 믿는다면 하나님이 우리에게 그 길을 분명 선물로 줄 것임을 성경은 증거하고 있다.

유다 지파의 이야기는 그래서 더 특별하게 다가온다.

스룹바벨을 아시나요?

성경에는 수많은 이름이 나온다. 우리가 그냥 스쳐 지나가는 이름이 많다. 개인적으로 오늘 열왕기상을 읽어 나가면서 수많은 사람이 등장했지만, 내 기억 속에서 뚜렷이 기억나는 사람은 솔로몬 왕 정도다. 오늘도 내겐 조금 생소한 이름, 정확히 이야기하자면 잘 모르는 '스룹바벨'에 대한 이야기를 『살리는 사람 유다』에 대한 글에서 찾아볼 수 있었다. 그도 유다 지파이며, 또 성전 건축자였다는 사실! 성전이 얼마나 중요한지 갈수록 깨달아가고 있는 나로선 스룹바벨이란 유다 지파의 한 사람이 어떻게 쓰임 받았는지 궁금하지 않을 수가 없다. 축복의 통로이자 비밀 열쇠를 가진 유다 지파 중 축복을 받은 또 한 명의 사람, 스룹바벨에 관한 이야기를 읽어 본다.

남 왕국 유다의 멸망으로 그 민족은 바벨론의 포로로 잡혀가는 신세가 되고 말았다. 그때 예루살렘 성과 예루살렘 성전은 무너졌다. BC 586년 남 유다 왕국이 멸망을 당하면서 성전의 기명들과 보물들, 그리고 왕과 방백의 보물들을 다 바벨론이 가져가고 말았다. 나라가 멸망당한 것이다. 더욱더 통탄스러운 것은 하나님의 성전이 불타버린 점이다. 그 사실을 아래에서 읽어 보자.

"또 하나님의 전을 불사르고 예루살렘 성을 헐며 그 모든 궁실을 불사르며 그 모든 귀한 기명을 훼파하고 무릇 칼에서 벗어난 자를 저가 바벨론으로 사로잡아가매 무리가 거기서 갈대아 왕과 그 자손의 노예가 되어 바사국이 주재할 때까지 이르니라"(역대하 36:19~20)

이제 유다 민족은 자신들의 정신적인 지주였던 예루살렘 성전마저 불타버리고만 비극적인 상태가 되고 말았다. 그리고 바벨론의 포로가 되어 노예로 전락했다. 하나의 나라가 멸망을 당하고 그 백성들은 노예가 되어 있는 상태는 참으로 암울한 시대이다. 어쩌면 영원히 그 민족이 사라지고 말지도 모르는 일이었다. 다시 민족의 부활과 노예 생활에서 해방이라는 감격스러운 날이 오리라고 기대하는 것조차 생각지도 못할 수도 있다. 그러나 유다 민족은 무엇인가 다른 것이 있음을 알 수 있다. 그것은 여호와 하나님을 믿는 믿음이 있기 때문이다. 사람의 마음속에 심어진 믿음은 자신들이 고통 속에 있을 때 더욱더 불타오를 수 있는 것이다.

그러한 예는 성경에서 얼마든지 찾아볼 수 있다.

무엇보다도 유대 민족에게는 자신들에 대한 하나님의 예언이 있다. 그 예언은 70여 년의 복역의 때가 차면 구원해 주시겠다는 하나님의 약속의 말씀이다. 나라가 망하기 전에는 그 예언이 크게 힘을 발휘하지 못했다 하더라도 실제로 나라가 망한 후에는 그 예언이 힘을 발휘하게 된다. 그 이유는 나라가 망한다는 예언과 동시에 회복을 예언하였기 때문이다. 나라가 망한다는 예언이 이루어졌기 때문에 나라가 회복된다는 예언도 이루어질 것을 믿게 되는, 어쩌면 아이러니하면서도 하나님만이 할 수 있는 일이 진행된다. 우리는 유다 민족의 운명을 예언한 말씀들을 아래에서 읽어볼 수 있다.

> "이 온 땅이 황폐하여 놀램이 될 것이며 이 나라들은 칠십 년 동안 바벨론 왕을 섬기리라 나 여호와가 말하노라 칠십 년이 마치면 내가 바벨론 왕과 그 나라와 갈대아인의 땅을 그 죄악으로 인하여 벌하여 영영히 황무케 하되"(예레미야25:11~12)

> "나 여호와가 이같이 말하노라 바벨론에서 칠십 년이 차면 내가 너희를 권고하여 나의 선한 말을 너희에게 실행하여 너희를 이곳으로 돌아오게 하리라"(예레미야29:10)

위의 두 말씀에서 알 수 있는 바와 같이 유다 민족의 멸망과 동시에 회복에 대한 하나님의 말씀이 있었다. 그러므로 저들에게는 소망이 있었다. 더욱더 하나님의 구원을 간절히 소망하였던 것이다. 그러므로 저들은 포로 생활을 하면서도 민족의 정체성을 지키려 했고, 하나님에 대한 믿음이 식지 아니했다. 저들은 포로 생활을 하면서도 예루살렘 성전을 그리워하고 지난날 성전에 올라갔었던 그 시절을 그리워하고 있었다. 다음의 글에서 그 증거를 확인할 수 있다.

"우리가 바벨론의 여러 강변 거기 앉아서 시온을 기억하며 울었도다 그 중의 버드나무에 우리가 우리의 수금을 걸었나니 이는 우리를 사로잡은 자가 거기서 우리에게 노래를 청하며 우리를 황폐케 한 자가 기쁨을 청하고 자기들을 위하여 시온 노래 중 하나를 노래하라 함이로다 우리가 이방에 있어서 어찌 여호와의 노래를 부를꼬 우리가 예루살렘아 내가 너를 잊을진대 내 오른손이 그 재주를 잊을지로다 내가 예루살렘을 기억지 아니하거나 내가 너를 나의 제일 즐거워하는 것보다 지나치게 아니할진대 내 혀가 내 입천장에 붙을지로다"(시편137:1~5)

위의 말씀에서 시온 노래는 예루살렘 성전에서 부르던 찬송이다. 저들은 예루살렘 성전을 대단히 그리워하고 있으며, 성전 노래를 그리워하고 있음을 알 수 있다. 유다 민족의 마음속에 심어진 하나님에 대한 믿음이 불타오르고 있는 것이다. 그러므로 저들에게 있어서 예루살렘 성전은 믿음의 고향이었음을 알 수 있다.

<u>이미 소실된 그 예루살렘 성전을 재건하려는 사람이 나타났으니, 그가 곧 유다 총독 스룹바벨이다.</u> 그가 하나님의 성전을 재건할 수 있었던 것은 BC 539년 바사(페르샤)국 고레스 왕이 바벨론을 멸망시키고 칙령을 발표했는데, 그 칙령의 내용에는 유다 백성들이 예루살렘으로 귀환할 것과 하나님의 성전을 재건할 것을 명령하고 있었다. 이에 스룹바벨을 중심으로 하여 성전 재건의 공사가 시작되었다. 우리는 그 공사에 관한 내용을 아래의 글에서 읽어 볼 수 있다.

"예루살렘 하나님의 전에 이른지 이 년 이 월에 스알디엘의 아들 스룹바벨과 요사닥의 아들 예수아와 다른 형제 제사장들과 레위 사람들과 무릇 사로잡혔다가 예루살렘에 돌아온 자들이 역사를 시작하고 이십 세 이상의 레위 사람들을 세워 여호와의 전(殿) 역사를 감독하게 하매"(에스라3:8)

제1차로 포로들이 귀환한 해가 BC 537년이었는데 스룹바벨은 총독의 신분으로 돌아와서 그 이듬해인 BC 536년에 성전 재건 공사를 시작하였다. 사마리아 사람들의 방해가 있어서 한때 성전 재건의 공사가 중단되기도 하였지만 그러한 모든 것들을 극복하고 마침내 다리오 왕 육 년 아달월 삼 일(에스라6:15-BC 516년)에 성전 재건이 완공을 보게 되었다. 실로 성전 재건의 공사가 시작된 지 20년 만의 완공이었던 것이다.

솔로몬의 성전이 제1의 성전이라면 제2의 성전을 스룹바벨의 성전이라고 한다. 이는 스룹바벨이 중심이 되어서 성전 재건 공사를 하였기 때문이다. 하나님은 성전 재건을 완공한 스룹바벨에게 특별한 축복의 말씀을 전하시고 있는데 아래의 말씀에서 확인해 보자.

"너는 유다 총독 스룹바벨에게 고하여 이르라 내가 하늘과 땅을 진동시킬 것이요 나
만군의 여호와가 말하노라 스알디엘의 아들 내 종 스룹바벨아 나 여호와가 말하노라
그날에 내가 너를 취하고 너로 인을 삼으리니 이는 내가 너를 택(擇)하였음이니라 민군
의 여호와의 말이니라"(학개2:21~23)

하나님은 성전을 재건한 스룹바벨에게 특별한 말씀을 주셔서 축복하셨는데 그것은 하나님께서 성전 재건을 위하여 택하여 뽑은 사람이 스룹바벨임을 말씀해 주시고 있다. 하나님은 광야 생활 때의 성막 건설의 책임자로 유다 지파의 자손 브살렐을 선택하셨고, 다윗과 솔로몬을 택하여 제1의 성전을 건축하게 하셨다. 성전 재건의 공사에도 또다시 유다의 자손인 스룹바벨을 택하셨음을 말씀하시고 있는 것이다. 그 스룹바벨이 누구인가? 그는 스알디엘의 아들이다. 그 스알디엘은 유다의 요시야왕의 손자(마태1:11~12)이다. 스알디엘의 아들 스룹바벨은 유다 지파의 자손이라는 증거이다. 하나님은 스룹바벨이라는 유다 지파의 사람을 등용하여 하나님의 성전을 재건하게 하셨다.

하나님께서 이처럼 이스라엘의 역사에서 중요한 일을 행하실 때마다 유다 지파의 자손들을 중용하시고 있음을 우리는 주목해야만 한다.

후손이 번창한 유다 지파
- 우리 가족의 소망을 담아

'부제'란 '[명사] 서적, 논문, 문예 작품 따위의 제목에 덧붙여 그것을 보충하는 제목'이란 뜻을 가진다고 합니다. 이번에는 김수태 목사의 글 중 일곱 번째 장인 '제7장. 후손이 번창한 유다 지파'란 글 옆에 부제를 만들어 보았습니다. '우리 가족의 소망을 담아'란 평범하면서도 매우 중요한 글입니다. 바로 이 글을 통해 개인적인 소망과 가족의 소망을 이룰 수 있다는 확신이 들었기 때문입니다. 내 삶뿐만 아니라 우리 아이의 삶에 하나님이 임하시길 바란다면 꼭 명심해야 할 말씀이었습니다.

최근 저와 그리고 주변 친구들에게 부모님 외에도 가족이 생겨나고 있습니다. 결혼한 친구도 있고, 또 아이가 태어난 친구도 있고, 그리고 배 속에 하나님이 주신 축복의 증거물인 아이를 가진 임산부도 있습니다. 그들은 가족을 이루기 전과는 또 다른 생각으로 삶을 살아가고 있고, 미래를 준비하고 있습니다. 어떤 가족은 여러 가지 책을 통해 미래를 어떻게 보내야 할지 준비하고 있고, 또 어떤 가족은 경제적 안정을 위해 노력을 기울이고 있기도 합니다.

그럼 저는, 아직 제대로 된 준비를 못 하고 있다는 생각을 하고 있는데, 다행히 김수태 목사의 글 『살리는 사람 유다』를 통해 가족의 미래를 그려 보고, 또 축복받은 삶을 살 수 있다는 확신을 가져 봅니다. 그리고 이렇게 블로그를 통해서 저 혼자가 아닌 많은 사람과 그 축복을 나눌 수 있음에 기쁘고, 또 하나님께 감사함을 느껴봅니다. 특히 일곱 번째 글인 '후손이 번창한 유다 지파'란 글을 통해 유다가 어떻게 축복을 받고 있는지에 대해 후손들을 통해 확인할 수 있습니다.

이미 우리에겐 다윗 그리고 축복의 결정체라고 할 수 있는 예수님을 통해 유다 지파가 얼마나 많은 축복을 받았는지 알 수 있었지만, 워낙 의심 많은 것이 사람인지라 하나님은 더 많은 증거들로 우리에게 보여 주고 계십니다.

후손이 번창한 유다 지파
- 우리 가족의 소망을 담아

"시므이는 아들 열여섯과 딸 여섯이 있으나 그 형제에게는 자녀가 몇이 못 되니 그 온 족속이 유다 자손처럼 번성하지 못하였더라"(대상4:27)

성경은 후손의 번창(increase in number)을 하나님의 축복이라고 하였다. 번창이라는 말의 뜻은 영어에서도 말해 주듯이 숫자가 증가하는 것을 의미한다. 그러므로 후손의 번창이라는 말은 자녀의 수가 많아야 한다는 것을 의미한다. 오늘날과 구약 시대와는 자녀의 숫자에 대하여 견해의 차이가 있을 수 있다. 그러나 성경은 영원불멸의 진리란 점을 기억해 보자. 왜 하나님은 후손의 번창을 축복으로 말씀하시는가를 읽어 보자.

"하나님이 자기 형상 곧 하나님의 형상대로 사람을 창조하시되 남자와 여자를 창조하시고 하나님이 그들에게 복을 주시며 그들에게 이르시되 생육하고 번성하여 땅에 충만하라, 땅을 정복하라, 바다의 고기와 공중의 새와 땅에 움직이는 모든 생물을 다스리라 하시니라"(창1:27~28)

하나님은 자신의 형상을 닮은 사람들이 번성하여 땅의 모든 것들을 다스리라고 명령하셨다. 즉, 후손의 번성이 하나님의 뜻을 이루어가는 일이며, 그것이 하나님의 뜻임을 말씀하시고 있다. 오늘날 선진국들은 국민의 수가 마이너스 성장이라는 딜레마에 빠져있다. 그리하여 국민에게 여러 가지 혜택을 주면서까지 자녀 생산을 장려하고 있으며, 우리나라도 그러한 정책을 쓰고 있음은 공지의 사실이다. 나라도, 가정도 자녀의 수가 많은 것이 복된 일이다. 그 이유는 너무나 명백하며 여러 가지 증거가 있지만, 무엇보다 우리가 주목해야 할 점은 바로 하나님의 뜻을 따르는 것이기 때문이다. 하나님은 믿음의 조상인 아브라함에게 복을 주시겠다고 약속하시는데, 그 내용이 무엇인가를 아래에서 읽어 보자.

"여호와의 사자가 하늘에서부터 두 번째 아브라함을 불러 가라사대 내가 네게 큰 복을 주고 네 씨로 크게 번성하여 하늘의 별과 같고 바닷가의 모래와 같게 하리니 네 씨가 대적의 성문을 얻으리라"(창22:15~17)

하나님께서 아브라함을 축복하시는데 그 복의 내용이 자손의 번성을 약속하시는 내용이다. 아주 구체적으로 그 숫자를 하늘의 별과 같고 바닷가의 모래 같게 해 주시겠다는 말씀이다. 분명한 사실은 자손의 번성은 곧 복이라는 사실이다. 아래에서 시편 기자의 깨달음도 읽어 보자.

"자식은 여호와의 주신 기업이요 태의 열매는 그의 상급이로다 젊은 자의 자식은 장사의 수중의 화살 같으니 이것이 그 전통에 가득한 자는 복되도다 저희가 성문에서 그 원수와 말할 때에 수치를 당치 아니하리로다"(시127:4~6)

시편 기자는 자녀의 수가 많음을 복이라고 하고 있으며, 자녀의 수를 화살로 비유하고 있다. 전쟁 상황에서 화살이 많은 것이 전쟁에서 유리하지 않은가! 만약 전쟁 중에 그 전통에 화살이 없다면 어찌 전쟁을 수행할 수 있겠는가! 그러므로 자녀의 수가 많은 것은 원수를 이길 수 있는 무기가 될 수 있다는 비유다. 원수에게 이기고 싶은가! 이기고 싶은 자들은 자녀를 많이 생산하라.

나는 젊은 시절에 이러한 깨달음이 없어서 자녀가 두 명뿐이다. 그래서 젊은 부부들에게 자녀를 많이 생산하라고 늘 권하고 있다. 성경은 분명히 자녀가 많은 사람을 복 있는 사람이라고 한다. 그런데 성경에는 유다 지파야말로 그 후손의 번창함이 대단하다는 것을 증거하고 있다. 다른 지파와 비교해 보면 유다 지파의 후손이 얼마나 번창하였는가를 충분히 알 수 있다. 우리는 그것을 아래에서 읽어 볼 수 있다.

> "유다의 아들들에게서 난 자를 그들의 가족과 종족을 따라 이십 세 이상으로 싸움에 나갈 만한 자를 그 명수대로 다 계수하니 유다 지파의 계수함을 입은 자가 74,600명이었더라"(민수기1:26~27)

위 말씀의 배경에는 하나님께서 애굽 땅에서 나온 후에 이스라엘 12지파의 20세 이상의 군인의 수를 계수하라는 명령이 있어서였다. 이때가 애굽 탈출 후 제2년 2월 1일(민수기1:1)이었다. 그때 12지파의 군인의 수를 계수하였는데 단연코 유다 지파의 군인의 수가 가장 많았다. 이는 민수기 1장에 나오는 통계인데 아래에서 확인할 수 있다.

① 르우벤 지파: 46,500명, ② 시므온 지파: 59,300명, ③ 갓 지파: 45,650명, ④ 유다 지파: 74,600명, ⑤ 잇사갈 지파: 54,400명, ⑥ 스불론 지파: 57,400명, ⑦ 에브라임 지파: 40,500명, ⑧ 므낫세 지파: 32,200명, ⑨ 베냐민 지파: 35,400명, ⑩ 단 지파: 62,700명, ⑪ 아셀 지파: 41,500명, ⑫ 납달리 지파: 53,400명.

위의 통계에서 알 수 있는 것은 유다 지파를 능가할 지파가 없다는 것이다. 또한 특이한 점이 나타났는데, 그것은 요셉 지파의 군인 수이다. 요셉 지파는 그때 이미 두 지파가 되어서 에브라임 지파와 므낫세 지파였다. 그런데 요셉 지파 두 지파를 합친 숫자가 72,700명이다. 유다 지파와 비교해 보면 유다 지파가 1,900명이 많다는 것을 알 수 있다. 그러므로 통계에서 밝혀진 바와 같이 유다 지파가 단연코 가장 많은 군인의 수를 보유하고 있었던 것이다. 하나님은 유다 지파의 자손을 번성케 해 주셨다.

세월이 흘러서 이스라엘 민족이 광야 40년의 세월을 지나서 가나안 땅을 정복하고 난 후에 이스라엘 나라가 하나의 국가로 든든히 세워졌을 때, 군인의 숫자를 조사한 일이 있었다. 그때가 다윗 왕 때였다. 다윗은 자신의 왕국의 군인의 숫자가 얼마나 되는 가를 계수하라고 명령했는데 이때도 유다 지파의 군인의 숫자가 월등히 많은 것을 아래에서 알 수 있다.

> "백성의 수효를 다윗에게 고하니 이스라엘 중에 칼을 뺄 만한 자가 일백 십만이요 유다(a) 중에는 칼을 뺄 만한 자가 사십 칠 만이라 요압이 왕의 명령을 밉게 여겨 레위와 베냐민 사람을 계수하지 아니하였더라"(대상21:5~6)

요압 장군이 다윗 왕에게 보고한 이 보고서는 유다의 후손들이 크게 번창하였음을 증거하고도 남음이 있다 할 것이다. 위의 말씀 중 '유다(a)'라는 말은 유다 지파와 베냐민 지파의 연합을 의미하고 있다. 그러므로 베냐민 지파를 계수하지 않은 상태였기에 유다는 유다 지파 하나이다. 이는 유다 지파 한 지파의 후손의 수가 이스라엘 10지파(레위 지파는 예외의 지파) 수(數)의 거의 반(半)에 육박하고 있다는 것을 의미한다.

유다 한 지파가 47만 명이라면 비례하여 이스라엘 10지파의 숫자는 470만 명이 되어야 할 것이다. 그런데 이스라엘 10지파의 숫자는 110만 명이라는 보고이다. 요압 장군의 이러한 보고서를 어떻게 해석해야 하는 가! 분명히 유다 지파의 후손의 숫자가 엄청나게 번창했음을 알 수 있다. 다른 지파와 비교하면 거의 4배 이상이다. 하나님은 분명히 후손의 번창이 복이라고 하셨는데, 그 복을 유다 지파에게 주시고 있음을 역대상 21

장에서 밝혀 주시고 있다. 또한, 역대상 2장 1절부터 야곱의 열두 아들에 대한 족보를 밝히고 있는데 여기에서도 유다 지파의 자손이 번성하였음을 증거하고 있다. 이를 아랫글에서 보자.

"그 온 족속이 유다 자손처럼 번성하지 못하였더라"(대상4:27)

다른 지파들은 유다 지파처럼 번성하지를 못하였음을 말하고 있다. 이는 유다 지파야말로 이스라엘의 다른 지파들과는 비교가 되지 않을 정도로 그 후손이 번성했음을 알 수 있다. 하나님은 자신을 닮은 사람들이 번창하기를 바라시며, 자손의 번창을 하나님이 주시는 복이라고 말씀하시고 있다. 부모의 정당한 소원을 잘 따르는 자녀가 효자이듯이 유다 지파야말로 하나님의 뜻을 충실히 따르는 지파임을 알 수 있다.

시편 기자도 자손의 번창함은 하나님이 주시는 복임을 증거하고 있다. 우리는 그 증거를 아래에서 읽어볼 수 있다.

"할렐루야 여호와를 경외하며 그 계명을 크게 즐거워하는 자는 복이 있도다 그 후손이 땅에서 강성함이여 정직자의 후대가 복이 있으리로다"(시편112:1~2)

우리는 유다 지파의 자손들이 번창하였다는 것을 알게 되었다. 이는 하나님의 복을 받은 결과인 것이다.

제8장

유다 지파가 차지한 땅은
크고도 중요한 땅이다

미국에는 넓디넓은 땅이 있다. 하지만 그 땅 중에서도 분명 뉴욕처럼 번화한 곳이 있고, 그랜드캐니언처럼 관광객은 많지만 황량한 땅도 있다. 어떤 땅에서 사느냐에 따라 사람의 삶도 달라진다.

미국 뉴욕의 북쪽 퍼처스(Purchase)로 가는 기찻길에는 사람의 형상을 한 조형물이 놓여 있다.

뉴스에서 흔히 찾을 수 있는 소식 중 하나는 부자들의 부동산과 관련된 이야기이다. 최근에는 한 프로 축구 선수가 자신의 이름을 한 빌딩을 건축했다는 소식을 보았는데, 뉴스의 골자는 축구도 잘하고, 재테크도 잘한다는 이야기였다. 한국에서 집값이 크게 떨어지면서 부동산에 대한 투자가 줄어드는 게 사실이지만 여전히 '땅'을 차지한 사람은 부자요. '땅'이 없는 사람은 여러 가지로 힘들어한다. 그리고 땅이 어떤 곳에 있느냐에 따라 땅의 가치는 크게 달라진다.

이런 땅에 대한 인식은 세계 어떤 나라든 비슷하며, 과거 역사를 보더라도 쉽게 인지할 수 있다. 하나님이 '유다 지파'에게 축복을 주실 때 여러 가지가 있지만 '땅'도 함께 주셨다. 나도, 우리도 하나님께 땅을 받는 축복을 기대하며 제8장을 소개해 본다.

유다 지파가 차지한 땅은
크고도 중요한 땅이다(수14:9)

모세의 뒤를 이어서 이스라엘 민족의 지도자가 된 여호수아는 가나안 땅을 점령한 후에 땅을 지파별로 분배하게 되었다. 그 분배의 방법은 제비뽑기였다. 그런데 예외로 한 지파만은 제비뽑기를 하지 않고 땅을 분배해 주는데, 그 지파가 바로 유다 지파이다.

그것도 다른 지파의 땅을 분배하기 전에 먼저 그 땅을 지명했기 때문이다. 이러한 땅의 분배는 여호수아라 해서 그의 마음대로 하는 것이 아니다. 여호수아는 모세의 뜻을 따르고 모세는 하나님의 뜻을 따라서 땅을 분배하였던 것이다. 만약에 하나님의 뜻이 아니고 여호수아 개인의 뜻대로 땅을 유다 지파에게 분배했더라면 다른 지파의 사람들의 불평을 막을 길이 없었을 것이다. 왜 여호수아는 유다 지파의 갈렙에게 이러한 땅의 분배를 하여야만 했는가?

그 이유를 우리는 아래에서 읽어 볼 수 있다.

"오직 내 종 갈렙은 그 마음이 그들과 달라서 나를 온전히 좇았은즉 그의 갔던 땅으로 내가 그를 인도하여 들이리니 그 자손이 그 땅을 차지하리라"(민14:24)

위의 말씀에서 알 수 있는 바와 같이 하나님은 모세에게 명령하기를 갈렙이 온전히 하나님을 좇았으므로 갈렙이 갔던 땅으로 하나님께서 인도

할 터이요, 그의 자손이 그 땅을 차지하게 하라고 하셨다. 이러한 하나님의 명령은 갈렙이 정탐자의 한 사람으로서 가나안 땅을 정탐하고 난 후에 생명을 내걸고 믿음의 보고를 하였기 때문이다.

10명의 정탐자가 "가나안 땅을 점령할 수가 없다"(민13:31)라는 부정적인 보고를 함으로써 이스라엘 온 백성들이 밤새도록 울고는 모세와 아론을 원망하고 "새로운 지도자를 선택"(민14:4)하여 이집트로 돌아가자고 하는 사건이 일어났을 때에 갈렙과 여호수아가 "하나님이 우리를 기뻐하시면 그 땅을 점령할 수 있다"(민20:8)는 믿음의 보고를 하였던 것이다. 10명의 정탐자가 부정적으로 보고하는데, 갈렙과 여호수아는 하나님의 뜻에 달렸다는 믿음의 보고를 하였던 것이다. 이러한 보고는 참으로 위험한 보고였다. 왜냐하면 10명의 보고를 들은 이스라엘 군중들이 실망하여 밤새도록 울고 모세와 아론을 원망하고 새로운 지도자를 뽑자고 하는 상황이었다.

그러한 상황이기에 갈렙과 여호수아의 반대되는 보고는 받아들여지지 않을 수도 있었고 그리하여 두 사람은 군중들에 의하여 처형을 당할 수도 있는 상황이라는 것이다. 그러기에 두 사람의 보고는 생명을 건 모험인 것이다. 실제로 이스라엘의 성난 군중은 두 사람을 돌로 쳐서 죽이려고 하였다. 그 위기의 순간에 하나님께서 살려 주신 것이다. 우리는 이러한 장면을 아래에서 읽어 보자.

"오직 여호와를 거역하지 말라 또 그 땅 백성을 두려워하지 말라 그들은 우리의 밥이라 그들의 보호자는 그들에게서 떠났고 여호와는 우리와 함께 하시느니라 그들을 두려워 말라 하나 온 회중이 그들을 돌로 치려 하는 동시에 여호와의 영광이 회막에서 이스라엘 모든 자손에게 나타나시니라"(민14:9~10)

위에서 읽어 본 바와 같이 갈렙의 보고는 생명을 내건 모험이었다. 그러기에 하나님은 갈렙을 크게 기뻐하시고 그가 갔던 땅으로 인도할 것이며 그 땅을 그 후손이 차지할 것이라고 하신 것이다. 하나님의 약속의 말씀을 아래에서 읽어보자.

"그날에 모세가 맹세하여 가로되 네가 나의 하나님 여호와를 온전히 좇았은즉 네 발로 밟는 땅은 영영히 너와 네 자손의 기업이 되리라 하였나이다"(여호수아14:9)

"그날에 여호와께서 말씀하신 이 산지를 내게 주소서 당신도 그날에 들으셨거니와 그곳에는 아낙 사람이 있고 그 성읍이 견고할지라도 여호와께서 혹시 나와 함께하시면 내가 필경 여호와의 말씀하신 대로 그들을 쫓아내리이다"(여호수아14:12)

갈렙은 하나님께서 말씀하시고 모세가 맹세한 땅을 분배해 달라고 당당하게 요구하고 있는 것이다. 그리하여 갈렙은 헤브론 땅을 차지하게 되는데 그 땅의 크기가 다른 지파와는 비교가 되지 않을 정도로 큰 땅이었다. 실제로 유다 지파는 큰 지파이고 베냐민 지파는 작은 지파이다.

그런데 북이스라엘과 남 유다로 나라가 나뉘고 난 후, 북과 남의 전쟁에서 서로 승리하기도 하고 패배하기도 했다. 이는 북 이스라엘과 남 유다의 국력이 엇비슷했다고도 볼 수 있다. 물론 북 이스라엘 10지파가 차지한 땅이 남 유다의 2지파보다는 큰 것은 사실이다. 그러나 10:2라는 비율이 아니라 유다 지파가 차지한 땅은 비교적 다른 지파와는 비교가 되지 않을 정도로 큰 땅이었다는 것을 우리는 성경을 통해 알 수 있다. 우리는 그 사실을 아래에서 읽어 보자.

"시므온 자손의 이 기업은 유다 자손의 기업 중에서 취하였으니 이는 유다 자손의 분깃이 자기들에게 너무 많으므로 시므온 자손이 자기의 기업을 그들의 기업 중에서 얻었음이었더라"(수19:9)

앞의 말씀은 유다 지파의 땅이 다른 지파의 땅과 비교하여 크다는 것을 말하고 있다. 시므온은 야곱의 둘째 아들이다. 그 시므온 지파는 유다 지파의 땅 중에서 자기들의 기업을 얻었다고 성경은 증언하고 있는 것이다. 실로 유다 지파가 차지한 땅은 둘째 형에게 그 기업을 나누어 줄 정도로 큰 땅이었음을 알 수 있다. 고대 사회는 농경, 목축 사회이다. 당시에는 땅이 큰 사람이 부요하며 그 사회를 지도하는 위치에 있게 된다. 유다 지파가 차지한 땅은 시므온 지파에게 나누어 주고도 남을 정도로 큰 땅이었다. 그뿐만 아니라 예루살렘이라는 도시 일부도 유다 지파의 몫이었던 것으로 알려지고 있는데 그 부분을 성경은 아래와 같이 증거하고 있다.

"예루살렘 거민 여부스 사람을 유다 자손이 쫓아내지 못하였으므로 여부스 사람이 오늘날까지 유다 자손과 함께 예루살렘에 거하니라"(수15:63)

예루살렘은 이스라엘 민족이 하나님을 섬기는 성전이 건축된 지역이다. 그러므로 예루살렘은 이스라엘의 수도이자 영적인 중심지이다.

이스라엘 나라가 남 유다와 북 이스라엘로 나뉘었을 때 북 이스라엘의 여로보암 왕이 자국의 백성들이 예루살렘에 가서 하나님께 예배드리는 것을 막기 위하여 "벧엘과 단이라는 도시에 금송아지를 만들어서 세우고"(왕상12:27~29) 하나님 대신에 그 금송아지를 섬기도록 하였다. 이는 예루살렘을 대신하는 지역으로 벧엘과 단에 산당을 세운 것이었다. 왜 여로보암 왕이 벧엘과 단에 금송아지를 만들어서 예배하도록 하였는가? 그 이유는 예루살렘에 올라가서 하나님께 예배드리는 자국 백성들의 마음이 유다 왕에게 빼앗길 것을 염려하였기 때문이다. 성전이 있는 곳은 그처럼 중요한 곳이었다. 성전이 있는 곳이 바로 유다 땅이다. <u>유다 지파가 차지한 땅에 예루살렘이 있고 예루살렘에 성전이 건축되어졌다.</u>

또한, 유다 땅(헤브론)은 "막벨라 굴"(창23:19~20)이 있는 땅이다. 막벨라 굴은 이스라엘 민족의 조상 아브라함과 그 아내 사라의 묘소가 있는 곳이다. 아브라함은 그 아내 사라가 소천하자 장지를 매입하게 되었는데 그 지역이 바로 유다 지파가 차지한 땅이라는 것이다.

아브라함이 누구인가? 이스라엘 민족의 조상이다. 그 아브라함이 가나안 땅을 유리할 때 이미 헷 족속에게서 땅을 매입하였던 것이다. 수백 년이 지난 후에 이스라엘 백성들이 가나안 전쟁을 통하여 그 땅을 차지하게 되었을 때, 그 조상 아브라함이 이미 매입했던 땅이요, 아브라함 가족의 묘가 있는 땅이 헤브론 땅이다. 그 땅을 바로 유다 지파가 차지했다. 유다는 장자는 아니라 해도 장자가 누릴 모든 복을 누리고 있음이다.

유다 지파는 농경사회에서 다른 지파와는 비교가 되지 않을 정도로 큰 땅을 차지하였을 뿐만 아니라 그 땅에는 이스라엘 하나님을 모시는 성전이 있는 예루살렘이 있고, 아브라함 가족의 묘소가 있는 땅이다. 이러한 땅을 차지함에 있어서도, 다른 지파와는 다르게 제비뽑기도 하기 전에 먼저 유다 지파의 땅이 배정되었던 것이다. 왜 이토록 유다 지파는 하나님의 특별하신 배려를 받고 있는 것일까? 그 이유는 무엇일까? 물론 직접적으로는 정탐자 갈렙의 공이라 할 수 있다. 그러나 그 갈렙은 누구의 자손인가? 갈렙은 유다의 자손이다. 하나님은 유다라는 살리는 사람의 후손에게 이토록 큰 복을 내리고 있는 것이다.

제9장

다윗 언약을 부여받은
유다 지파 1

유다 지파가 왜 축복을 받았으며, 어떻게 축복받은 삶은 살아왔는지를 읽다 보면 과연 나의 삶 그리고 나의 자녀들의 삶은 어떻게 될 것인가, 과연 하나님의 축복을 받을 수 있을까 생각해 보게 된다. '우리 부모님은 하나님을 믿고 있으니까. 나도 믿고 있으니까'로 축복받는 삶을 보장받는 건 아니지만, 그래도 조금 더 확률이 높아짐을 깨달아 본다. 그리고 앞으로 어떻게 해야 할지 고민해 본다.

김수태 목사의 글 『살리는 사람 유다』의 핵심적인 내용은 물론 '사람을 살린 유다가 축복받은 이야기'다. 하지만 워낙 이기적인 존재인 인간, 아니, 나 스스로를 보건대 나는 계속 이 글에서 '어떻게 하면 나는 축복을 받을 수 있을까?'를 중점적으로 보게 된다. 그리고 성경에서 가장 축복받은 인물 중 하나며, 내가 가장 좋아하는 위인인 '다윗'의 이야기에 주목해 본다. 이번 이야기는 다윗과 관련된 이야기다.

다음의 내용은 김수태 목사의 글 『살리는 사람 유다』의 '제9장. 다윗 언약을 부여받은 유다 지파'의 내용입니다(1, 2로 나눠서 적어 보도록 하겠습니다).

다윗 언약을 부여받은 유다 지파 I

유다 지파의 총아 다윗은 하나님께로부터 언약을 약속받게 된다. 나단 선지자를 통하여 하나님의 뜻을 전달받은 직후 다윗은 너무나 감격해 하나님께 감사의 기도를 바치고 있다. 아래에서 다윗이 얼마나 감격하였는가를 읽어 볼 수 있다.

"다윗 왕이 여호와 앞에 들어가 앉아서 가로되 여호와여 나는 누구이오며 내 집은 무엇이관데 나로 이에 이르게 하셨나이까 주의 말씀으로 인하여 주의 뜻대로 이 모든 큰 일을 행하사 주의 종에게 알게 하셨나이다 주께서 주의 백성 이스라엘을 세우사 영원히 주의 백성으로 삼으셨사오니 여호와여 주께서 저희 하나님이 되셨나이다 여호와 하나님이여 이제 주의 종과 종의 집에 대하여 말씀하신 것을 영원히 확실케 하옵시며 말씀하신 대로 행하사 이제 청컨대 종의 집에 복을 주사 주 앞에 영원히 있게 하옵소서 주 여호와께서 말씀하셨사오니 주의 은혜로 종의 집이 영원히 복을 받게 하옵소서 하니라"(삼하7:18~29)

위의 말씀에서 알 수 있는 바와 같이 다윗은 정말 감격하여서 하나님께 감사의 기도를 올리고 있음이다. 그렇다면 다윗은 어떠한 약속의 말씀을 듣게 된 것인가? 나단 선지자가 전하여 준 하나님의 약속의 말씀은 어떠한 내용을 담고 있기에 다윗이 이토록 감격하는 것인가? 필자는 그 언약의 내용을 소개하고자 한다.

사무엘하 7장과 역대상 17장에 기록되어 있는 다윗 언약은 그 내용이 대단한 약속의 말씀을 담고 있다. 나단 선지자가 전한 하나님의 약속의 말씀을 아래에서 읽어 보자.

"네가 어디를 가든지 내가 너와 함께 있어 네 모든 대적을 네 앞에서 멸하였은즉 세상에서 존귀한 자의 이름 같은 이름을 네게 만들어 주리라 내가 또 내 백성 이스라엘을 위하여 한 곳을 정하여 저희를 심고 저희로 자기 곳에 거하여 다시는 옮기지 않게 하며 악한 유(類)로 전과 같이 저희를 해하지 못하게 하여 전에 내가 사사를 명하여 내 백성 이스라엘을 다스리던 때와 같지 않게 하고 또 네 모든 대적으로 네게 복종하게 하리라 또 네게 이르노니 여호와가 너를 위하여 집을 세울지라 네 수한이 차서 네가 열조에게로 돌아가면 내가 네 뒤에 네 씨 곧 네 아들 중 하나를 세우고 그 나라를 견고하게 하리라 나는 그 아비가 되고 그는 나의 아들이 되리니 나의 자비를 그에게서 빼앗지 아니하기를 내가 네 전에 있던 자에게서 빼앗음과 같이 하지 않을 것이며 내가 영원히 그를 내 집과 내 나라에 세우리니 그 위(位)가 영원히 견고하리라 하셨다 하라" (대상 17:8~14)

위의 말씀에서 알 수 있듯이 다윗에게 주신 하나님의 약속의 말씀에는 대단한 축복의 말씀을 담고 있음이다. 그 내용을 분석하여 보면 다윗이 대단히 감격할 만한 내용을 담고 있음이 틀림이 없다. 한 개인이 하나님께로부터 약속의 말씀을 받는 일, 그 자체가 특별한 경우다. <u>하나님의 약속의 말씀에는 다윗 자신뿐만 아니라 그 후손들에게까지 미치는 약속의 말씀인 것이다. 실로 엄청난 축복의 약속이 다윗에게 주어짐을 알 수 있다.</u>

1. 다윗의 집은 영원할(대상17:14) 것이라는 약속이다

다윗과 그 후손들이 영원히 존재하도록 해 주신다는 약속을 하나님이 주셨다. 실로 자손만대가 복을 받을 수 있는 길이 열린 것이다. 십계명 제2계명의 약속의 말씀대로 천 대(출20:6)까지 복을 받는 길이 다윗의 집에 활짝 열릴 것임을 하나님께서 알려 주시고 있다. 이보다 더 큰 축복의 말씀이 어디에 있겠는가! 다윗에게로 향한 하나님의 축복의 약속의 말씀은 계속하여 이어지고 있다.

2. 다윗의 왕위는 영원할(대상17:14) 것이라는 약속이다

실로 다윗의 후손들이 그 왕위를 계속하여 이어갈 것이며, 그 왕국도 견고케 해 주신다는 약속의 말씀이다. 도대체 다윗이 누구이기에 이토록 엄청난 축복의 말씀을 약속받고 있는 것인가! 그는 바로 유다 지파의 총아이다. 다윗은 그 조상 유다에게 축복의 말씀으로 주신 바 있는 "규(왕의 상징)가 유다를 떠나지 아니하며 치리자의 지팡이가 그 발 사이에서 떠나지 아니하시기를"(창49:10) 하나님의 약속을 구체화시키는 인물이 된 것이다.

이처럼 다윗을 통하여 주신 약속의 말씀은 그 조상 유다에게 약속하신 말씀을 구체적으로 실현함을 알 수 있다. 그렇다면 다윗의 왕위는 정말 영원한 왕위인가? 우여곡절을 겪지만, 결국은 하나님의 약속의 말씀대로 이루어지고 있다는 사실을 성경이 증거하고 있다. 아래에서 확인해 보자.

"보라 네가 수태하여 아들을 낳으리니 그 이름을 예수라 하라 저가 큰 자가 되고 지극히 높으신 이의 아들이라 일컬을 것이요 주 하나님께서 그 조상 다윗의 위를 저에게 주시리니 영원히 야곱의 집에 왕 노릇 하실 것이며 그 나라가 무궁하리라"(눅1:31~33)

위의 말씀에서 결국은 다윗의 후손으로 이 땅에 오신 예수 그리스도께서 그 조상 다윗의 왕위를 이어받아서 영원한 왕이 되시는 것이다. 하나님이신 예수님은 영원한 왕국의 왕이시다. 그러므로 유다와 다윗에게 주신 하나님의 약속의 말씀은 예수 그리스도를 통하여 영원한 왕으로서 영원히 이 세상을 통치하시고 있는 것이다.

그 예수님의 이름을 요한 계시록 19:16에는 "만왕의 왕이요 만 주의 주라"라고 표현하고 있다. 이처럼 유다 지파의 자손이 영원한 왕이시오, 그 왕국 또한 영원한 것임을 알 수 있다.

3. 하나님께서 다윗 집의 아버지(대상17:13)가 되신다는 약속이다

다윗 집의 아버지는 하나님이 되시고 하나님의 아들들은 다윗 집의 자손들이 되는 약속의 말씀인 것이다. 만왕의 왕이시오, 만 주의 주이신 하나님을 아버지로 모시고 있으니, 그 자손들은 더 이상의 복은 없을 것이다. 그것도 하나님께서 먼저 아버지가 되어 주신다는 약속의 말씀을 주셨다. 이는 다윗의 집이 누릴 최상의 복이다. 이처럼 하나님은 다윗 집-유다 지파를 특별히 사랑하시고 있음을 계속하여 나타내 보여 주시고 있다.

4. 언약이 영원히 변하지(대상17:13~14) 아니하신다는 약속이다

하나님께서 약속하신 다윗 언약을 지키신다는 보증의 말씀이시다. 삼하 7장 15절에는 구체적으로 다윗 왕 앞의 사울 왕의 이름을 말씀하시면서 다윗에게는 사울처럼 하나님의 은총을 빼앗지 않을 것이라고 말씀하시고 있다. 이 말씀이 실제로 솔로몬 왕에게서 이루어지고 있다는 것을 알 수 있는데, 즉, 솔로몬이 나이가 많아지자 그 후비들의 꼬임에 빠져서 이방 신전들을 예루살렘에 세워주는 죄악을 행하였을 때에, 하나님은 솔로몬에게 크게 실망하신다. 그러나 그 아비 다윗과의 언약 때문에 솔로몬 당대에는 그의 왕국을 멸망시키시지 아니하셨다. 그것은 바로 다윗과의 언약 때문이었다. 아래에서 읽어 보자.

"하나님 여호와의 말씀이 내가 이 나라를 솔로몬의 손에서 찢어 빼앗아 열 지파를 네게 주고 오직 내 종 다윗을 위하고 이스라엘 모든 지파 중 뺀 성 예루살렘을 위하여 한 지파를 솔로몬에게 주리니 이는 저희가 나를 버리고 시돈 사람의 여신 아스다롯과 모압의 신 그모스와 암몬 자손의 신 밀곰을 숭배하며 그 아비 다윗의 행함 같지 아니하여 내 길로 행치 아니하며 나 보기에 정직한 일과 나의 법도와 나의 율례를 행치 아니함이라 내가 저를 위하여 솔로몬의 생전에는 온 나라를 그 손에서 빼앗지 아니하고 주관하게 하려니와"(왕상11:31~34)

하나님은 솔로몬 왕의 죄악으로 인하여 그 아들의 대에서 이스라엘 나라를 두 나라로 나누는 사건이 일어난다. 그러나 다윗과의 약속을 지키시기 위하여 다윗 왕국을 멸망시키시지는 아니하시고, 유다 왕국을 유지하게 해 주신다. 그리하여 예수 그리스도 시대에 와서 비로소 영원한 왕국이 되게 해 주시는 것이다. 분명한 사실은 하나님의 유다 지파의 총아 다윗에게 약속하신 것들을 지켜 주셨다는 사실이다. 비록 솔로몬 왕의 죄악으로 인하여 다윗 왕국이 멸망을 받아 마땅한 지경에 이르렀다 해도 하나님은 다윗과의 약속을 지켜 주셔서 다윗 왕국이 영원하도록 해 주신 것이다.

제10장

다윗 언약을 부여받은
유다 지파 2

김수태 목사의『살리는 사람 유다』란 글은 아직 책으로 만들어지진 않았다. 지금의 과정을 통해 하나님의 위대한 역사가 담긴 이 내용의 글이 책으로 남겨져 더 많은 사람이 볼 수 있길 소망해 본다. 최근 들어서 더욱 더 모든 일에 하나님의 손길(Touch)이 있음을 느껴 본다. 그저 무작정 올린 블로그의 글이지만 누군가가 읽을 수 있음을 감사하며, 의미가 제대로 전달되기 위해 더욱 노력해야 함을 깨달아 본다.

참고로 오늘 제10장의 글은 총 3부로 나눠진 글 대단락 중 첫 번째 단락인 '제1부. 축복받은 유다 지파'의 마지막 글이다. 앞으로 이어질 제2부는 예수님, 즉 메시야에 대한 내용인데, 제2부가 개인적으로 매우 기대된다. 다시 본론으로 들어가 제1부의 마지막 글은 지난번에 이은 '다윗'의 언약에 관한 내용이다. 나 역시 한 아이의 부모가 될 사람이란 점에서 이 다윗의 언약은 매우 귀하고, 또 나의 가장 큰 기도의 내용이 되기도 한다. 그럼 본론을 보도록 해 보자.

다윗 언약을 부여받은 유다 지파 2

1. 이스라엘을 위한 땅(대상17:9~10)을 주셔서 정착하게 하셨다

"내가 또 내 백성 이스라엘을 위하여 한 곳을 정하여 그들을 심고 그들이 그곳에 거주하면서 다시는 옮겨가지 아니하게 하며 악한 사람들에게 전과 같이 그들을 헤치지 못하게 하여"(대상17:9)

땅에 대한 약속은 창세기에 나오는 말씀(창17:6~8)을 다윗 시대에 와서 구체화시켜 주시고 있음을 알 수 있다. 즉, 이제까지 이스라엘 민족이 이리저리 헤매고 살았다면, 다윗 시대 이후에는 확실한 땅을 주셔서 다시는 옮기지 않아도 되는 나라가 되게 해 주신다는 말씀이다. 이는 실로 한 나라의 기틀이 확고히 잡혀가고 있음을 의미하는 것이다. 이미 아브라함에게 땅을 주시겠다는 약속의 말씀이 있었지만, 그 약속의 말씀을 다윗에게 확언했음을 확인할 수 있다. 1,100여 년의 세월이 흐른 다음, 그 세월 동안에 수많은 믿음의 사람이 있었지만, 그들에게는 다윗과 같은 땅에 대한 말씀이 없었다.

그리고 우리가 생각해 볼 점은 다윗 이전에도 수많은 선지자와 제사장들이 있었지만, 그들에게가 아니라 다윗에게 아브라함에게 약속하신 땅의 문제를 확언해 주시는 것인가에 대해서이다. 이 역시 유다 지파의 자손 다윗에게 하나님의 뜻을 알리시기를 위한 이유일 것이다. 실로 하나님의 귀중한 뜻들은 유다 지파의 자손들을 통하여 나타내 보여 주시고 있음을 알 수 있다.

2. 대적을 이기(대상17:8)게 해 주신다는 약속이다

다윗 왕은 수많은 전쟁을 치른 왕이다. 그는 통일 이스라엘 왕국의 기틀을 마련하기 위하여 많은 전쟁을 치러야만 했다. 그가 하나님의 성전 건축하기를 원하여서 그 뜻을 나단 선지자에게 알렸었던 일이 있었다. 그러나 하나님의 대답은 안 된다는 대답이셨다. 그 이유로서 다윗은 전쟁에서 많은 사람의 피를 흘리게 했기 때문이라고 하셨다. 아래에서 읽어 보자.

> "다윗이 그 아들 솔로몬을 불러 이스라엘 하나님 여호와를 위하여 전을 건축하기를 부탁하여 이르되 내 아들아 나는 내 하나님 여호와의 이름을 위하여 전을 건축할 마음이 있었으나 여호와의 말씀이 내게 임하여 이르시되 너는 피를 심히 많이 흘렸고 크게 전쟁하였느니라 네가 내 앞에서 땅에 피를 많이 흘렸은즉 내 이름을 위하여 전을 건축하지 못하리라"(대상22:6~8)

비록 불가피한 전쟁이었다 해도, 그리고 전쟁에서 승리하기 위해 적군을 물리치기 위해서라지만, 그래도 다윗은 많은 사람을 죽게 했다. 그러므로 성전을 건축할 수는 없다는 것이다. 어하튼 다윗은 수많은 전쟁을 치렀고, 그 많은 전쟁에서 승리할 수 있었다.

왜 다윗은 전쟁에서 항상 승리할 수 있었던 것인가? 그 이유는 하나님께서 다윗에게 항상 승리를 주셨기 때문이다. 그것은 이미 하나님께서 다윗의 대적들을 이기게 해 주신다는 약속이 있었기에 가능한 일이었다.

성경은 하나님께서 계속하여서 다윗에게 승리하게 해 주셨음을 증거하고 있다. 아래에서 읽어 보자.

"다메섹 아람에 수베대를 두매 아람 사람이 다윗의 종이 되어 조공을 바치니라 다윗이 어디를 가든지 여호와께서 이기게 하시니라"(삼하8:6)

"다윗이 에돔에 수비대를 두되 온 에돔에 수비대를 두니 에돔 사람이 다 다윗의 종이 되니라 다윗이 어디를 가든지 여호와께서 이기게 하시니라"(삼하8:14)

위의 두 말씀에서 증거하는 바와 같이 하나님은 다윗이 전쟁에서 승리하게 해 주신 것이다. 다윗이 어디를 가든지 여호와 하나님께서 이기게 해 주신 것이다. 이처럼 하나님은 다윗이 대적들을 물리치고 승리하게 해 주셨다. 이는 통일 이스라엘 왕국이든지, 남 왕국 유다이든지, 또는 북 왕국 이스라엘이든지 간에 역대 왕 중에서 다윗 같은 승리를 이룬 왕은 없다. 이 역시 하나님은 다윗에게 주신 특별하신 배려이시고, 전무후무한 승리를 다윗에게 주신 것이다. 이는 다윗이 유다 지파의 자손이요, 유다 지파를 통하여 그러한 승리를 보여 주시기를 원하는 하나님의 뜻일 것이다.

3. 다윗을 존귀한 자(대상17:8)의 이름이 되게 하심이다

하나님은 다윗의 이름을 빛이 나도록 해 주시고 있다. 이 역시 하나님의 약속의 말씀이다. 하나님은 자신이 약속하신 대로 다윗을 그 이름이 존귀한 자의 이름이 되게 해 주셨다. 즉, 이스라엘 왕국의 왕들을 생각하면 단연코 첫 번째로 생각이 나는 왕의 이름은 다윗이다. 그뿐만 아니라 이스라엘을 상징하는 별의 이름을 '다윗의 별'이라 한다. 또한, 예수 그리스도께서 탄생하신 동네 이름 베들레헴을 지칭할 때도, "다윗의 동네"(눅 2:11)라 칭하고 있다. 그리고 요한계시록에서도 예수님께서 세상의 모든 악한 자들을 이기시고 승리하심을 표현할 때도, 다윗의 이름이 나타나고 있다.

> "장로 중에 하나가 내게 말하되 울지 말라 유다 지파의 사자 다윗의 뿌리가 이기었으니 이 책과 일곱 인을 떼시리라 하더라"(계5:5)

위의 말씀에서 알 수 있듯이 다윗의 이름은 예수님의 승리하심에서도 표현되는 이름이 된 것이다. 다윗은 어쩌면 유다보다도 더 빛나는 이름이 되었다. 이는 유다에게는 유다의 이름을 존귀하게 만들어 주시겠다는 하나님의 약속의 말씀이 없었지만, 다윗에게는 있었기 때문일 것이다.

이처럼 다윗은 유다 지파의 총아로서 그 이름이 세세에 빛나는 이름이 되었음을 알 수 있다.

이상은 필자가 '다윗 언약'에 나타난 하나님의 축복의 내용을 분석 및 요약해 본 결과이다. 한 개인이 이러한 언약을 하나님께로부터 받은 사건은 대단한 축복이다. 그리고 그 누가 다윗과 같은 축복의 말씀을 약속받았는가! 가히 아브라함이 받은 언약과 필적할 만하다 할 수 있다.

필자는 이제 이 놀라운 '다윗 언약'을 받은 출발점이 무엇일까가 궁금했다. 분명히 다윗이 그러한 언약을 받은 출발점이 있으리라. 당연히 다윗이 하나님을 향한 특별한 충성심에서 출발할 것이다. 그렇다면 그 구체적인 출발점은 무엇일까? 필자는 다윗 언약을 받은 그 앞부분에서 다윗이 두 가지의 특별한 일을 한 것을 알게 되었다.

첫 번째, '하나님의 궤'를 예루살렘으로 옮겨왔다.

다윗은 '하나님의 궤(언약궤, 법궤, 증거궤, 여호와의 궤)'를 옮겨오는 대행사를 행했다. 즉, 다윗은 '하나님의 궤'가 기럇여아림이라는 지방 성읍에 있음을 안타까이 생각하고 예루살렘으로 모셔오는 행사를 거행했다. 그것도 이스라엘 전국에서 사람들을 30,000명(삼하6:1)이나 뽑아서 진행한 것이다. 이는 거국적인 행사요, 이스라엘 전국 백성들에게 알리는 행사였다. 작은 궤(길이 2큐빗 반, 넓이 1큐빗 반, 높이 1큐빗 반)[24] 하나를 옮겨오는 행사를 이처럼 거대하게 치르고 있었다. 이는 다윗이 하나님의 궤를 옮겨오는 행사를 단순하고 작은 행사로가 아니라 온 백성들이 다 알아야 하는 행사로 진행했다는 뜻이다. 그 이유는 무엇일까?

그 이유는 여호와의 궤는 보통의 궤가 아니기 때문이다. 그 궤 안에는 하나님께로부터 직접 받은 '십계명(출25:21)'이 들어 있으며, 이스라엘 백성들이 광야 생활 동안에 양식으로 먹었던 '만나'가 들어있었고, 또한 그 안에는 아론의 싹이 난 지팡이가 들어 있는 궤이기 때문이다. 그러므로 하나님의 궤는 하나님과 이스라엘 백성들과의 신앙적인 소산이 총체적으로 들어 있는 너무나 소중한 궤인 것이다. 그리고 그 궤 위에는 속죄소가 얹혀 있어서 하나님을 만나는 곳이기도 했다. 여호와의 궤가 얼마나 소중한 궤인가를 아래에서 읽어 보자.

"속죄소를 궤 위에 얹고 내가 네게 줄 증거판(출31:18)을 궤 속에 넣으라 거기서 내가 너와 만나고 속죄소 위 곧 증거궤 위에 있는 두 그룹 사이에서 내가 이스라엘 자손을 위하여 네게 명할 모든 일을 네게 이르리라"(출25:21~22)

위의 말씀은 하나님께서 모세에게 직접 명령하신 내용이다. 하나님은 '하나님의 궤'가 얼마나 중요한 것임을 극명하게 모세에게 말씀하셨다. 곧

---

24 1큐빗: 약 45cm.

그 궤에서 이스라엘 백성에게 내릴 명령을 모세에게 하시겠다는 뜻이다. 그것은 무엇을 의미하는 것인가? 곧 '하나님의 궤'가 하나님의 임재를 나타내는 곳임을 말씀하심이다. 실제로 하나님의 궤를 들여다본 일이 있었는데, 그 일로 인하여 70명의 사람이 죽었던 사건(삼상6:19)이 일어나기도 하였다. 이처럼 하나님께서 임재하시는 곳은 두려운 곳이요, 이 땅에서 오직 하나밖에 없는 곳이다.

이처럼 너무나 중요한 '하나님의 궤'가 엘리 제사장 때에 블레셋 나라에게 빼앗긴 때가 있었다. 즉, 블레셋과의 전쟁에서 이스라엘이 패망하고, 궤는 블레셋이 빼앗아(삼상4:11) 가고 말았다. 그러나 하나님의 궤는 곧 다시 하나님 자신의 힘으로 돌아오게 되었는데, 그리하여 그 후로부터 계속하여 모셔진 곳이 기럇여아림이라는 지방 성읍이었다.

그곳에서 하나님의 궤는 사무엘 제사장의 시대를 지나고, 사울 왕의 40년 세월도 지나며 약 80여 년 이상의 세월이 지나가고 있었던 것이다. 그 '하나님의 궤'를 다윗 왕이 왕국의 수도요, 하나님께서 선택하신 예루살렘으로 모셔오기를 소망하고, 그 행사를 거국적으로 진행하였던 것이다. '하나님의 궤'를 모셔옴이 다윗에게 있어서 왜 귀중한 믿음의 결단이 되는 것일까? 그 이유는 예루살렘이 하나님께서 선택하신 이스라엘의 수도 도시요, 평화의 도시라는 이름을 가진 도시요, 다윗 성(삼하6:16)이기 때문이다. 그리하여 다윗은 법궤를 모셔오는 행사를 행하였는데, 그 과정에서 불상사(웃사라는 사람이 죽었다: 삼하 6장 6절에는 법궤를 사람이 만지지 못하게 되어 있는데 웃사가 법궤를 만졌기에)가 일어나고 말았다. 그 사건으로 인하여 하나님의 궤 이동은 중단되었다. 임시로 오벧에돔이라는 사람의 집에 하나님의 궤가 머물게 되었는데, 약 3개월 동안이었다. 그런데 그 기간 동안에 하나님은 오벧에돔의 온 집에 복(삼하6:11)을 주시는 놀라운 일이 있었다. 그러한 일이 사람들에게 알려지게 되었다. 왜 하나님은 오벧에돔의 온 집에 복을 주시는 것일까? 그 이유는 충분히 알 수 있을 것 같다. 하나님께서 임재하시는 궤를 머물게 한 사람을 귀중하게 여기신다는 의미이다. 그리하여 다윗은 다시 하나님의 궤를 모셔오는 행사를 거행하여서 마침내 예루살렘에 모시게 되었다. 이제 하나님의 궤는 평화의 도시요, 다윗 성인 도시요, 이스라엘의 수도인 예루살렘에 머물게 된 것이다. 사울 왕이 행하지 못했던 일을 다윗 왕이 행한 것이다.

분명히 하나님의 궤 모셔옴은 하나님께로부터 점수를 받는 행사임에 틀림이 없다. 그것은 오벧에돔의 온 집에 복을 내리시는 하나님의 뜻에서도 알 수 있다고 말할 수 있다.

두 번째, 다윗은 하나님의 집인 성전을 건축할 마음을 가졌던 사람이다. 다윗은 성전을 건축하려는 마음을 나단 선지자에게 분명하게 밝혔다. 아래에서 다윗의 그 마음을 읽어 보자.

"다윗이 그 궁실에 거할 때에 선지자 나단에게 이르되 나는 백향목 궁에 거하거늘 여호와의 언약궤는 휘장 밑에 있도다 나단이 다윗에게 고하되 하나님이 왕과 함께 계시니 무릇 그 마음에 있는 바를 행하소서 그 밤에 하나님의 말씀이 나단에게 임하여 가라사대"(대상17:1~3)

위의 말씀에서 알 수 있는 바와 같이 나단 선지자는 다윗이 성전을 건축하기를 원하는 마음을 알고는 대답하기를 성전을 건축하라고 대답한다. 그런데 그 밤에 하나님께서 나타나셔서 다윗의 그 마음에 대답을 하신 것이다. 그 대답은 다윗은 성전을 건축할 수가 없다는 대답이다. 그 이유는 다윗이 많은 전쟁을 치렀고, 그로 인하여 많은 사람이 죽게 되었기에 아니 된다는 대답이셨던 것이다. 그러나 그 아들의 대에서 성전을 건축하도록 허락할 것이며, 대신에 다윗은 성전을 건축할 물자를 준비하도록 허락하셨다.

중요한 사실은, 너무나 중요한 사실은 '다윗 언약'이 바로 그 밤에 나타나신 여호와 하나님께서 나단에게 말씀하신 것이라는 사실이다. 다윗은 비록 성전을 건축할 수 없는 사람으로 평가받았지만, 성전을 건축하려고 하는 그 마음을 하나님은 높이 평가하시고 있다는 사실이다. 그러기에 그 밤에 하나님은 다윗에게 두 가지를 말씀하신 것이다. 하나는 다윗이 성전 건축의 부적격자라는 말씀이시고, 또 하나는 '다윗 언약'의 말씀인 것이다. '다윗 언약'은 실로 엄청난 축복의 말씀임에 우리는 주목해 보아야 한다.

왜 하필이면, 다윗이 성전 건축의 부적격자라는 말씀을 하신 바로 그 후에 '다윗 언약'을 주시는 것일까? 그 이유는 다윗이 성전을 건축하려는 그 마음을 하나님께서 귀중히 받으셨기 때문이다.

필자는 다윗 언약이라는 다윗의 일생일대에서 가장 놀라운 축복의 말씀을 듣게 되는 계기가 무엇이었을까를 알기를 소망했다. 그 계기는 과연 무엇이었는가? 그것은 바로 다윗이 '하나님의 궤'를 모셔오는 행사를 거행한 것과 하나님의 집인 성전을 건축하려는 다윗의 마음이었다. 그 두 가지 일이 있었던 직후에 하나님은 '다윗 언약'이라는 놀라운 축복의 말씀을 주신 것이다.

다윗이 하나님의 일에 열심을 내었을 때 하나님은 다윗에게 더 큰 것으로 축복하신 사실을 알아야만 한다. 물론 다윗이 다윗 언약이라는 그 놀라운 축복을 받은 계기가 앞에서 말한 그 두 가지의 충성된 일을 한 것으로만 받은 것이 아닐 수도 있다. 그러나 그 두 가지의 일을 행한 후, 그 밤에 다윗 언약을 주셨다는 것은 분명한 사실이다. 유다 지파의 총아요, 사자인 다윗이 받은 복을 헤아려 볼 필요가 충분히 있는 것이다.

필자는 1940년 4월 19일 서울에 최초로 세워진 조선신학교(현 한신대학

교. 서울시 강북구 수유동에 위치한 한신대학교-오산시, 한신대학교 신학대학원-강
북구 수유동)를 설립할 때에 그 부지 전체를 헌납하였으며, 초대 조선신학
교 학장이며 동시에 이사장이셨던 김대현 장로의 자손들이 어떠한 삶을
살고 있을까 궁금했다. 그 이유는 당시 선교사들의 도움 없이 조선인 스
스로의 능력으로 신학교를 세운 분이기 때문이었다. 즉, 일제 강점기의
암울했던 시대에 하나님의 선지 학교를 세운 지대한 공로가 있는 그분의
자손들에게 하나님은 어떠한 복을 주셨을까 궁금했던 것이다.

　감사하옵게도 필자가 조사(김이곤 한신대학교 신학대학원장의 증언)한 바에
의하면 김대현 장로의 자녀들은 아버지의 대를 이어 한신대학교 신학대
학원(서울특별시 강북구 수유동)에 건물 한 동을 헌물하는 등 하나님의 큰
축복을 받아서 유복하게 살고 있음이 확인되었다. 세밀하게 김대현 장로
의 자손들을 기록하고 싶었으나 미국에 거주하는 관계로 그들의 동의를
받지는 못했다.
　필자가 한 가지 안타까워하는 것이 있다. 그것은 바로 김대현 장로 기
념 교회가 세워지지 않았다는 사실이다. 필자는 이를 위하여 기도하고
있으니 독자 여러분 또한 동참하여 주시기를 소망해 본다.

　아울러 우리나라의 방방곡곡에는 수많은 교회가 세워져 있다. 하나의
교회가 세워지기까지는 그 누군가의 헌신적인 기도와 봉사와 헌금이 바
탕이 되어야 함을 우리는 안다.
　필자는 그 누군가의 자손들이 하나님께서 주시는 복을 받고 있음을 간
증하는 일들이 많을 줄로 믿는다. 그 수많은 믿음의 가문 중에서 필자가
수십 년 동안 알고 있는 한 가문을 소개하고자 한다.
　바로 경주시에 세워진 서라벌 교회다. 1958년 당시 서라벌 교회는 경주
시에 세워진 최초의 한국기독교장로회 소속 교회다. 현재 경주시에는 서
라벌 교회를 중심으로 기장 교회 5교회가 선교 활동을 하고 있다.

서라벌 교회 설립 시 대지(구 경주시청 근처) 396평을 헌납한 성도가 최성근 집사, 김귀주 권사 부부이다. 그 후 1990년에도 교회 이전용 대지 300평을 김귀주 권사가 헌납했고, 2003년에는 아들인 최용윤 장로가 사택 42평을 헌납했다.

최성근 집사의 자녀는 4남 3녀인데, 7명 모두 결혼하여서 손주 16명, 그리고 증손주가 21명이 태어났다. 이 가문에서는 목사 5명, 장로 4명 그리고 권사 6명, 집사 8명 등이 믿음의 생활을 하고 있다.

최성근 집사의 장남인 최용만 장로는 이화대학 병원장과 대한외과학회 회장을 역임한 의학박사이며, 3남인 최용윤 장로는 경주 YMCA 이사장을 역임한 상공인이다. 그리고 자손은 박사 3명, 의사 3명, 교수 2명, 기업가 2명 등이 되어 사회 곳곳에서 활동하고 있으며, 모든 가족이 믿음의 삶을 살고 있다.

최성근 집사의 자손들의 번성함과 믿음의 복과 물질의 복을 받음이 우연일까? 교회 대지 헌납의 믿음의 행위가 하나님의 인정을 받음이 아닐까요?

우리 하나님께서는 하나님께 충성하는 자들의 후손들을 돌보아 주심을 알게 해 주신다.

제2부

메시야 탄생의 통로인
유다 지파

제11장

메시야 대망을 예언한
이사야도 유다 자손이다 1

『살리는 사람 유다』의 1부에 대한 글 정리가 끝나고, '메시야', 즉 예수님의 이야기를 보여 줄 수 있다는 기대감에 마음이 벅차올랐었다. 하지만 이런저런 핑계를 대며, 이제야 글을 올리는 나 자신을 반성해 본다. 지난주 설교 말씀이 또 한 번 내 가슴을 때린다. "Making the best of every opportunity, because the days are evil(세월을 아끼라 때가 악하니라)"이란 말씀. 우리에게 시간은 무한정 주어지지 않는다. 특히 세상이 갈수록 악해지고 있는 이때는 말이다. 내 삶 구석구석을 감사함으로만 가득 채우고, 내 삶 곳곳을 행복으로 채우기에도 부족한 지금의 시간에 난 참 여러 가지 헛일에 힘을 빼고 있다.

결론적으로 '메시야'의 내용이 들어간 『살리는 사람 유다』의 2부를 이제야 정리할 수 있게 됐다. 항상 멋지신 하나님이 이번에는 어떤 멋진 계획으로 우리에게 삶을 비춰 주실지, 가장 멋진 선물인 예수님의 이야기는 이미 구약을 통해 확인해 볼 수 있다. 그리고 '유다'는 이 이야기에서도 등장해 하나님의 매우 치밀함에 또 한 번 놀라게 될 것이다. 다시 한번 예수님의 이야기를 정리할 수 있음에 감사하며, 글을 정리해 본다.

메시야 대망을 예언한 이사야도
유다 자손이다 I

　구약성경에서 이사야, 예레미야, 에스겔은 하나님으로부터 크게 쓰임 받은 선지자들의 이름이란 것을 성도들은 알고 있을 것이다. 그들을 가리켜서 대선지자라 한다. 대선지자 3명 가운데 예레미야는 그 아버지가 아나돗의 제사장 힐기야였으며, 에스겔은 사독의 후손 부시가 그의 아버지이다. 그리고 에스겔 자신이 제사장으로 재직할 때 하나님의 이상이 에스겔에게 나타났다. 즉, 선지자로서 하나님의 부름을 받을 때 예레미야와 에스겔은 제사장의 아들이요, 제사장일 때이다. 그들은 하나님의 말씀을 맡은 레위 지파의 사람들이다.

　그런데 이사야는 제사장도 아니며 그 아버지도 제사장이 아니다. 즉, 이사야는 레위 지파의 후손이 아니라 유다 지파의 후손이라는 데 필자는 관심을 갖게 되었다. 그가 유다 지파의 후손이라는 증거는 김성일 장로가 쓴 책[25]과, 『The Interpreter's Dictionary of the Bible 2』 p. 733에서도 말하고 있다.

　이사야가 자원봉사자? 하나님의 부르심에 대한 그의 응답을 보면 그가 전문가가 아닌 자원봉사자라는 것을 나타내고 있다(이사야6:8). 그리고 이

---

25 김성일, 『임마누엘』, 신앙계, 2004, p. 7.

사야의 사회적인 위치는 귀족 신분임을 확인해 볼 수 있다. 그 이유는 이 사야가 유대 전승(탈무드)과 외경 집회서, 70인 역 신약성경에도 유다 왕 정과 밀접한 관계에 있으며, 당시의 국제 정세와 국내 정세를 민감하게 파악하고 있었던 사람으로 나타나고 있기 때문이다.

필자가 관심을 가지고 보는 또 하나는 이사야가 대선지자 중의 한 사람으로서 그가 특별히 메시야에 대한 예언을 종합적으로, 집중적으로 예언하고 있다는 사실이다. 대선지자 예레미야와 에스겔과 비교해 보면, 이사야가 메시야에 대한 예언이 종합적이었음을 알 수 있다. 에스겔의 경우 메시야에 대한 예언이 없다. 다만 예레미야는 몇 구절을 예언하고 있는데 아래와 같이 말씀하고 있다.

"나 여호와가 말하노라 보라 때가 이르리니 내가 다윗에게 한 의로운 가지를 일으킬 것이라 그가 왕이 되어 지혜롭게 행사하며 세상에서 공평과 정의를 행할 것이며 그의 날에 유다는 구원을 얻겠고 이스라엘은 평안히 거할 것이며 그 이름은 여호와 우리의 의라 일컬음을 받으리라"(렘23:5~6)

위의 말씀에서 예레미야가 기록된 메시야에 대한 말씀을 읽어볼 수 있는데 이사야와 비교해 본다면 그 예언의 양(이사야 50절 이상이며, 예레미야는 2절, 타 선지자들 5절 이하)과 내용에 있어서 크게 차이가 있음을 알 수 있다. 그리고 앞에서도 언급했듯 에스겔서에는 메시야에 대한 예언은 한 구절도 없다. 대선지자 예레미야와 에스겔과 비교하여 보면 이사야가 메시야에 대한 예언이 특이하고 집중적으로 나타나고 있음을 충분히 알 수 있다.
즉, 메시야는 누구에게 탄생하시며, 그분은 누구이시며, 그 역할은 무엇이며, 고난받는 종의 모습 등 메시야의 일생을 기술하고 있다는 사실을 우리는 확인할 수 있다.

1. 메시야는 누구를 통하여 이 땅에 오시는가?

아래의 이사야의 예언에서 알 수 있다.

"그러므로 주께서 친히 징조로 너희에게 주실 것이라 보라 처녀가 잉태하여 아들을 낳을 것이요 그 이름을 임마누엘이라 하리라"(사7:14)

이사야는 처녀 탄생의 비밀을 알리고 있다. 예수님의 어머니는 처녀가 된다는 것이다. 오실 메시야는 처녀의 몸을 빌려서 오신다는 것이다. 처녀가 어찌 아이를 낳을 수 있는가? 메시야께서 탄생하시기 700여 년 전에 이미 처녀 탄생이라는 신조어를 이사야는 기술하고 있다. 그리고 하나님의 때가 되니, 그 예언은 이루어졌으며, 처녀 탄생이라는 그 신기하리만큼 비밀스러운 사건이 마태복음(마1:23)과 누가복음(눅1:34)에서 분명하게 증거되고 있는 것이다.

2. 메시야는 누구인가?

"나실 아이는 왕으로 오시는 하나님이시다"라는 예언이다. 그 아이는 누구이며 그의 본체가 누구인가를 이사야는 분명하게 밝히고 있다. 아래에서 확인하여 보자.

"이는 한 아기가 우리에게 났고 한 아들을 우리에게 주신 바 되었는데 그 어깨에는 정사를 메었고 그 이름은 기묘자라, 모사라 전능하신 하나님이라, 영존하신 아버지라, 평강의 왕이라 할 것임이니라 그 정사와 평강의 더함이 무궁하며 또 다윗의 위에 앉아서 그 나라를 굳게 세우고 지금 이후 영원토록 공평과 정의로 그것을 보존하실 것이라 만군의 여호와의 열심이 이를 이루시리라"(사9:6~7)

앞에서 읽어보는 것과 같이 이사야의 메시야 예언은 분명하게 하나님이신 메시야께서 이 땅에 왕으로서 오심을 예언하고 있는데, 오실 그분은 "전능하신 하나님이라 영존하신 아버지라 평강의 왕이라" 하고 표현하고 있다. 그분은 처녀 탄생의 신비함과 동시에 하나님이신 그분께서 이 땅에 평화의 왕이라는 신분으로 오신다는 것이다.

이사야 예언의 특징이 다른 예언자들과는 분명하게 구별이 되는데, 메시야는 누구시며, 지위와 본체를 말씀하고 있다. 왕이신 메시야 예언은 다른 소선지자들도 예언하고 있는데, 미가 선지자는 왕으로 오실 메시야 탄생의 예언을 하면서 이사야를 보완하고 있다. 즉, 메시야의 탄생할 지역과 근본을 예언하고 있음이다. 미가는 그의 예언에서 "베들레헴 에브라다야 너는 유다 족속 중에 작을지라도 이스라엘을 다스릴 자가 네게서 내게로 나올 것이라 그의 근본은 상고에, 태초에니라"(미가4:2)라고 했다. 또한 스가랴 선지자도 왕으로 오실 메시야를 예언하는데 "시온의 딸아 크게 기뻐할지어다 예루살렘의 딸아 즐거이 부를지어다 네 왕이 네게 임하나니 그는 공의로우며 구원을 베풀며 겸손하여서 나귀를 타나니 나귀의 작은 것 곧 나귀 새끼니라"(스가랴9:9)라고 표현하고 있다.
물론 두 선지자는 이사야와는 달리 그 분량을 적게 언급(5절 이하)하고 있음이다.

그러나 이사야가 묘사하는 "영존하신 아버지라 전능하신 하나님"이라는 메시야의 지위는 그 어느 선지자에게서도 그러한 표현이 없음을 알 수 있다.

이사야의 메시야 예언은 메시야가 누구신가를 가장 명확하게 예언하고 있다는 사실이다. 그리고 이사야는 메시야의 길을 예비하는 세례 요한에 대한 예언도 말라기와는 대조적으로 자세하게 예언하고 있음을 우리는 아래에서 두 선지자의 예언을 통해서 읽어 볼 수 있는데 한번 비교하여 보자.

"외치는 자의 소리여 가로되 너희는 광야에서 여호와의 길을 예비하라 사막에서 우리 하나님의 대로를 평탄케 하라 골짜기마다 돋우어지며 산마다 작은 산마다 낮아지며 고르지 않는 곳이 평탄케 되며 험한 곳이 평지가 될 것이요 여호와의 영광이 나타나고 모든 육체가 그것을 함께 보리라 대저 여호와의 입이 말씀하셨느니라"(사40:3~5)

"만군의 여호와가 이르노라 보라 내가 내 사자를 보내리니 그가 내 앞에서 길을 예비할 것이요 또 너희 구하는 바 주가 홀연히 그 전에 임하리니 곧 너희의 사모하는바 언약의 사자가 임할 것이라"(말3:1)

위의 이사야와 말라기를 비교하여 보면 이사야는 말라기보다는 대단히 상세하게 메시야의 길을 예비하는 세례 요한을 기술하고 있다. 이처럼 이사야 선지자는 메시야에 대한 예언에서 특별히 쓰임 받고 있는 선지자임을 알 수 있다.

메시야 대망을 예언한 이사야도
유다 자손이다 2

오늘 눈이 많이 내렸다. 꽤 많은 눈 때문에 평소 5~10분 걸릴 거리를 40분에 걸쳐서 와야 했지만, 기분이 나쁘진 않았다. 볼을 스치는 차가운 기운도 눈이 없을 때보다 왠지 따뜻하게 느껴졌다. 작은 변화에도 시간은 느리게 흐리고 생각이 달라졌다. 이 변화 많은 삶에 의지할 곳이 있다는 건 생각할수록 행복한 일이다.

우린 많은 걸 모르고 산다. 당장 오늘 아침에 내가 출근할 때 얼마의 시간이 걸릴지 알지 못한다. 하지만 하나님은 앞으로 올 일에 대해 알고 계신다. 그분을 의지할 수 있음에 감사한다. 지난번에 이어 '제2부. 메시야 탄생의 통로인 유다 지파-제11장. 메시야 대망을 예언한 이사야도 유다 자손이다'란 제목의 김수태 목사의 글을 이어 본다. 예언자가 있었던 옛날, 중요한 예언 역시 유다 지파에서 나왔다는 건 정말 놀라운 사실이 아닐 수 없다.

그 이야기를 이어서 정리해 본다.

1. 메시야의 사명

이사야는 오실 메시야께서 이 땅에서 어떠한 일을 하시는가에 대한 메시야의 사명도 예언하고 있는데, 이는 다른 예언자들에게서는 찾아볼 수 없는 말씀으로 아래에서 확인할 수 있다.

"내가 붙드는 나의 종, 내 마음에 기뻐하는 나의 택한 사람을 보라 내가 나의 영을 그에게 주었은즉 그가 이방에 공의를 베풀리라 그는 외치지 아니하며 목소리를 높이지 아니하며 그 소리를 거리에 들리게 아니하며 상한 갈대를 꺾지 아니하며 꺼져가는 등불도 끄지 아니하고 진리와 공의를 베풀 것이며"(사42:1~3)

오실 메시야께서 하실 일은 바로 상한 갈대를 꺾지 아니하시고 꺼져가는 등불도 끄지 아니하시는 분으로 예언하고 있음인데, 그분의 자비하심과 사랑하심이 얼마나 놀라우신가를 말씀해 주고 있다. 우리는 이 땅에서 예수님의 활동이 어떠했는가를 예언의 말씀과 비교하여 보면 잘 알 수 있다. 예수님은 간음하다가 현장에서 잡혀 와서 돌에 맞아 죽을 수밖에 없었던 여인을 살려 주셨으며(요8:2~11) 죽어가는 생명들을 수없이 살려 주셨다. 이사야가 예언한 그분은 바로 상한 갈대도 꺾지 아니하시고 꺼져가는 등불도 끄지 아니하시는 분으로서의 일을 하신 것이다.

다음으로 이사야는 메시야의 또 다른 사명을 예언하고 있다.

"그가 가라사대 네가 나의 종이 되어 야곱의 지파들을 일으키며 이스라엘 중에 보전된 자들을 돌아오게 할 것은 오히려 경한 일이라 내가 또 너로 이방의 빛을 삼아 나의 구원을 베풀어서 땅끝까지 이르게 하리라"(사49:6)

이사야가 예언한 메시야의 또 다른 사명은 야곱의 지파들을 일으키는 자요, 이방의 빛이 된다는 말씀이다. 예수님이 오신 후에 복음은 이스라엘 나라 사람들만을 위한 복음이 아니라, 이스라엘을 넘어서 전 세계를 향해 힘차게 뻗어 나간 것이다. 사도행전에서 바울 사도를 중심으로 하여 여러 사도는 예수님의 이름으로 온 세계를 향하여 복음을 전파한 것이다. 이사야는 메시야가 감당할 그 임무를 정확하게 예언하고 있다. 이러한 이사야의 메시야 예언은 다른 예언자와는 구별되어야만 한다.

2. 고난의 종 메시야

마침내 이사야는 메시야가 십자가를 져야 하는 고난받는 종을 예언하고 있는데 이는 그 생생한 묘사나 그 깊이에서 다른 선지자들의 예언과는 확연히 구별되고 있다. 타 예언자들의 예언에서는 읽어볼 수 없는 이러한 메시야 고난의 구체성이야말로 이사야가 메시야 예언에서는 특별한 사명을 받았다는 것을 여실히 증명하고 있다. 우리는 아래에서 고난받는 메시야의 생생한 모습을 읽어 볼 수 있다.

> "나를 때리는 자들에게 내 등을 맡기며 나의 수염을 뽑는 자들에게 나의 뺨을 맡기며 수욕과 침 뱉음을 피하려고 내 얼굴을 가리우지 아니하였느니라 주 여호와께서 나를 도우시므로 내가 부끄러워 아니하고 내 얼굴을 부싯돌같이 굳게 하였은즉 내가 수치를 당치 아니할 줄 아노라"(사50:6~7)

위의 말씀에서 묘사되고 있는 광경을 한번 상상해 보자. 이 땅의 귀공자들에게도 함부로 침을 뱉지 못하는데, 메시야이신 예수님이 침 뱉음을 당하시고 있음이다. 어디 그것뿐인가? 수염까지도 뽑힌다는 것이다. 참으로 온갖 고난과 고통을 당하시는 고난받는 종의 모습이시다. 스가랴 선지자도 메시야의 고난을 예언하고 있지만, 그 고난의 묘사는 이사야와는 큰 차이가 있음이다. 즉, 이사야와 같이 예수 고난의 구체성이 나타나 있지 않다.

마침내 이사야는 왜 메시야가 그토록 고난을 받아야 하는 이유를 예언하기 시작하는데 우리는 아래에서 그 이유를 찾아볼 수 있다.

"그는 멸시를 받아서 사람에게 싫어 버린 바 되었으며 간고를 많이 겪었으며 질고를 아는 자라 마치 사람들에게 얼굴을 가리우고 보지 않음을 받는 자 같아서 우리도 그를 귀히 여기지 아니하였도다. 그는 실로 우리의 질고를 지고 우리의 슬픔을 당하였거늘 우리는 생각하기를 그는 징벌을 받아서 하나님에게 맞으며 고난을 당한다 하였노라. 그가 찔림은 우리의 허물을 인함이요 그가 상함은 우리의 죄악을 인함이라 그가 징계를 받음으로 우리가 평화를 누리고 그가 채찍에 맞음으로 우리가 나음을 입었도다 우리는 다 양 같아서 그릇 행하여 각기 제 길로 갔거늘 여호와께서는 우리 무리의 죄악을 그에게 담당시키셨도다"(사53:3~6)

사람들의 죄악 때문에 메시야가 고난을 당하신다는 말씀이다. 사람들의 죄악 때문에, 사람들에게 평화를 주시고 나음을 주기 위하여서 메시야께서 그토록 심한 고난을 겪는다는 것이다. 양과 같은 사람들이 그른 길을 가고 있어서 그 사람들의 죄를 메시야께 담당시키신다는 예언이다. 실로 이사야는 메시야께서 고난을 받아야 하는 이유를 극명하게 표현하고 있다. 이러한 놀라운 메시야 예언을 왜 이사야가 감당하고 있는가? 다른 선지자에게 그러한 사명을 맡기시지 않는 이유는 무엇일까? 그 대답이 궁금하다. 그 하나님의 의도가 궁금하다는 말이다.

이사야가 예언한 대로 예수님은 우리의 죄악을 대신 지시고 십자가 위에서 피를 흘려 죽으시는 고난을 당하신 것이다. 생명을 희생하여 우리의 죄를 대신 지신 것이다. 실로 이사야는 인류를 구원하기 위한, 하나님의 거룩한 계획, 즉 메시야 탄생의 신비를 종합적으로, 집중적으로, 가장 많은 분량으로 예언하신 선지자가 되었다. 왜 이사야에게 그러한 특별한 사명을 감당하게 하셨을까? 그는 전문적인 선지자도 아니요, 제사장도 아니다. 그런데 왜? 이사야에게 하나님의 계획 중 가장 거룩한 계획인 메시야 탄생의 신비를 가장 많이 알려주시는 것인가? 그것은 하나님의 뜻이다. 하나님께서 보여 주고 싶은 선지자에게 보여 주시는 하나님의 권리이다. 즉, 하나님은 자신의 계획을 진행할 때에 미리 자신의 종들에게 알려주시고 실행하신다. 다시 말하면 자신의 세계 경영의 계획을 미리 알려주시고는 진행하신다는 말이다. 그것이 하나님의 뜻임을 우리는 아래의 말씀에서 확인할 수 있다.

"주 여호와께서는 자기의 비밀을 그 종 선지자들에게 보이지 아니하시고는 결코 행하심이 없으시리라"(아모스 3:7)

위의 구절에서 알 수 있는 바와 같이, 세계를 경영하시는 하나님은 자신의 계획을 자신의 종들인 선지자들에게 미리 보여 주시고 난 후에 그 계획을 진행하신다. 필자가 위의 말씀에 비추어 판단해 보면, 메시야를 이 땅에 보내시는 그 놀라운 계획을 하나님께서는 미리 세우시고, 그 계획을 자신의 종들에게 보여 주시기 시작하시고 그 계획을 세밀하게 진행하신다. 그것은 본격적인 메시야 예언은 이사야 시대(700여 년 전)부터인데, 이사야 시대보다도 앞서서 메시야께서 오신다는 것을 그 종들에게 알려 주시고 있음을 성경은 증거하고 있다. 아래에서 확인해 보자.

"내가 너로 여자와 원수가 되게 하고 너의 후손도 여자의 후손과 원수가 되게 하리니 여자의 후손은 네 머리를 상하게 할 것이요 너는 그의 발꿈치를 상하게 할 것이니라 하시고"(창 3:15)

"네 하나님 여호와께서 너의 중 네 형제 중에서 나와 같은 선지자 하나를 너를 위하여 일으키시리니 너희는 그를 들을지니라"(신18:15)

"내 겉옷을 나누며 속옷을 제비 뽑나이다"(시22:18)

위에서 보는 바와 같이 창세기에도, 신명기에서도 그리고 시편에서도 우리는 메시야에 대한 예언들이 있음을 알 수 있다. 즉, 메시야 예언은 아담 시대로부터 시작하여 모세도 신명기에서 예언을 하였으며, 다윗도 시편에서 예언을 하였다. 요약해 보면 하나님의 메시야 계획은 아담 시대로부터 시작되어서 구약의 마지막 예언자인 말라기에서 끝이 났다. 그런데 메시야 예언을 본격적이고 집중적으로 예언한 사람은 바로 이사야이기에 필자는 이 점에 주목해 보았다. 아담 시대, 모세, 다윗의 예언은 서막으로 비유한다면 이사야가 본막이고 미가, 스가랴, 말라기는 종막이라고 볼 수 있다. 필자가 이렇게 서막-본막-종막으로 구분해 보는 것은 메시야 예언의 양에서도 알 수 있다. 즉, 이사야는 50구절 이상인 데 비하여 서막에 등장하는 예언자들도 5절 이하이고 끝막에 등장하는 예언자들의 구절도 5절 이하이다.

말라기 같은 선지자는 오직 1구절만이다. 물론 예언의 양만으로만 그것을 판단한다는 것은 미흡하다 할 것이다. 그러나 이사야는 메시야의 처녀 탄생, 본질 그리고 그 사명 그리고 고난받는 종의 역할을 종합적으로 예언하고 있다. 다른 예언자들은 어떤 한 부분을 예언했는데, 이사야는 메시야의 전 생애를 예언하고 있다. 그러므로 이사야가 본막을 예언한 선지자라고 말할 수 있다. 하나님은 이사야에게 메시야 예언에 대해서는 가장 많이, 가장 확실하게 보여 주신 것이다.

메시야 탄생이라는 하나님의 그 거룩한 계획에 이사야가 중심에 우뚝 서 있음을 분명하게 알게 된다. 그것은 메시야 예언이 본격적으로 이사야와 미가로부터 시작하여서, 한 세기 후에는 예레미야와 다니엘에게서 그리고 또 두 세기 후에는 스가랴와 말라기에게 예언되고 있기 때문이다. 하나님은 자신의 종들에게 메시야를 보내시는 그 웅대한 계획을 아담 시대로부터 시작하셨지만, 본격적으로는 이사야로부터 시작하여 4세기를 걸쳐서 알려 주신 것인데 그 첫 번째는 이사야 선지자라는 사실이다. 인류를 구원할 메시야 계획은 그 무엇보다도 가장 중요한 계획이다. 그 계획은 바로 인류를 구원하실 하나님의 계획이시기에 너무나 중요한 계획인 것이다. 모세가 태어나거나 사무엘이 태어나거나 그리고 다윗이 태어나는 것과는 비교할 수 없는 참으로 엄청난 계획이다. 실로 구약성경을 전체를 가장 간명하게 한두 구절로 요약을 한다면 어떤 표현이 가능할까? 그것은 메시야이신 예수 그리스도께서 오심을 알리는 성경이라고 표현할 수 있을 것이다.

예수 그리스도의 탄생으로 구약성경의 시대는 끝이 나고 새로운 신약 시대가 열린 것이다. 그러므로 구약성경에서 가장 중요한 부분은 바로 메시야에 대한 예언의 구절일 것이다. 그 이유는 메시야 탄생의 비밀이야말로 가장 중요한 하나님의 계획이시기 때문이다. 그러기에 그 계획은 아담 시대로부터 시작하여 이사야와 여러 선지자에게 알려 주시고 예언하게 하신 것이다.

우리가 주목할 사실은 이사야라는 인물이다.

이사야는 레위 지파의 사람도 아니고, 전문적인 선지자도 아니었다. 그러함에도 불구하고 본격적인 메시야 예언에서는 가장 먼저, 가장 많은 분량으로, 종합적으로, 메시야 탄생의 비밀을 예언하고 있다. 이사야는 십자가의 예수 그리스도를 눈으로 보는 것처럼 생생하게 성경에 기록하고 있다. 예수 그리스도가 누구이시며, 누구의 몸에서 탄생하실 것이며, 그분이 이 땅에서 하실 사명이 무엇이며, 그분이 왜 십자가 위에서 죽으셔야 하는 이유를 분명하게 밝히고 있다. 이사야, 그는 누구인가? 하나님은 어찌하여 가장 중요한 메시야 탄생의 비밀을 제사장 족속이 아닌 이사야를 본격적으로 사용하셨는가 하는 것이다.

필자가 판단하기에 그 이유는 메시야께서 유다의 후손으로 오실 계획이었기 때문이다.

하나님은 그 비밀을 유다의 후손인 이사야에게 가장 많이, 가장 구체적으로 보여 주신 것이다. 필자는 이사야가 선지자로서의 그 비중을 신학적으로 고찰하고자 함이 아니다. 필자의 눈에 비친 이사야는 하나님께서 선택한 선지자로서, 메시야 탄생의 비밀이라는 엄청난 하나님의 계획을 위해 특별히 선택을 받은 선지자라고 확신한다. 이 역시 요셉을 살려준 유다에게 주신 하나님의 특별하신 배려이신가? 타락하고 죄 많은 인류를 구원하기 위해 이 땅에 오신 예수님은 사람을 영원히 살리기 위하여 오신 분이다. 하나님은 동생 요셉을 살려준 유다 지파의 자손 이사야를 통하여 메시야 탄생의 비밀을 이 세상에 알리시고자 하신 것이다. 성경에는 우연이라는 말은 절대 존재하지 않는다. 모든 세상의 일이 하나님의 틀림이 없는 계획 아래에서 진행되고 있다. 그중에서 가장 중요하고 특별하신 하나님의 메시야 탄생의 계획이 유다 지파의 후손을 통하여 예언되어졌다는 사실을 기억하자.

유다 지파의 딸이요, 예수 그리스도의 어머니이신 마리아

1월에『살리는 사람 유다』에 대한 포스팅 이후 참 오랜만에 포스팅을 합니다. 거의 넉 달만이군요. 제 게으름을 다시 한번 하나님께 회개하며, 또 혹시『살리는 사람 유다』의 포스팅을 보아 왔던 분들에게 죄송하다는 말씀을 드립니다. 저에게 많은 일이 있었습니다. 어쩌면 제게 있었던 일이 이번 글에 도움이 될 수도 있다는 생각을 지금 해 봅니다. 저에겐 아이가 생겼고, 그 소중한 아이 덕분에 또 소중한 한 사람의 생명을 잃을 수도 있는 아픈 기억도 생겼습니다. 하지만 하나님은 분명 모든 걸 감찰하시는 분이고, 제 소중한 사람의 생명을 지켜주셨습니다.

　그저 한 아이의 부모가 되는 것이 누구에게나 일어나는 일이라고 생각했던 제게, 한 아이의 부모가 되고 가족이 함께 살아가는 것은 '기적'임을 분명히 알 수 있게 되었습니다.

　그 기적 같은 일 중에 가장 놀라운 '기적'은 무엇일까요? 바로 '예수님의 탄생'입니다. 오늘의 이야기는 바로 그 기적에 관련 이야기인데요. 바로 "처녀가 잉태하여…"에 나오는 바로 '마리아'에 대한 이야기입니다. 마리아 역시 유다 지파의 딸이었습니다. 이 글은『살리는 사람 유다』에 대한 내용으로 마리아가 유다 지파에 속해 있음에, 그 연관성에 대해 조명됩니다. 그리고 기적이 일어난 일에 대한 분석이기도 합니다. 성경에서 저 역시 '요셉은 유다 지파가 맞는데, 마리아도?'라고 의문을 가질 수 있는데, 그 의문에 대한 답이 들어 있기도 합니다.

유다 지파의 딸이요,
예수 그리스도의 어머니이신 마리아

인류의 구주이신 예수 그리스도를 잉태하고 그 생명을 이 땅에 탄생하게 한 여인이 바로 마리아다. 그 마리아도 유다 지파의 후손이라는 사실은 우연일까? 당연히 우연이 아니고 필연이다. 하나님의 영원한 계획은 조금도 틀리지 아니하고 그 이유를 충분히 설명할 수 있다.

이스라엘의 족보는 남자를 중심으로 쓰이고 있다. 역대기서에도 남자의 족보가 나열되어 있고 마태복음에도 예수님의 족보를 기록할 때 남자를 중심으로 기록되어 있음을 알 수 있다. 그런데 특이하게도 누가복음에는 마리아의 족보가 기록되어 있다. 필자는 이 비밀을 알게 되어 너무나 기뻤다. 누가복음에 기록된 예수 족보는 기록에는 남자인 '요셉의 족보'로 기록되어 있지만, 실제로는 '마리아의 족보'라는 사실을 우리는 아래에서 분명히 읽어 볼 수 있다.

"예수께서 가르치심을 시작할 때에 삼십 세쯤 되시니라 사람들의 아는 대로는 요셉의 아들이니 요셉의 이상은 헬리요 그 이상은 레위요 그 이상은 나단이요 그 이상은 다윗이요 그 이상은 이새요 그 이상은 오벳이요 그 이상은 보아스요"(눅3:23~32)

필자는 예수 그리스도의 족보에서 마태복음과 누가복음에서의 차이를 발견하면서부터 누가복음 예수의 족보는 '마리아의 족보'임을 확연히 구분할 수 있었다. 아래의 마태복음의 기록을 읽어 보자.

"이는 살몬은 라합에게서 보아스를 낳고 보아스는 룻에게서 오벳을 낳고 오벳은 이새를 낳고 이새는 다윗 왕을 낳으니라 다윗은 우리야의 아내에게서 솔로몬을 낳고 엘리웃은 엘르아살을 낳고 엘르아살은 맛단을 낳고 맛단은 야곱을 낳고 야곱은 마리아의 남편 요셉을 낳았으니 마리아에게서 그리스도라 칭하는 예수가 나시니라"(마태1:5~16)

위의 두 성경의 기록에는 예수님의 족보를 기록하면서 누가복음에는 '요셉의 아버지'를 헬리이며 헬리의 아버지는 레위라고 쓰고 있다. 그런데 마태복음에는 예수님 족보에서 '요셉의 아버지'는 야곱이며 야곱의 아버지는 맛단이라는 것이다. 누가복음과 마태복음에서 예수님의 바로 윗대인 요셉의 아버지와 할아버지의 이름이 다르게 나타나 있다. 왜 이렇게 다르게 나타나고 있을까? 성경이 틀렸다는 말인가? 성경은 결단코 틀리지 않는다.

그렇다면 왜 마태와 누가 중에서 어떤 것이 틀리게 기록하고 있는가? 어쩌면 예수 바로 윗대의 요셉의 아버지와 할아버지가 두 가지의 이름이 있다는 말인가? 그것도 분명히 아니다. 그런데 왜 누가와 마태는 다른 이름을 기록하고 있는 것인가? 필자는 그 이유를 알게 됨으로써 마리아가 '유다의 후손'임을 증명할 수 있음에 흥분하게 되었다.

그 이유는 이러하다.

예수의 족보가 다윗에게까지 가면 그 이름이 같아진다. 누가복음의 예수 족보나 마태복음의 예수 족보에도 다윗의 이름은 같다. 다윗의 아버지는 이새이며, 그 이상의 조상들의 이름은 같은 이름으로 기록되고 있다. 이것은 무엇을 의미하는가? 예수님의 바로 윗대인 '요셉의 아버지'의 이름에서부터 누가복음과 마태복음에서 다르게 나타나다가 다윗에까지 가면, 그 이름이 같아지고 다윗의 아버지의 이름 이새도 같으며 그 이상의 조상들의 이름이 같아진다는 것이다. 즉, 마태복음에서 다윗의 대를 이은 아들은 '솔로몬'이고 누가복음에는 다윗의 대를 이은 아들은 '나단'이라는 이름이 등장하고 있다는 것이다.

왜 이와 같은 기록이 성경에 나타나고 있을까? 그 이유는 명확하다.

누가복음의 예수 족보는 그 어머니 '마리아의 조상'을 기록한 것이고, 마태복음의 예수 족보는 '요셉의 조상'을 기록한 것이라는 사실이다. 다윗에게는 밧세바를 통하여 4명의 아들이 있는데 그 아들 가운데 한 사람이 나단이고, 나단은 '마리아의 조상'이라는 말이다. 이것을 확연히 증명하는 성경의 말씀을 아래에서 우리는 찾아볼 수 있다.

다윗에게는 헤브론에서 6명의 아들을 낳았고, 예루살렘에서도 아들들을 낳았었는데, 그중에서 밧세바로부터 낳은 아들이 "시므아와 소밥과 나단과 솔로몬"(대상3:5)이었다. 여기에 등장하는 나단이 바로 다윗의 아들이요, 솔로몬의 형이다. 그 나단이 바로 예수님의 어머니 마리아의 조상으로 누가복음에 나타나고 있는 것이다. 놀랍게도 누가복음의 저자 '누가'는 이러한 사실을 기록하여서 마리아가 '유다 지파의 자손'임을 밝혀주고 있다. 요셉의 족보를 기록하되 '마리아의 족보'를 기록하고 있음이다. 이는 성경 그 어디에도 여자의 족보가 없지마는 오직 누가복음에서만 '마리아의 족보'를 기록하고 있음이다.

왜 '누가'는 예수님의 족보를 기록하면서 요셉의 족보가 아닌 마리아의 족보를 기록하였을까? 그 이유는 마리아라는 사람이 '예수님의 어머니'이기 때문이다. 비록 그 남편 요셉의 이름[26]을 빌려서 기록하였지만, 분명히

---

26 눅3:23.

마리아의 족보이다. 여인의 족보를 기록할 수 없는 그러한 환경에서도 '누가'는 마리아라는 사람의 그 뿌리가 누구인가를 밝히고자 했던 것이다. 왜냐하면 하나님의 아들 예수님를 이 땅에 탄생하게 한 통로가 바로 마리아이기 때문이다. 그러므로 마리아가 누구의 후손임을 밝히는 일은 누가에게서는 매우 중요한 일이었기 때문이다.

성경에서 유일하게 여자인 '마리아의 족보'를 기록함으로써 파격적으로 마리아를 대우하고자 했던 누가복음의 저자 '누가'의 강한 의도였던 것이다.

『시로 읽는 예수 족보』라는 책을 펴낸 양소지도 마리아가 유다 지파의 사람[27]임을 말하고 있는데, 양소지는 '누가복음'의 저자 '누가'가 메시야의 오심이 마리아를 통해서임을 세상에 드러내기 위하여 마리아의 가계(家系)를 기록하였다[28]고 쓰고 있다.

유다 지파의 자손 마리아, 그녀는 누구인가? 그녀는 갈리리 나사렛 동네에 살고 있는 처녀이다. 처녀 마리아에게 천사 가브리엘이 나타나서 말하기를 "은혜를 받은 자여 평안할지어다 주께서 너와 함께하시도다"(눅 1:28)라고 하니 마리아가 얼마나 놀랐겠는가?

처녀에게 천사가 나타났다는 사실 그 자체가 너무나 놀라운 사건이다.

사가랴 제사장에게 천사가 나타났을 때에 제사장도 놀라서 할 말을 제대로 하지 못하고 헤매는 것[29]을 성경에서 읽어볼 수 있다. 사가랴만 그러한 것이 아니다. 다니엘도 천사가 나타났을 때 자신의 몸에서 힘이 다 빠

---

27 양소지, 『시로 읽는 예수 족보』, 서울, 로뎀서원, 2004, p. 299.

28 양소지, 『시로 읽는 예수 족보』, 서울, 로뎀서원, 2004, p. 299.

29 눅1:12.

지고 죽은 사람[30]처럼 되었다고 기록하고 있다.

보통 사람에게 천사가 나타난다는 말은 너무나 엄청난 일이어서 정신을 잃어버리거나 죽은 사람처럼 될 수도 있다는 말이다. 그런데 처녀 마리아에게는 천사가 나타났을 뿐만 아니라 들려주는 말은 더욱더 놀랄 만한 소식이었다. 아래를 함께 읽어 보자. 참으로 놀라고 놀랄 만한 소식이다.

"보라 네가 수태하여 아들을 낳으리니 그 이름을 예수라 하라 저가 큰 자가 되고 지극히 높으신 이의 아들이라 일컬을 것이요 주 하나님께서 그 조상 다윗의 위를 저에게 주시리니 영원히 야곱의 집에서 왕 노릇 하실 것이며 그 나라가 무궁하리라"(눅1:31~33)

처녀 마리아는 하늘이 뒤엎어질 소리를 듣고 있는 것이다. 당시 이스라엘 나라 법에는 처녀가 아이를 낳으면 돌에 맞아 죽게[31] 되어 있었다. 천사가 들려주는 소식대로라면 자신은 아들을 낳게 될 것이고 그리되면 자신은 이제 돌에 맞아 죽을 운명에 처하게 된다는 뜻이다. 그러한 때 마리아는 무엇을 생각했을까!

흥미로운 대목이다. 자신이 낳을 아이가 큰 자가 되든지, 아니 되든지는 다음의 문제이고 당장에는 자신의 생명이 위급하게 된다는 사실이다. 그러한 위급 지경 속에서도 마리아는 정신을 차리고 자신은 사내를 알지 못하는데 어찌 수태할 수 있느냐고 천사에게 되묻고 있다. 마리아는 사내를 몰랐기에 아이가 수태될 가능성은 없다는 항변이다.

그때 천사가 마리아에게 들려준 대답은 무엇인가? 그 대답은 하나님은 능치 못함이 없다는 것이다. 하나님은 무엇이든지 다 하실 수 있는 분이

---

30 단10:8.

31 신명기22:21, 레위기21:9.

심을 대답해 주고 있다. 마리아에게 나타날 아이 수태의 사건은 사람의 사건이 아니라 하나님의 능력으로 되는 사건임을 분명히 성경은 알려주고 있다. 지극히 높으신 하나님의 능력이 마리아에게 임하고 그로 인하여 잉태되게 되며 장차 탄생할 그 아이는 거룩한 자요, 하나님의 아들이 된다는 사실을 말이다. 천사는 계속하여 말하기를 나이 많은 할머니 엘리사벳도 임신하여 이미 6개월[32]이 되었는데 이는 하나님께서 하시고자 하시면 못하실 일이 없음을 증거하는 것이라고 말하고 있다.

마리아에게 들려지는 천사의 대답은 무엇인가? 하나님의 말씀은 능치 못함이 없음을 알린다. 하나님이 하시고자 하시면 나이 많은 할머니 엘리사벳도 아이를 임신하게 되었으니 마리아에게도 하나님의 능력으로 수태시킬 수 있다는 메시지이다. 마리아는 할 말을 잃을 수밖에 없었다. 전능하신 하나님께서 하시는 일이라는데 마리아가 무엇이라 다시 물을 수 있겠는가! 마리아는 질문을 멈추고 대신에 하나님의 일이 자신에게 이루어짐을 믿는다고 대답하고 만 것이다. 마리아의 그 고백을 읽어 보자.

"마리아가 가로되 주의 계집종이오니 말씀대로 내게 이루어지이다 하매 천사가 떠나가니라"(눅1:38)

마리아의 이 믿음의 고백은 그녀로 하여금 하나님의 아들 예수의 모친이 되는 커다란 행운을 누리게 된 것이다. 참으로 여인 중에 가장 복 받은 여인이 된 것이다. 마리아가 성령 충만하여 외치기를 "보라 이제 후로는 만세에 나를 복이 있다 일컬으리로다"(눅1:48)라고 했다. 실로 모든 세대의 사람들이 마리아를 '복이 있는 여인'으로 말하게 된 것이다. 인류의 구주이신 '예수 그리스도의 어머니'가 된 것이다. 그러기에 '누가'는 마리아

---

32 눅1:36.

의 조상의 이름까지 밝혀서 그녀를 칭송하였던 것이다.

또한 세례 요한의 어머니 엘리사벳은 성령이 충만하여 마리아를 칭송하고 있다. 그 칭송의 소리가 얼마나 아름다운지를 우리는 성경에서 읽어볼 수 있다. 마리아가 천사가 들려준 말을 확인하기 위하여 할머니 엘리사벳의 집으로 달려갔다. 그 집에서 마리아를 마중하는 엘리사벳은 참으로 놀라운 말들을 계속 쏟아내고 있는데 "여자 중에 네가 복이 있으며 네 태중의 아이도 복이 있도다 내 주의 모친이 내게 나아오니 이 어찌 된 일인고 보라 네 문안하는 소리가 내 귀에 들릴 때에 아이가 복중에서 기쁨으로 뛰놀았도다 믿은 여자에게 복이 있도다 주께서 그에게 하신 말씀이 반드시 이루리라"(눅1:42~45) 하고 말하는 것이다. 생각해 보자. 처녀가 자신의 집을 방문했는데 할머니 엘리사벳이 하는 말은 무엇인가?

"네 태중의 아이도 복이 있도다 내 주의 모친이 내게 나아오니 이 어찌 된 일이냐" 하면서 크게 환영하고 있는 것이다. 처녀를 향하여 네 태중의 아이라고 말하고 그 아이가 자신의 주님이라고 말하는 것이다. 이 얼마나 무서운 말을 하고 있는 것인가! 처녀를 향하여 너의 태중에 아이가 있다는 말을 어찌 그리 함부로 할 수 있는 말인가? 이러한 말은 보통 사람들이 할 수 있는 말이 아니지 않는가!

이러한 엘리사벳의 말은 보통 사람으로서는 할 수 없는 말일뿐만 아니라 그녀로서는 처녀 마리아의 태중에 아이가 있는지 없는지를 알 수도 없는 것이다. 그런데 엘리사벳은 마리아를 향하여 거침없이 그러한 말을 내뱉고 있다. 엘리사벳이 이렇게 말을 할 수 있는 것은 자신의 말이 아니라 성령께서 말씀하시고 있음을 우리는 알 수 있다. 엘리사벳으로서는 처녀의 태중에 아이가 있는지 여부를 도무지 알 수 없는 일이요, 태중의 아이가 자신의 주님이 되는 아이라는 사실은 더욱더 모르는 것이다. 그러므로 엘리사벳의 이러한 말은 자신이 하는 말이 아니라 성령의 도구로 쓰임 받고 있다는 뜻이라.

성령님이 엘리사벳을 통하여 마리아에게 전해 주는 말씀 중에 특별히 "믿는 여자에게 복이 있도다"는 말씀에 주의를 기울이자 만약 마리아가 믿음이 없었다면 천사가 들려주는 그 엄청난 말씀을 믿지 못하였을 것이고, 믿음 없는 말을 했다면, 마리아에게서 예수님이 탄생하지 않았을 수도 있다는 해석이 가능하다. 마리아가 성령으로 수태됨을 거절하고 믿지를 못했다면 가브리엘 천사는 다른 처녀를 찾아갈 수도 있었다는 해석이다. 이 말은 바꾸어서 생각하면 마리아에게는 큰 믿음이 있었다는 말이다. 이미 천사가 마리아를 찾아갈 때는 큰 믿음이 있는 처녀를 찾아갔다는 것이다. 그러므로 마리아가 우연히 예수님의 모친이 된 것은 아니라고 해석할 수 있다.

마리아는 그녀의 큰 믿음이 있었음에 그 처녀는 여인 중에서도 가장 복 받은 여인이 된 것이다.

우주 만물의 주인이신 하나님의 아들을 탄생하게 한 여인이 된 것이다.

그 여인 마리아가 속한 지파도 '유다 지파'라는 흥미로운 사실로 다시 돌아가 보자. 그 조상 유다는 형제를 죽이는 자가 아니라 어찌하든지 동생 요셉을 살리려고 애쓴 사람이요, 요셉을 원래대로 그 아비 야곱에게 돌려보내지 못함이 "가책이 되어서 그 형제들을 떠나 스스로 가출하여 헤브론 땅 아둘람에서 방황하기까지 했던"[33] 사람이다.

---

33 양소지, 『시로 읽는 예수 족보』, 서울, 로뎀서원, 2004, p. 130.

다시 말하지만, 성경에서 일어나는 사건은 결코 우연한 것은 없다. 더욱이 하나님의 아들 예수님의 모친이 되는 사람은 결코 우연히 선택됨이 아니리라!

성경은 메시야이신 예수께서 이 땅에 오시기 전에 여러 선지자를 통하여 예언하여 왔었고 준비하여 온 것이다. 그러므로 하나님은 메시야를 이 땅에 탄생시키기 위하여 준비하시고 또 준비하신 것이다. '유다의 후손' 중에서 참으로 믿음이 탁월한 처녀 마리아를 선택하신 것이다.

제12장.「유다 지파의 딸이요, 예수 그리스도의 어머니이신 마리아」를 정리하며

오늘은 5월 15일 스승의 날이다.

난 어느 인터넷 카페에 글을 남기며, 이런 이야기를 남겼다. "스승의 날… 누굴 찾아가야 할지 잘 떠오르지 않는다. 내게 진정한 스승은 누구일까요?" 그리고 몇 분 있다가. 김수태 목사의 블로그에서 '오늘의 말씀'을 읽을 수 있었다. 순간 내 스승이 누구인지 알 수 있었다.

제3부

축복받은
유다 지파의
자손들

제13장

민족의 운명을 가른
갈렙이 나타나다

사람들에게 『살리는 사람 유다』란 글을 소개해 본 적은 없다. 물론 아버지가 이 글을 처음 기획했고, 처음 글이 완성되었을 때 이 원고를 몇 개의 기독교 출판사에 보낸 적이 있을 뿐이다. 하지만 이 책은 여러 가지 이유에서 출판에 이르진 못했다. 매우 귀한 내용이지만, 사람들에게 보여줄 기회가 없다는 것에 아쉬움을 느껴서일까. 아니면 하나님의 이끄심 때문일까. 난 블로그에 이 글을 적게 되었고, 누가 읽을지 모르겠지만 간단한 나의 글과 함께 『살리는 사람 유다』란 글을 꾸준히 노출하고 있다. 평생 설교를 했던 아버지의 어투가 그대로 담긴 글들이기에 조금 더 읽기 편한 글로 바꾸는 정도로 글을 약간씩 수정할 뿐, 난 이 글에 어떤 내용을 첨가하진 않는다.

나 스스로 '귀한 글'이란 표현을 쓰는 건 그 누군가 이 글을 읽지 않더라도, 나 스스로 이 글을 통해 변화와 함께 무언가 깨달아 가고 있기 때문이다. 제1부와 제2부를 끝마치는 데 꽤 시간이 흘렀고, 제3부를 시작하기까지 약 4개월 이상의 시간이 흘렀다. '바쁘다'는 핑계는 매번 따라붙지만, 다시 이 글을 블로그에 포스팅할 수 있음에 감사하며, 제3부를 시작해 본다.

제3부는 제목 그대로 '축복받은 유다 지파의 자손들'에 대한 내용이 담겨있다. 제1부와 제2부를 통해 하나님이 '유다 지파'에게 어떤 축복을 내려주셨는지 꾸준히 소개했고, 왜 이들이 축복을 받을 수밖에 없었는지에 대한 이유도 말했다. 그렇다면 이제 조금 더 구체적인 내용을 통해 하나님이 우리에게, 아니 나에게 무엇을 알려주시는지 조금이라도 알아보는 노력을 해 보기로 하자.

민족의 운명을 가른 갈렙이 나타나다

　야곱의 아들 요셉이 이집트의 총리가 됨으로써 야곱 족속은 당시 7년 동안 가뭄을 피하여 이집트에서 살게 되었다. 그로부터 430여 년간 야곱 족속은 이집트에 살면서 인구가 증가함을 알 수 있다. 이집트를 탈출하여 새로운 나라를 건설하기 위한 대행진이 시작되었을 때 유아 외에 보행하는 남자의 숫자가 약 60만 명이라 하였는데 이는 아래의 글에서 알 수 있다.

> "이스라엘 자손이 라암셋에서 발행하여 숙곳에 이르니 유아 외에 보행하는 장정이 육십만 가량(about six hundred thousand men on foot, beside women and children)이요 중다한 잡족과 양과 소와 심히 많은 생축이 그들과 함께 하였으며"(출애굽기 12:37~38)

　걸어서 갈 수 있는 남자의 숫자가 약 60만 명이라 하였으니 여자와 아이들 그리고 잡족까지 합하면 최소한 100만 명이 넘는 숫자가 되었음은 주지의 사실이다. 이제 이스라엘 민족은 출애굽의 여정을 거치면서 하나의 나라로 형성되어 가는 과정이었다. 그리고 그들이 정착하여 살아갈 수 있는 땅이 절대적으로 필요하였던 시기가 도래했다. 하나님은 아브라함 시대부터 약속하신 땅을 주시기로 계획하시고 모세에게 명령하기를 너희들이 들어가서 살 수 있는 땅을 정탐하라고 했다. 이에 모세는 12지파에서 한 사람씩 12명을 선택하여 자신들이 들어가서 살아갈 가나안 땅을 정탐하도록 명령했다. 그들 12명이 40일 동안 가나안 땅을 정탐하고 돌아와서 모세에게 보고하였는데 그 보고의 내용은 두 가지였다.

정탐꾼 12명 중에서 10명은 모세에게 보고하기를 가나안 땅에 들어가는 것을 부정적으로 보고하고 여호수아와 갈렙은 긍정적으로 보고를 했다는 사실은 꽤 유명한 성경 말씀 중 하나다. 다수인 10명의 정탐꾼은 가나안 땅을 악평하였으며, 점령할 수도 없는 땅이라고 했는데 먼저 그들의 의견을 아래의 글에서 읽어 보자.

"그와 함께 올라갔던 사람들은 가로되 우리는 능히 올라가서 그 백성을 치지 못하리라 그들은 우리보다 강하니라 하고 이스라엘 자손 앞에서 그 탐지한 땅을 악평하여 가로되 우리가 두루 다니며 탐지한 땅은 그 거민을 삼키는 땅이요 거기서 본 모든 백성은 신장이 장대한 자들이며 거기서 또 네피림(거인족) 후손 아낙 자손 대장부들을 보았나니 우리는 스스로 보기에도 메뚜기 같으니 그들의 보기에도 그와 같았을 것이니라"(민수기13:31~33)

10명의 정탐꾼은 가나안 땅에 대해 악평하였을 뿐 아니라 점령할 수가 없는 땅이라고 보고했다. 그 이유는 그 땅에 살고 있는 사람들은 네피림의 후손들이고 자신들은 그들과 비교하니 메뚜기와 같이 작은 족속이니, 점령은 어려운 일일 것이란 의견이다. 이러한 보고를 들은 이스라엘 백성들은 실망과 좌절을 느끼고 밤새도록 울었다. 그리고 이어지는 행동은 모세와 아론을 원망하면서 "왜 우리를 이집트에서 살게 할 것이지 이곳으로 데려와서 죽이려 하는가?" 하면서 새로운 대표를 세워서 이집트로 돌아가자는 의견까지 나오게 되었다. 저들의 그와 같은 집단행동은 하나님의 존재를 생각하지 않은 행동이었다. 즉, 이제까지 기적과 이사로써 그 백성들을 인도하신 하나님의 존재를 무시하는 행동이었던 것이다.

모세는 위급한 지경에 놓이게 되었다. 출애굽을 감행한 그 원대한 하나님의 계획이 수포로 돌아가려는 상황이었기 때문이다. 물론 현실적으로 모세 역시 사람들에 의해 죽음을 당할 수도 있는 상황이었으리라. 하나님은 이러한 이스라엘 백성들의 집단행동을 보시면서 진노하신다. 그래서 모세에게 말씀하시기를 저들에게 전염병을 보내어서 다 죽여 버리고 새로운 나라를 세우시겠다고 하셨다. 우리는 그 하나님의 말씀을 아래에서 읽어볼 수 있다.

> "여호와께서 모세에게 이르시되 이 백성이 어느 때까지 나를 멸시하겠느냐 내가 그들 중에 모든 이적을 행한 것도 생각하지 아니하고 어느 때까지 나를 믿지 않겠느냐 내가 전염병으로 그들을 쳐서 멸하고 너로 그들보다 크고 강한 나라를 이루게 하리라"(민수기14:11~12)

하나님의 진노하심이 얼마나 큰가를 알 수 있는 말씀이다. 자신의 백성들을 다 죽이고 싶을 정도로 진노하신 것이다. 너무나 절박한 순간이 지나가고 있었다. 바로 그때 그 상황을 역전시키는 새로운 보고를 하는 사람이 있었으니 그들이 바로 갈렙과 여호수아였다. 그 두 사람은 10명의 보고가 틀렸다고 주장하고 나섰다. 즉, 저들 12명이 가나안 땅을 정탐하고 돌아와서 그 첫 보고를 모세와 그 온 백성들 앞에서 하였을 때 저들은 정탐한 땅에서 생산된 실과를 가져와서 보여 주었다. 저들이 가져온 포도송이 하나는 엄청나게 큰 것이었다. 포도송이 한 가지를 두 사람이 막대기에 꿰어 메고 올(민수기13:23) 정도로 크고 충실하였던 것이다. 그러한 포도를 생산할 수 있는 땅은 사람들을 삼키는 땅이 아니라 젖과 꿀이 흐르는 땅이라고 주장을 해야 함에도 나머지 10명은 그렇게 하지 않았고, 오직 갈렙과 여호수아만이 제대로 된 보고를 하였다. 포도송이란 증거를 통해 땅이 거민들을 삼키는 땅이라는 보고는 틀린 주장이라고 반박했다.

그런데 10명의 정탐꾼은 그 땅을 악평하였을 뿐만 아니라 가나안 땅의 사람들이 키가 큰 것을 보고는 겁을 집어먹었다. 분명히 저들에게도 가나안 땅에서 가져온 거대한 포도송이가 있었음에도 불구하고, 다수인 10명의 주장에 동조하고 모세와 아론을 원망하고 새로운 지도자를 선택하여 이집트로 돌아가자고 하였던 것은 분명 다수의 백성이 잘못된 판단을 하고 있었음을 우리는 알 수 있다. 이에 여호수아와 갈렙은 10명의 보고가 틀렸다는 것을 주장하면서 우리는 그 땅을 차지할 수 있다는 믿음의 말을 하기에 이른다.

> "그 땅을 탐지한 자 중 눈의 아들 여호수아와 여분네의 아들 갈렙이 그 옷을 찢고 이스라엘 온 회중에게 일러 가로되 우리가 두루 다니며 탐지한 땅은 심히 아름다운 땅이라 여호와께서 우리를 기뻐하시면 우리를 그 땅으로 인도하여 들이시고 그 땅을 우리에게 주시리라 이는 과연 젖과 꿀이 흐르는 땅이니라 오직 여호와를 거역하지 말라 또 그 땅 백성을 두려워하지 말라 그들은 우리 밥이라 그들의 보호자는 그들에게서 떠났고 여호와는 우리와 함께 하시느니라 그들을 두려워 말라 하나 온 회중이 그들을 돌로 치려 하는 동시에 여호와의 영광이 회막에서 이스라엘 모든 자손에게 나타나시니라"
>
> (민수기14:6~10)

실로 두 사람은 자신들이 정탐하고 믿은 것을 보고하였음에도 그다음에 일어난 사건은 오히려 이스라엘 회중이 돌을 들어 그들을 쳐서 죽이려 하였다. 그 이유는 여호수아와 갈렙의 보고가 10명의 보고와는 달랐기 때문인데, 이 상황에서도 이스라엘의 다수 백성이 얼마나 잘못된 판단을 하고 있는가를 알 수 있다. 여호수아와 갈렙, 그들이 10명 그리고 다수의 사람과 다른 것은 무엇인가? 그것은 바로 하나님을 끼워 넣은 의견인가 아닌가에서 판단할 수 있다. 10명의 보고자는 하나님 없는 보고를 하였고, 갈렙과 여호수아는 하나님이 있는 보고를 한 것이다. 즉, 그 두 사람은 비록 그 땅을 지키는 사람들이 거인 족속이고, 그 성읍들이 견고하다 할지라도 하나님이 함께하시면 그 땅을 차지할 수 있다는 믿음의 주장을 펼쳤다. 이미 하나님은 그들의 조상들(아브라함, 이삭, 야곱)에게 그 땅을 주시겠다고 약속하시지 않았던가! 그러므로 하나님께서 그 땅을 이스라엘 민족에게 주실 것이라는 주장이 나왔어야 했다. 나머지 10명에게서도 말이다. 이미 이스라엘 민족은 하나님의 기적적인 개입을 여러 차례 경험하였다. 홍해를 육지같이 건너오지 않았던가! 밤에는 불기둥으로, 낮에는 구름기둥으로 저들을 인도하여 왔지 않았던가! 사람으로서는 할 수 없는 기적적인 일들을 이스라엘 민족은 경험하였던 것이다. 그러므로 하나님은 기적적인 방법으로 가나안 땅도 이스라엘 민족에게 주실 수 있는 분이라는 것을 믿었어야 했다. 갈렙과 여호수아의 주장은 하나님을 개입시키는 주장이며, 당연한 주장이었다.

그러나 다른 10명의 정탐꾼도 그러한 기적을 경험하였음에도 불구하고 하나님이 없는 보고를 했다. 여호수아와 갈렙은 하나님께서 이스라엘 사람들을 기뻐하시면 가나안 땅을 정복할 수 있다고 주장했다. 필자는 여호수아와 갈렙의 보고를 믿음의 보고라고 평가하고 싶다. 저들 두 사람은 이스라엘 민족이 하나님 없이는 그 어떠한 일도 할 수가 없다는 사실을 믿고 있었던 사람이라 평가하고 싶다.

다시 상황으로 돌아가, 하나님을 믿는 믿음으로 의견을 보고한 두 사람의 처지는 막상, 곧 돌에 맞아 죽을 운명에 처했다. 그러한 운명에 처한 것은 자신들 스스로가 만든 상황이다. 10명의 정탐꾼이 보고한 내용을 들은 이스라엘 온 백성은 실망하여 밤새도록 울었다. 저들은 새로운 나라를 건설하려는 장밋빛 꿈이 깨어지고 절망감과 좌절감에 빠져서 올바른 판단을 할 수 없는 지경인지도 모른다. 그러한 상황에서 저들의 뜻에 반대되는 보고를 하였으니 성난 군중들은 돌을 들어 갈렙과 여호수아를 죽이려 했던 것이다.

여기서 우리가 생각해 볼 것은 여호수아와 갈렙의 보고가 죽음을 각오한 믿음의 보고였다는 점이다. 저들 두 사람도 밤새도록 울고 난 군중들의 심리를 모르겠는가! 그러나 자신들의 침묵이 무엇을 말하는가를 알았기에 죽음을 각오하고 나선 것이다. 저들의 침묵은 이스라엘 민족의 침몰이리라. 10명의 보고를 기정사실화한다면 저들 이스라엘 민족은 어찌 된다는 말인가! 다시 노예 생활을 해야 하는 이집트로 돌아가야 한다는 것인가! 아니면 이 광야에서 다 죽어야 한다는 말인가! 민족의 위기 앞에서 자신들의 생명을 귀히 여길 겨를이 없었으리라. 그러기에 저들 두 사람은 자신들의 생명을 내걸고 믿음의 보고를 결행하였던 것이다.

참으로 무서운 순간이 다가왔다. 성난 군중들은 돌을 들어 두 사람을 죽이려 했고, 죽을 수도 있었던 순간이다. 그 순간 하나님께서 나타나셨다. 만약에 하나님의 영광이 그 순간 나타나지 않았더라면 여호수아와 갈렙은 군중들의 돌에 맞아서 죽고 말았을 것이다. 그러나 살아계신 하나님은 믿음의 말을 하는 사람들을 보살피고 계신다. 하나님을 불신하고 믿음 없는 보고를 하여서 이스라엘 민족에게 해악을 끼친 사람들이 승리하고, 민족을 위하여 자신들의 생명을 바칠 각오를 한 사람들이 패망한다면 하나님은 존재하지 않으신다는 말과 같다.

그러나 하나님은 살아 계신다. 그러기에 여호수아와 갈렙을 살리시기 위하여 회막에 그 영광을 나타내신 것이다. 이로써 시시비비는 밝혀지고 여호수아와 갈렙이 승리의 길을 걷기 시작했다. 하나님은 여호수아와 갈렙의 용기 있는 믿음의 보고를 크게 칭찬하신다. 두 명의 그 용기 있는 행동은 아무리 칭찬해도 부족할 것이다.

필자는 그 두 명의 용기 있는 사람들 중에서도 누가 더 앞장을 선 사람일까 하는 데 관심을 기울여 보았다. 모세의 후계자였던 여호수아의 그

명성에 비한다면(성경이 후대에 기록되었다는 가정에서) 사실 갈렙은 이름 없는 사람이었으리라. 그런데 이 용기 있는 믿음의 보고에는 갈렙이 앞장을 섰다는 증거를 찾아볼 수 있다. 그 이유를 다음의 글에서 읽어 보자.

갈렙이 앞장을 선 사람이다

"갈렙이 모세 앞에서 백성들 안돈시켜 가로되 우리는 능히 올라가서 그 백성을 그 땅을 취하자 능히 이기리라 하나"(민수기13:30)

"여분네의 아들 갈렙과 눈의 아들 여호수아 외에는 내가 맹세하여 너희로 거하게 하리라 한 땅에 결단코 들어가지 못하리라"(민수기14:30)

위의 글 민수기13장에서는 갈렙이 혼자 보고하는 장면이 기록되어 있다. 민수기 13장과 14장에서 여호수아와 갈렙이 함께 보고하는 장면은 기록되었지만 여호수아 홀로 보고하는 장면은 기록되어 있지 않다. 이는 갈렙이 그 보고를 주도했다는 뜻으로 해석을 할 수 있다. 그리고 하나님께서 모세에게 여호수아와 갈렙을 칭찬을 하시면서 그 보상으로 그들 두 사람은 가나안 땅에 들어가는 복을 주시겠다는 말씀도 하셨다. 그때 그 이름의 순서가 갈렙과 여호수아로 기록이 되었음을 알 수 있다. 그뿐만이 아니라 훗날 가나안 땅을 정복하고 땅을 지파별로 나누는 장면이 나오는데 거기에는 갈렙 자신이 모세에게 믿음의 보고를 하였다고 말하고 있는데 그것을 아래에서 읽어 보자.

"때에 유다 자손이 길갈에 있는 여호수아에게 나아오고 그니스 사람 여분네의 아들 갈렙이 여호수아에게 말하되 여호와께서 가데스 바네아에서 나와 당신에 대하여 하나님의 사람 모세에게 이르신 일을 당신이 아시는 바라 내 나이 사십 세에 여호와의 종 모세가 가데스 바네아에서 나를 보내어 이 땅을 정탐케 하므로 내 마음에 성실한 대로 그에게 보고하였고 나와 함께 올라갔던 내 형제들은 백성의 간담을 녹게 하였으나 나는 나의 하나님 여호와를 온전히 좇았으므로 그날에 모세가 맹세하여 가로되 네가 나의 하나님 여호와를 온전히 좇았은즉 네 발로 밟는 땅을 영영히 너와 네 자손의 기업이 되리라 하였나이다"(여호수아14:6~9)

위의 말씀에서 시사하는 바는 모세에게 정탐꾼의 보고를 할 때에 갈렙이 주도했다는 것을 암시하고 있다. 즉, "나와 당신(여호수아)이 함께 모세에게 보고하였고"라고 표현하지 않고, "갈렙 자신만이 모세에게 보고하였고"라고 표현하고 있다. 즉, 모세에게 보고하는 일에 여호수아도 동참했지만 실제로 주도한 사람은 갈렙이었다는 것을 간접적으로 알 수 있다. 갈렙이 여호수아에게 당당하게 말하고 있는 것을 보면 그 사실은 당사자인 여호수아도 잘 알고 있었음을 역시 확인할 수 있다.

실제로 이스라엘 12지파가 땅을 나눌 때에 갈렙이 속한 유다 지파만이 제비뽑기를 하지 않고 땅을 차지했다. 그러나 여호수아가 속한 요셉 지파는 제비뽑기에 참여하여서 땅을 차지하였다. 왜 유다 지파만 제비뽑기에 참여하지도 아니하고 땅을 차지하는가? 그 이유는 하나님께서 모세에게 명령을 하였고, 가나안 땅 정탐에서 하나님을 온전히 좇은 사람은 갈렙이라는 것이다. 그 사실을 아래에서 읽어 보자.

"이 악한 세대 사람들 중에는 내가 그들의 열조에게 주기로 맹세한 좋은 땅을 볼 자가 하나도 없으리라 오직 여분네의 아들 갈렙은 온전히 여호와를 순종하였은즉 그는 그것을 볼 것이요 그가 밟은 땅을 내가 그와 그의 자손에게 주리라 하시고"(신명기 1:35~36)

위의 말씀은 하나님께서 모세에게 알려주시는 말씀이다. 불순종한 이스라엘 민족에게 진노하시면서도 여분네의 아들 갈렙은 나를 온전히 좇았다고 말씀하시고 있다. 앞의 말씀에서도 "여호수아와 갈렙이 온전히 나를 좇았은즉"이라고 하시지 않았다. 분명히 여호수아라는 이름은 없고 갈렙만이 등장을 한다. 이러한 모든 말씀들을 종합해 볼 때 정탐꾼들의 믿음의 보고에는 갈렙이 여호수아보다 더욱더 중요한 역할을 하였음을 추론해 볼 수 있다.

이스라엘 민족이 약속된 땅으로 들어가려던, 한 민족의 장래가 결정되려는 그 중요한 시기에 갈렙이라는 믿음의 사람이 나타나서 하나님을 온전히 좇은 것이다. 하나님을 온전히 좇은 사람 갈렙의 믿음은 참으로 귀하다. 자신의 생명을 내걸고 믿음의 보고를 한 사람이 바로 갈렙인 것이다. 그러므로 갈렙이 이스라엘 나라 건설에 큰 공로가 있는 사람임은 틀림이 없다.

필자는 한 사람의 귀한 믿음이 얼마나 중요하고도 큰 가치가 있음을 알 수 있는 말씀을 보기로 하였다.

소돔과 고모라 성이 멸망을 당할 때 아브라함은 하나님께 항의하기를 "어찌하여 악인과 함께 의인을 멸하시려 하십니까?" 하였다. 그때 하나님은 그 성에 의인이 있다면 멸하지 않으리라고 대답하는 장면이 나온다. 의인의 수는 50명에서 시작하여 10명까지 내려가지만, 결국은 10명의 의인이 없어서 소돔과 고모라 성이 멸망당한다(창세기18:26)는 말씀은 의인의 소중함이 얼마나 큰가를 알려주는 사건이다. 그와 비슷한 말씀이 예레미야서에도 나온다. 예루살렘 성에서 의인 한 사람을 찾는 말씀인데, 다음에서 읽어 보자.

"너희는 예루살렘 거리로 빨리 왕래하며 그 넓은 거리에서 찾아보고 알라 너희가 만

일 공의를 행하며 진리를 구하는 자를 한 사람이라도 찾으면 내가 이 성을 사하리라"

(렘5:1)

예루살렘 성을 구하기 위하여 한 사람의 의인을 찾지만 없다는 말씀이다. 한 사람의 의인만 있었다면 예루살렘 성은 용서를 받고 구원을 얻을 수 있었을 터인데, 그 한 사람의 의인이 없어서 예루살렘 성이 망해 가고 있었다. 이에 비교해 보면, 갈렙은 이스라엘 민족에게는 너무나 소중한 사람이다. 왜냐하면 갈렙은 하나님을 온전히 좇았다는 평가를 받은 사람이기 때문이다. 그 평가는 하나님께서 친히 해 주신 평가이다.

그 갈렙이 누구인가?

그는 유다 지파의 사람이다. 민수기 13장 6절에서 12지파의 정탐꾼을 선임하는 장면이 소개되고 있다. "유다 지파에서는 여분네의 아들 갈렙이요" 하고 갈렙이 유다 지파의 대표임을 증거하고 있다. 왜 유다 지파의 갈렙이 이토록 중요한 역할을 하고 있는가? 그 이유는 하나님만이 아신다. 하나님은 동생 요셉을 살려준 유다의 후손을 크게 축복하신 것이다. 그러기에 유다의 후손 중에서 갈렙 같은 위대한 믿음의 사람이 나타나고 있음을 확인할 수 있다.

제14장

축복 기도의 대명사인
야베스도 유다 지파다

오늘은 갈렙에 대한 이야기였다. 사실 여호수아와 갈렙 이 두 명 중 우리가 흔히 알고 있고, 주목한 사람은 모세의 후계자인 여호수아다. 하지만 유다 지파의 축복 계보에 속해 있는 갈렙, 그가 얼마나 중요한 사람이었는지, 왜 그가 하나님께 쓰임을 받았는지 알 수 있는 말씀이었다. 유다 지파의 후손이란 이유가 왜 그리 큰지를 보면, 우리가 왜 열심히 믿음을 지켜나가야 하는지에 대한 이유가 된다.

김수태 목사의 평소 설교 중에서 꽤 자주 등장하는 이야기인 대를 이은 목회자 집안의 삶과 이제 자신의 대에서 목회자가 된 사람과의 비교 이야기를 들을 수 있는데, 대를 잇는 믿음의 가정의 목회가 더 평탄했음을 매번 이야기한다.

최근 들어서 자녀 교육에 대해 많은 사람이 관심을 가지고 있다. 예전처럼 "공부해라"가 아니라 좋은 교육을 위해 많은 부모가 투자를 아끼지 않고 있다. 나 역시 그런 사람 중 한 명이다. 자녀 교육에서 가장 큰 부분은 '믿음'이고, 내 믿음이 자녀와 그 이후까지 이어진다는 점에서 부모, 아니, 일단 내 역할이 얼마나 중요한지 알 수 있다.

일단 나부터 믿음을 실천한다면, 내 자녀에게 그 복이 갈 수 있지 않을까!

야베스의 기도의 주인공인 야베스 역시 유다 지파였다!

11월 16일 추수감사절 예배를 드리며, 열매교회 담임목사인 김수태 목사, 나의 아버지는 말씀하셨다. 자신의 상황만 놓고 볼 때, 화가 나고, 분노가 날 수 있는 상황들이지만, 하나님은 그 상황 속에서 우리에게 어떤 길을 열어주신다고 말이다. 목사인 자신조차 '추수감사절'을 생각하며 감사를 떠올리려 했지만, 오히려 '내가 감사할 게 뭐가 있을까. 불만들만 가득한데'란 생각 속에 사로잡혔다고 한다. 사람들은 대부분 자신이 원하는 모든 걸 가질 수 없기에 '불만'을 가지고 있다. 그런 우리에게 하나님은 "감사하며 살아라"라고 말씀하신다. 참 쉽지 않은 일이다.

　말씀을 들으며, '그래, 감사하며 살아야지, 다윗도 배고프고, 사람들에게 무시당할 때도 있었지만 결국 이스라엘에서 가장 위대한 왕이 되었으니까'라고 생각했지만, 또 세상에 나오면 불만이 많은 나를 볼 수 있다. 그래서 생각했다. '축복의 이름 유다'를 다시 기록해야 하는 때가 왔음을! 제게 알려주세요. 어떻게 하면 축복을 받을지! 그리고 또 감사하며 살아갈지! 그 해답을 알아가고 싶었다. 그래서 다시 '축복의 이름 유다'를 이어가 본다. 제14장은 '야베스'의 이야기다. 그 역시 유다 지파였다.

『야베스의 기도』라는 책은 세계적으로 유명하며, 많은 기독교인이 애독했다. 성경에서 수많은 사람이 하나님께 기도했는데 유독 야베스의 기도가 축복받는 기도로 유명하다. 그 이유는 무엇일까? 그 이유는 무엇보다도 바로 그의 기도가 하나님의 마음에 합한 기도였으며, 그로 인하여 야베스가 하나님의 축복을 받았기에 많은 사람으로부터 주목받을 수밖에 없는 것이다.

그렇다면 그 야베스는 누구인가? 그 역시 유다 지파의 후손이다.

역대상 1장 1절에는 아담, 셋, 에노스로 시작하는 인류의 족보가 소개된다. 그런데 그 아담의 자손들을 기록하면서 이스라엘(야곱)에 이르러서는 야곱의 아들 12명을 기록하고 이어서 유다의 자손들이 계속하여 기록되고 있다. 왜 유다의 자손들이 야곱의 12명의 아들 가운데서 가장 먼저 기록되는 것인가 질문을 해 보자. 그리고 지금 그 이유를 알아가는 중이며, 야베스 역시 그 증거가 됨을 미리 밝혀둔다. 그 전에 먼저 유다 지파의 기록에 대해서 살펴보자.

유다가 가장 먼저 적히는 것을 성경에서 찾아보자.

"이스라엘의 아들은 이러하니 르우벤과 시므온과 레위와 유다와 잇사갈과 스불론과

단과 요셉과 베냐민과 납달리와 갓과 아셀이더라 유다의 아들은 에르와 오난과 셀라니 이 세 사람은 가나안 사람 수아의 딸이 유다로 말미암아 낳은 자요"(역대상2:1~3)

위 말씀에서 우리가 알 수 있는 것은 야곱의 12명의 아들의 이름이 기록되고 난 후에 바로 이어서 유다의 아들들의 이름이 등장하고 있다는 것이다. 유다가 누구인가? 야곱의 넷째 아들이다. 첫째 아들이 아닌 넷째 아들의 족보가 먼저 등장하고 있다. 그리고 이어지는 유다의 자손들의 이름의 분량이 다른 지파의 자손들의 이름의 분량과는 가히 비교가 되지 않을 정도로 방대하다. 첫째 아들이 기록되어야 할 자리에 넷째 아들의 이름이 기록되고 있고 그 분량도 방대하다는 것은 무엇을 의미하는 것일까? 성경이 후세 사람들에게 무엇인가를 알려 주기를 원해서 이렇게 기록하고 있는 것인가? 계속하여 의문을 가지면서 그 의문을 풀어가고자 한다.

먼저 그 분량을 보자. 역대상 2장 3절부터 시작된 유다의 자손들의 이름은 4장 23절에 와서야 끝나고 있다. 그 구절의 수는 100절이다. 그런데 이어서 등장하는 둘째 아들 시므온의 자손들에 대하여는 19절로 끝이 나고 이어서 등장하는 맏아들 르우벤의 자손들은 불과 10절로 끝을 내고 있다. 그리고 성전에서 그 사명을 감당하고 있는 레위 지파는 유다 다음으로 많은 자손을 기록하고 있는데 53절을 기록하고 있다. 역대상에 등장하는 야곱의 아들들의 자손들의 비중을 보면 단연코 유다 지파가 1등이다. 자손들의 이름을 기록한 성경 구절만 보아도 100절이니까 다른 지파와는 비교가 되지 않는다. 그리고 무엇보다도 넷째 아들이면서도 가장 먼저 그 이름이 등장하고 있다는 사실에 주목해야 한다. 성경은 끊임없이 유다 지파가 중요한 지파임을 보여 주고 있다. 왜 이토록 유다 지파가 끊임없이 중요한 지파로 등장하고 있는 것인가?

하나님의 거룩한 일에는 결코 우연이란 없다. 한 가지, 한 가지에 다 의미를 부여하고 있다. 그래서 성경은 유다 지파의 중요함을 다양한 방법을 동원해서 표현하고 있다. 족보를 기록함에는 분명히 그 순서가 있을 것이다. 당연히 장남은 첫 번째 자리에 있어야 하고 유다는 네 번째 자리에 있어야 한다. 그러한 순서 매김이 자연스러운 것이다. 그런데 성경에는 그 순서가 바뀌어 있다. 그 이유는 하나님께서 정하신 것이다. 진리만을 가르치는 성경에서 족보의 순서를 바꾸는 것도 분명히 이유가 있다고 확신하며, 이유에 대해 생각해 보면, 하나님은 인간적인 순서가 아닌 '하나님의 뜻을 따르는 자가 가장 우선임을 알 수 있다.'

우리는 아래의 구절에서 하나님의 뜻을 발견할 수 있다.

"여호와께서 사무엘에게 이르시되 그 용모와 신장을 보지 말라 내가 이미 그를 버렸노라 나의 보는 것은 사람과 같지 아니하니 사람은 외모를 보거니와 나 여호와는 중심을 보느니라"(삼상16:7)

위의 말씀은 사무엘 선지자가 베들레헴 사람 이새의 집에 가서 그 아들 중의 한 사람을 택하여 기름을 부으라고 하는 하나님의 명령을 따르는 장면에서 나오는 유명한 말씀이다. 사무엘은 이새의 아들 8명 가운데서 맏아들부터 보기를 원했고 그리하여 맏아들을 보았을 때 그의 마음에 흡족하여 맏아들에게 기름을 부으려고 하였다. 그때 하나님께서 개입하셔서 그 아들이 아니라고 하셨다. 맏아들이 아니라 다른 아들이 있다고 하시면서 하나님이 보시는 것은 사람의 외모가 아니라 그 중심을 보신다고 말씀하셨던 것이다. 그리하여 막대인 다윗에게 기름을 붓게 되었던 것이다.

하나님께서 보시는 기준은 사람과는 다르다. "나의 보는 것은 사람과 같지 아니하다"라고 말씀하신다. 하나님께서 다르다면 다른 것이다. 당연히 하나님께서 보시는 기준이 옳으며 바르게 판단하고 계신다.

사람들은 족보를 기록할 때 당연히 맏아들을 먼저 기록하고 순서대로 2남, 3남을 기록한다. 그러나 하나님의 순서는 다르다. 조금은 다르지만, 또 다른 예를 들어 볼까 한다. 장자인 에서가 야곱에게 장자의 명분을 팥죽 한 그릇으로 팔아버리고 말았다. 그리하여 장자가 받을 축복을 동생에게 빼앗기고 만다. 장자이지만 장자로서의 그 책임을 감당하지 못하면 장자의 복을 빼앗기고 만다. 그러므로 하나님의 뜻을 따름이 하나님의 복 받는 길임을 성경은 제시하는 것이다.

유다가 야곱 다음 세대에서는 가장 우선적인 대우를 받고 있다. 그 이유를 다시 한번 상기해 보면, 바로 동생 요셉을 살리려고 애쓴 유다를 하나님은 크게 축복하셨음이다. 성경 곳곳에서 그런 증거가 발견되고 있다. 가장 먼저 족보에서 맏아들 대신 가장 처음으로 나오고 있고, 그 후에도 자손들이 비교도 못 할 만큼 번창하고 있다.

"시므이는 아들 열여섯과 딸 여섯이 있으나 그 형제에게는 자녀가 몇이 못되니 그 온 족속이 유다 자손처럼 번성하지 못하였더라"(역대상4:27)

다른 지파의 자손들은 유다 지파의 자손들처럼 번성하지를 못하였음을 성경에서 얼마든지 발견할 수 있다.

다시, 야베스 이야기를 해 보자. 유다의 자손 중에 야베스라는 사람을 성경에서 찾아볼 수 있는데 야베스는 예수의 족보에 등장하는 유다-헤스론-람-다윗-솔로몬-스룹바벨-요셉-예수의 라인에 속하는 자손도 아니다. 그는 소발이라는 유다 자손의 후손이다. 즉, "유다의 아들들은 베레스와

헤스론과 갈미와 홀과 소발"(대상4:1)이 있는데 예수 족보의 라인에는 유다-베레스-헤스론으로 이어지고 있다. 야베스는 "유다-소발-르아야-야핫-야베스"(대상4:1~9)가 등장하고 있다. 즉, 야베스는 유다 지파의 자손이지만 예수 족보에 나오는 그 라인은 분명히 아니다. 그러나 그도 분명히 유다의 자손이다. 이는 유다 자손이지만 예수 족보에 나오는 라인만이 복을 받은 것이 아님을 말해 주고 있는 증거이다. 또 다른 사람도 있다. 이미 언급했던 갈렙이 바로 그 주인공이다. 가나안 땅의 정탐꾼으로 갔던 갈렙도 예수 족보의 라인의 유다 자손이 아니라 "여분네의 아들"(민13:6)이었다. 그러나 그 갈렙은 유다 지파의 대표로 가나안 땅을 정탐하는 사람이 된 것이다. 그런데 갈렙은 역시 예수 족보 라인에 속한 유다 자손은 아니다. 그러나 분명히 유다 지파의 대표로 나온 유다 자손이다. 그러므로 야베스와 갈렙처럼 꼭 예수 족보의 라인의 유다 자손들만 복을 받았다는 것이 아니라 유다 자손이면 누구든지 하나님의 축복을 받는 라인에 속하고 있음을 보여 주고 있다.

필자는 야베스를 주목한다.

야베스가 수많은 성경의 인물의 기도 가운데 유독 '축복의 기도' 대명사로 등장하고 있기에 필자는 그를 주목할 수밖에 없었다. 그리고 그 또한 유다 지파의 자손이기에 주목하게 된 것이다. 필자는 '왜 유다 지파가 아닌 다른 지파의 자손이 야베스처럼 축복의 기도를 드리지 못했을까?' 하고 의문을 제기해 보았다. '왜 하나님은 야베스라는 인물을 등장시켜서 이와 같은 축복의 기도를 하게 하셨을까!' 하는 것이다. 그 대답 역시 야베스가 유다 지파의 자손이기 때문이 아닐까. 하나님은 사람을 살리기를 기뻐하는 분이시다. 그러기에 유다 지파의 후손인 야베스를 이토록 축복하시고 그의 기도를 축복의 기도 대명사로 부각시켜 준 것이 아닐까. 『야베스의 기도』라는 책의 저자는 많은 사람이 야베스처럼 기도하여서 하나님의 축복을 받았다고 기록하고 있다. 하나님은 야베스처럼 기도하면 복을 주시겠다는 약속을 한 것이다. 그의 기도를 아래에서 나온 대로 따라 해 보자.

> "야베스는 그 형제보다 존귀한 자라 그 어미가 이름하여 야베스라 하였으니 이는 내가 수고로이 낳았다 함이었더라 야베스가 이스라엘의 하나님께 아뢰어 가로되 원컨대 주께서 내게 복에 복을 더하사 나의 지경을 넓히시고 주의 손으로 나를 도우사 나로 환난을 벗어나 근심이 없게 하옵소서 하였더니 하나님이 그 구하는 것을 허락하셨더라"(대상4:9~10)

유다 자손 야베스가 이스라엘의 하나님께 기도한 내용은 완벽한 내용을 담고 있다. 그 내용은 복에 복을 더하사 자신의 지경을 넓혀달라는 것이다. 현재의 야베스의 지경이 어떠한 형편에 있든지 하나님은 야베스의 지경을 넓혀주심을 허락하셨다. 이제 그의 활동 영역은 더욱더 넓어진 것이다. 야베스는 하나님께로부터 기도하기 전보다는 기도한 후에 더욱더 크게 쓰임을 받는 사람이 되었다. 그는 중요한 인물이 되어가고 있었고, 바로 하나님께 합한 기도가 그를 크게 쓰임 받도록 만들고 있음을 알 수 있다. 야베스의 지경이 넓혀진다는 의미는 실로 다양한 해석을 가능하게 한다. 그는 이제 현재 그의 영역에서 하나님의 도움의 손길을 요청하여 허락을 받은 것이다. 지금 야베스의 지경이 어디라 해도 하나님의 도움의 손길이 임하니까 그는 성공하고 승리할 수 있는 사람이 된 것이다. 사람의 지경이 아무리 넓다 해도 그 지경을 제대로 활용하지 못하고 실패한다면 문제가 된다. 오히려 넓은 지경의 사람의 실패는 많은 사람에게 피해를 더 줄 수도 있다. 그러나 야베스의 승리는 확정적이다. 왜냐하면 하나님의 도움의 손길이 있기 때문이다. 또한 야베스는 자신의 삶에서 닥쳐오는 환난을 벗어나서 근심이 없는 삶을 간구하여 하나님의 허락을 받았다. 이 또한 얼마나 소중한 기도의 내용인가!

사람이 아무리 큰일을 한다 해도 건강을 잃어버리면 끝이다. 그 마음의 근심이 그를 지배하면 그는 괴로운 삶을 사는 것이다. 마음이 괴로우면 건강도 나빠지게 되어 있다. 잠언의 "마음의 즐거움은 양약이라도 심령의 근심은 뼈로 마르게 하느니라"(잠17:22)라는 말씀처럼 사람의 그 마음이 근심 속에 빠져 있으면 참된 행복이 없는 사람이 되고 만다. 그러므로 사람이 마음에서 근심이 사라진다면 이는 복중의 복을 누리게 되는 것이다.

야베스는 사람이 자신의 마음을 스스로 다스릴 수 없음을 알고 하나님께서 자신의 마음의 근심을 없게 해 달라고 기도한 것이다. "내 마음 나도 모른다"라는 말처럼 사람은 자신의 마음을 다스릴 수 있는 존재가 되지 못한다. 그러기에 자신의 마음을 어찌하지 못해서 괴로워하면서 살고 있는 것이다. 성경은 사람의 마음이 "만물보다 거짓되고 심히 부패한 것"(렘17:9)이라 했다. 그러므로 사람은 자신의 마음을 믿을 수가 없다. 아래에서 확인하여 보자.

"자기의 마음을 믿는 자는 미련한 자요 지혜롭게 행하는 자는 구원을 얻을 자니라"(잠언28:26)

"그러므로 너희가 회개하고 돌이켜 너희 죄 없이 함을 받으라 이같이 하면 유쾌하게 되는 날이 주 앞으로부터 이를 것이요"(행3:19)

"평안을 너희에게 끼치노니 곧 나의 평안을 너희에게 주노라 내가 너희에게 주는 것은 세상이 주는 것 같지 아니 하니라 너희는 마음에 근심도 말고 두려워하지도 말라"(요한14:27)

위의 말씀에서 알 수 있는 것은 사람은 자신의 마음을 믿을 수 없는 존재이며, 사람의 마음의 평안은 하나님께서 주시는 것임을 말씀해 주시고 있다. 예수님이 주시는 평안은 세상에서 얻는 평안과는 그 질이 다르다. 세상에서 그 무엇을 성취하여서 얻는 평안은 일시적이다. 그 평안은 그 얻은 것이 사라지면 깨어지고 마는 평안이다. 하나님이 주신 평안은 환경을 넘어서서 우리 안에 주어지는 것이다. 그러한 평안은 경험하지 않은 사람은 도저히 알 수 없다. 경험해 본 자만이 그 깊이와 그 넓이를 알 수 있다. 그리고 회개하고 죄 사함을 받았을 때 우리 마음에는 유쾌함이 주어진다. 참으로 유쾌한 웃음을 웃을 수 있는 길이 제시되어 있다. 그 길은 죄 사함을 받았을 때 유쾌함이 주님께로부터 오는 것임을 경험하게 된다는 의미로 볼 수 있다.

야베스는 그 짧은 기도에서 중요한 많은 내용을 담고 있다. 그 내용은 바로 사람이 하나님으로부터 받을 수 있는 복의 내용을 함축하고 있는 것이다. 유다 자손 야베스의 기도를 열심히 따라 하는 많은 사람이 복을 받고 살고 있다는 간증이 끊임없이 이어지고 있다. 왜냐하면, 하나님께서 용납하신 기도이기에 그러한 기도를 하는 자들에게 복을 주시는 것이다. 이는 하나님께서는 그 자녀들에게 복 주시기를 기뻐하시는 아버지이시기 때문이다.

제15장

다윗의 믿음의
위대함을 배우라 1
(사무엘상17:4)

드디어 다윗이다. 내가 성경의 인물 중에서 가장 좋아하는 다윗의 이야기다! 드디어 나왔다! 기대하며 나도 함께 읽어 내려가 본다.

다윗의 믿음의 위대함을 배우라 I

이스라엘의 초대 왕 사울은 왕이 되고 난 후에 하나님의 명령에 순종치 아니함으로써 그 왕위가 자기 아들의 대로 이어지지 못하게 된다. 베냐민 지파의 후손이었던 사울 왕은 제사장이 행해야 하는 번제를 자신이 드림(삼상13:12)으로써 하나님께 죄악을 지었고, 아말렉 나라와의 전쟁에서 "적군과 그 소유를 다 진멸하라"(삼상15:3)라는 하나님의 명령을 따르지 않고 아말렉 왕 아각을 포로로 잡았으며 양과 소의 좋은 것들을 진멸하지(삼상15:9) 않았던 것이다. 그뿐만 아니라 사울 왕은 자신의 이름을 위하여 기념비(삼상15:12)를 세우는 죄를 범하고 말았다. 또한, 사울 왕은 다윗을 도피시키는 데 도움을 주었다는 이유로 아히멜렉 제사장과 그 동료 85명의 제사장을 죽이는(삼상22:18) 악을 행하기도 했다. 이러한 사울 왕의 불순종에 대하여 하나님은 "사울을 세워 왕 삼은 것을 후회하시고"(삼상15:11) 새로운 사람을 찾아서 이스라엘의 왕으로 세우고자 계획을 하신다. 사울 왕을 대신하여 왕이 될 사람은 누구냐? 그 사람이 바로 다윗이다.

다윗은 "하나님의 마음에 합한 자"(행13:22)라는 말씀을 들은 사람이다.
그는 이새의 아들이요, 이새는 보아스의 손자요, 보아스는 유다의 후손이다.
그러므로 다윗은 유다의 후손이며 유다 지파의 일원이다.

이제 우리는 하나님의 마음을 흡족게 한 사람 '다윗'이 어떠한 사람인가를 알아보고자 한다. 그가 과연 어떠한 믿음의 사람이기에 사울 왕을 대신하여 이스라엘의 왕이 되는 사람으로 선택받았는가를 알고자 하는 것이다. 다윗이 하나님의 마음에 합한 자라는 평가를 받았다는 것은 사람이 하나님께로부터 받을 수 있는 최고의 칭찬이라 해도 과언이 아니다. 다윗의 무엇이 하나님의 마음에 쏙 드는 사람이 되게 하였는가? 과연 그의 믿음은 어떠한 믿음인가?

첫째, 살아계신 하나님을 믿는 믿음이다.

다윗은 블레셋 장군 골리앗과의 전투에서 그의 믿음이 어떠한 믿음인가를 보여 주고 있다. 즉, 다윗은 승리한 사람이다. 다윗이 성경에서 화려하게 등장하는 장면은 적국의 장군 골리앗을 죽이고 승리하면서 시작된다. 그 장면을 성경은 다음과 같이 기록하고 있다.

이스라엘 나라가 블레셋 나라와 전쟁하고 있을 때 적국의 장군 골리앗으로부터 아주 모욕적인 말을 듣고 있었다. 골리앗은 40일 동안 조석으로 이스라엘군 진영을 향하여 외치기를 "이스라엘에는 장수가 없느냐 나와 일대일로 싸워보자 이기는 편이 상대편의 군사들을 종으로 삼자"(삼상 17:8~9) 하고 자신과 싸울 이스라엘의 장수를 청하고 있었다. 그러한 소리를 사울 왕과 이스라엘 군인들이 들었지만 나가서 싸울 장수가 없었다. 오히려 골리앗의 소리를 듣고는 놀라고 크게 두려워했다. 그 이유는 골리앗의 위용이 너무나 강대하게 보여서 그를 이길 수가 없다고 판단을 하였기 때문이다. 사울 왕과 이스라엘의 군사들은 골리앗의 모욕을 감수한 채로 40일 동안 속수무책으로 있을 수밖에 없는 상황이었다. 그 누구도 골리앗을 대적하지 못하는 것이다. 이러한 때 한 사람이 등장하였으니 그가 바로 소년 다윗이다. 다윗은 아버지의 심부름으로 전쟁터에 있는 형들을 만나기 위해 왔다. 그 다윗이 골리앗이라는 적국의 장군이 이스라엘 군대를 모욕하는 외침을 듣자마자 의로운 분노가 치솟아 오른 것이었다.

도대체 저자가 누구이기에 하나님의 군대를 모욕하고 있다는 말인가! 다윗은 솟아오르는 분노를 나타내면서, 자신이 저 장군을 죽이겠다고 나선 것이다. 우리는 다윗의 의로운 분노를 아래에서 읽을 수 있다.

"다윗이 곁에 섰는 사람에게 말하여 가로되 이 블레셋 사람을 죽여 이스라엘의 치욕을 제하는 사람에게는 어떠한 대우를 하겠느냐 이 할례 없는 블레셋 사람이 누구관대 사시는 하나님의 군대를 모욕하겠느냐"(삼상17:26)

위의 글 다윗의 말에서도 알 수 있듯이 다윗에게는 하나님을 굳게 믿는 믿음이 있었다. 그러기에 그는 저 할례 없는 블레셋 사람이 살아계신 하나님의 군대를 모욕하느냐고 말하고 있는 것이다. 이 말은 살아계신 하나님을 믿는다면 어찌하여 저 이방인의 모욕을 듣고만 있느냐 하는 질책의 말도 되는 것이다. 왜냐하면 다윗은 살아계신 하나님을 만난 사람이다. 그가 들에서 양 떼를 칠 때 사자도 양을 잡아먹으려 공격해 오고 곰도 양을 잡으러 달려드는 경험을 했다. 그러할 때마다 다윗이 사자도 물리치고 곰도 물리치고는 양들을 보호했다. 다윗이 사자와 곰을 이길 수 있었던 것은 바로 살아계신 하나님이 이기게 해 주셨기 때문이란 것을 다윗은 잘 알고 있었다. 즉, 다윗 자신을 사자와 곰의 발톱에서 건져주신 분은 하나님이신데, 그분은 살아계시는 분이라는 것이다. 다윗은 하나님을 철저히 믿고 있었다.

아래에서 다윗의 신앙 고백을 읽어 보자.

"또 여호와께서 나를 사자의 발톱과 곰의 발톱에서 건져 내셨은즉 나를 이 블레셋 사람의 손에서도 건져내시리이다"(삼상17:37)

다윗의 믿음은 저 블레셋 장군을 이길 수 있다는 결론에 이른다. 무엇으로 저 장대한 골리앗을 죽이고 승리한다는 것인가? 그 대답은 바로 하나님이다. 살아계신 하나님께서 이기게 해 주실 것을 다윗은 알고 있었다. 그 살아계신 하나님께서 이번에는 분명히 저 할례 없는 블레셋 사람을 이기게 해 주실 것이라는 믿음이 주어진 환경과는 관계없이 그를 전장에서 나서게 하였다. 그 당시 다윗은 이스라엘의 정규 군인의 신분도 아니었다. 그는 아직 소년의 나이이다. 다윗이 생명을 걸고 싸워야 하는 입장이 결단코 아닌 상황인 것이다. 그럼에도 불구하고 골리앗을 상대로 하여 싸움을 하고자 하는 그 단 하나의 이유는 오직 살아계신 하나님에 대한 믿음 때문이다.

블레셋의 장군 골리앗은 당시 전장에서 전투 기술 면에서 뛰어난 장군이었을 뿐만 아니라 그의 외모가 상대를 압박할 수 있는 풍채를 가지고 있었다. 그의 키가 6큐빗 한 뼘이라 하니 2.7미터 이상인 셈이다. 오늘날에도 키가 2미터라 하면 큰 키에 해당하는데 2.7미터 이상이니 키만 보고도 이스라엘의 장수들이 두려워할 만했다. 그러나 다윗은 골리앗을 두려워하지 않았다. 다시 강조해서 말하지만, 그에게는 살아계신 하나님을 믿는 강한 믿음이 있었기 때문이다. 그의 믿음의 고백을 아래에서 읽어 보자.

"또 여호와의 구원하심이 칼과 창에 있지 아니함을 이 무리로 알게 하리라 전쟁은 여호와께 속한 것인즉 그가 너희를 우리 손에 붙이시리라"(사무엘상17:47)

다윗의 고백은 무엇인가? 전쟁은 하나님께 속한 것이라는 말씀을 믿는 것이다. 즉, 전쟁의 승패는 칼과 창에 달려 있는 것이 아니라 하나님께 달려 있다는 것이다. 하나님께서 이기게 해 주시면 이길 수 있다는 믿음이다. 다윗은 그러한 믿음을 가진 사람이었다. 그 다윗이 마침내 골리앗을 죽이고 승리를 하게 된 것이다. 매끄러운 돌 다섯 개와 물매를 가지고 골리앗에게로 나아갔던 다윗은 물매로 돌을 던져서 골리앗의 이마에 명중

시켰다. 쓰러진 골리앗에게 달려간 다윗은 골리앗의 칼로 그를 죽인 것이다 이리하여 다윗은 유명한 골리앗과의 싸움에서 당당히 승리하였고, 그 후 다윗은 이스라엘 사람들로부터 영웅 대우를 받게 된다.

다윗이 얼마나 인기가 높이 치솟았으면 사울 왕과 비교하면서 노래를 지어서 여인들이 불렀던 것도 성경에 기록되어 있다.

"여인들이 뛰놀며 창화하여 가로되 사울의 죽인 자는 천 천이요 다윗이 죽인 자는 만 만이로다 한지라"(사무엘상18:7)

다윗은 일약 이스라엘의 영웅으로 그 사회에 등장을 하였던 것이다. 그리하여 다윗은 사울 왕국의 장군이 되고, 사울 왕의 사위가 되는 영광도 얻게 된다. 그러나 다윗이 백성들로부터 인기가 높아질수록 사울 왕에게는 눈엣가시와 같은 존재가 되었다. 즉, 다윗이 사울 왕조에 위협이 되는 존재로 인식하게 되면서 사울 왕은 다윗을 죽이는 계획까지 세우게 된다.

그 첫 번째 계획이 다윗을 블레셋 사람들의 손을 빌려 죽이고자 하였다. 즉, 다윗을 사위로 삼을 터이니 블레셋 사람의 양피(남자 생식기의 껍질) 100개를 가져오라(삼상18:25)는 것이었다. 이러한 조건은 다윗을 죽이려는 사울 왕의 궤계였다. 그러나 다윗은 적국인 블레셋의 남자 양피를 200개 가져다가 왕에게 바친다. 그리하여 다윗을 죽이려던 계획은 수포로 돌아가게 되었고, 오히려 다윗은 왕의 사위가 된다. 그 후에도 사울 왕은 직접 단창을 다윗에게 던져 죽이려고 하였다. 사울 왕은 자신의 왕국을 위태하게 하는 다윗을 어떻게 하든지 죽이려고 시도하였으나 성공할 수가 없었다. 이는 하나님께서 다윗을 향한 다른 계획이 있었기 때문이었다.

마침내 다윗은 사울 왕이 자신을 죽이려 함을 알고는 도망하기로 결심을 하기에 이른다. 그리하여 다윗은 사울 왕의 추격을 피하여 도망 다녀야만 하는 도망자의 신세가 되고 말았다.

하지만 결론적으로 다윗의 믿음은 사울 왕의 '도망자'에서 이스라엘의 위대한 '왕'으로 다윗의 자리를 옮겨놓게 된다.

둘째, 절망 속에서도 하나님을 의지하는 믿음이다.

다윗은 사울 왕의 부하들이 자신을 죽이려고 자신의 집을 지키는 것을 알고 겨우 도망쳤다. 그 가운데 제일 먼저 찾아간 사람은 라마에 살고 있는 사무엘 제사장이었다. 다윗이 자신의 억울한 처지를 제사장에게 말하였으나, 제사장 역시 다윗을 안전하게 도울 길은 없었다. 오히려 다윗이 사무엘 제사장이 살고 있는 도시에 있다는 정보를 듣고는 사울 왕이 군사들을 보내어서 다윗을 죽이라고 명령을 내리게 된다.

다윗은 믿었던 사무엘 제사장의 도움을 얻지 못하고, 또다시 도망자의 신세가 되어서 놉이라는 곳에 가서 그곳의 제사장 아히멜렉에게 도움을 요청했다. 아히멜렉이 다윗에게 줄 수 있는 것은 진설병(성전에서 사용되는 떡덩이)과 그곳에 간직하고 있던 골리앗 장군의 칼뿐이었다. 이제 다윗은 이스라엘 땅 안에서 자신의 몸을 숨길 곳이 없음을 알고는 블레셋 땅 가드왕 아기스에게 가서 자신의 몸을 의탁하기에 이른다. 그때 아기스 왕의 신하들이 다윗을 죽일 수 있는 절호의 기회가 왔으니 다윗을 죽이자고 요청(삼상21:11)하게 된다. 이제 다윗은 블레셋 사람들에 의해 죽을 운명에 처한 것이다. 다윗은 아기스 왕과 신하들의 대화를 듣고는 즉시 미친 체한 연기를 시작한다. 즉, 대문짝에 끄적거리며 침을 수염에 흘리는 미치광이 행동을 한 것이다. 다행히도 아기스 왕은 다윗이 미치광이라 생각하여 그를 죽이지는 아니했다. 이제 다윗은 블레셋 땅에서도 살길이 없어졌기에 다시 이스라엘 땅 아둘람이라는 곳에 숨어들어 와서는 깊은 동굴 속에 들어가게 된다.

그 동굴 속에서 다윗은 절망을 느끼기 시작을 했을 것이다. 더군다나 그때에 들려오는 소식은 자신에게 진설병과 골리앗의 칼을 주었던 아히멜렉 제사장 일족 85명이 사울 왕에게 죽임을 당하였다는 소식이었다. 다윗이 정말로 절망을 느끼는 시점이었다. 블레셋 땅에서도 살 수가 없고, 자신을 도와준 아히멜렉 제사장 일족이 몰살당하였으니, 이제 이스라엘 사람 그 누구도 다윗을 도와줄 사람은 없는 것이다. 오히려 다윗을 죽여서 왕으로부터 상을 받으려는 사람들이 있을 뿐이었다.

그러한 절망 속에서도 다윗의 믿음은 다시 빛나기 시작했다. 자신을 도울 수 있는 자는 오직 하나님밖에 없다는 것을 깨닫고 고백을 하고 있으니 우리는 그 시편을 읽어 볼 수 있다.

"저희가 나의 생명을 해하려고 엎드려 기다리고 강한 자가 모여 나를 치려 하오니 여호와여 이는 나의 범과를 인함이 아니요 나의 죄를 인함도 아니로소이다 내가 허물이 없으나 저희가 달려와서 스스로 준비하오니 주여 나를 도우시기 위하여 깨사 감찰하소서 하나님은 나의 산성이시니 저의 힘을 인하여 내가 주를 바라나이다 나의 하나님이 그 인자하심으로 나를 영접하시며 내 원수의 보응 받는 것을 나로 목도케 하시리이다 나의 힘이시여 내가 주께 찬송하오리니 하나님은 나의 산성이시며 나를 긍휼히 여기시는 하나님이심이니이다"(시편59:1~17)

위의 시편에서 다윗의 믿음을 알 수 있다. 그 절망의 날에, 그 깊고 컴컴한 아둘람 동굴 속에서 하나님의 도우심을 바라면서, 하나님만이 자신의 힘이시요, 산성이시라고 고백하고 있는 것이다. 사람을 의지함이 아니라 오직 하나님만을 의지하겠다는 고백이다. 그 다윗이 그 절망 속에서 다윗 자신의 죄악이나 범죄로 인하여 도망자가 된 것이 아니니까. 그는 얼마나 억울하였겠는가! 이스라엘의 적장인 골리앗을 죽인 그 일이 자신을 이토록이나 생명의 위협을 느끼게 하는 일이 될 줄이야. 다윗이 어찌 알았겠는가! 그러기에 다윗은 더욱더 큰 절망을 느꼈을 수도 있었고, 참으로 참담한 억울함을 느낄 수 있었을 것이다. 더욱이 하나님의 제사장을 찾아갔지만 안전한 피난처가 되지를 못하였지 않은가. 그러므로 다윗은 하나님을 원망할 수도 있던 상황이었다. 그러나 다윗은 하나님을 원망하지 아니하고 오히려 하나님을 의지하는 시편을 기록하고 있다. 우리는 절망 속에서도 하나님을 찬양하는 다윗의 이 빛나는 믿음을 생각해야 한다.

그로부터 10여 년간 도망 다니며 살게 되었는데, 그 기간 동안에 수많은 일을 체험하게 된다. 예를 들면 다윗은 살기 위하여 음식을 나누어 달라고 부탁하다가 나발이라는 부자로부터 거절을 당하기도 하였었고, 위에서 언급했듯 아기스 왕 앞에서는 미친 체하기도 했다. 이스라엘의 영웅이요, 장군이요, 왕의 사위였던 다윗이 이제 살기 위하여 온갖 수모를 당하면서 생명을 연장하고 있었던 것이다. 이러한 곤경에 처한 다윗은 하나님과의 관계를 어떻게 유지하고 있었을까? 다윗은 아둘람 동굴에서 고백한 믿음을 유지하고 있었을 것이다. 그는 도망자의 생활을 하면서 하나님의 뜻을 더 깊이 알고자 했을 것이다. 시편 기자의 깨달음처럼, "고난당한 것이 내게 유익이라 이로 인하여 내가 주의 율례를 배우게 되었나이다"(시 119:71)라는 말씀처럼 다윗도 하나님의 높고 깊으신 뜻을 더욱더 알고자 기도하였을 것이다. 성경에 나오는 믿음의 사람들은 대체로 곤경에 처하면 처할수록 하나님께로 가까이 나아간다. 다니엘이 그러하였고, 모르드개가, 그리고 에스더 왕비가 그러했고, 이사야가 그러했다. 즉, 자신이 왜 이러한 곤경에 빠지게 되었는가를 알기 위하여 하나님께 호소한다. 그 이유를 앎이 바로 하나님의 뜻을 아는 길이기에 그러했던 것이다.

다윗은 도망자의 처지에 빠져 있었음에도 불구하고 하나님에 대한 믿음의 끈을 굳게 잡고 살았던 사람임을 성경은 여러 곳에서 증거하고 있다.

제16장

다윗의 믿음의
위대함을 배우라 2

『살리는 사람 유다』란 글은 내 돌파구의 하나다. 이것이 나의 고백이다. 내가 하나님의 뜻을 조금이나마 더욱 자세하게 볼 수 있는 시간이란 생각이다. 물론 이것 역시 내 생각이기에 하나님이 보시기에 '이놈. 또 혼자 멋대로 생각 중이군' 하실 수도 있겠지만…. 암튼 내겐 참 귀한 말씀이다.

지금 읽어 보는 제16장은 '제3부. 축복받은 유다 지파의 자손들' 중 일부다. 이미 축복받은 사람들에게 축복의 힌트를 얻어 보려 노력해 본다. 나도 축복받고 싶으니까. 그래서 이 글을 기록하는 내가 부끄럽지만, 이게 내 솔직한 심정이다.

다윗의 믿음의 위대함을 배우라 2

셋째로 하나님의 기름 부은 종을 헤치지 않았다.

사울 왕은 다윗을 죽이기 위해 다양한 방법으로 다윗을 압박해 왔다. 다윗에게 어떠한 편리도 주지 못하도록 이스라엘 백성들에게 명령하였고, 다윗이 은거한 곳을 신고하면 포상도 내린다고 선포했다. 아히멜렉 제사장 일족 85명이 죽임을 당한 일이 이스라엘 전국에 퍼져 있었으니 그 누가 다윗을 돕겠는가? 그러한 절박한 위기 속에서 살아가야 했던 다윗에게 사울 왕을 죽일 수 있는 절호의 기회가 온다.

어느 날 사울 왕에게 다윗 일행이 엔겐디 황무지에 있다는 정보가 보고되었다. 사울 왕은 3,000명의 정예 군사를 이끌고 다윗을 추격한다. 사울 왕이 엔겐디 황무지에 도착하여 다윗과 그 부하들을 찾고 있을 때 사울 왕은 길옆에 있는 동굴 속에 들어가서 소변을 보고 있었다. 그때 그 동굴 속에는 다윗과 그 부하들이 숨어있었던 것이다. 사울 왕 홀로 동굴에 들어왔으니 사울 왕을 죽일 수 있는 절호의 기회가 주어진 것이다. 사울 왕이 누구인가? 다윗과 그 부하들의 생명을 취하려고 3,000명의 정예 군사를 이끌고 온 다윗의 원수이다. 다윗의 부하들은 사울 왕을 죽일 수 있는 기회가 왔으니 단번에 죽이자고 다윗에게 요청한다.

이때 다윗은 원수인 사울 왕을 죽일 수 없다고 이야기한다. 대신에 사울 왕의 겉옷 자락을 가만히 베어서 가지고 있었을 뿐이었다. 왜? 다윗은 원수 사울 왕을 죽이지 아니하는가? 도대체 그 이유가 무엇인가? 역시 그 이유는 하나님께 있었다. 우리는 다윗이 사울 왕을 죽이지 않은 이유를 아래에서 읽어 보자.

> "이르시기를 나의 기름 부은 자를 만지지 말며 나의 선지자를 상하지 말라 하셨도다"
> (역대상16:22)

> "다윗이 자기 사람들에게 이르되 내가 손을 들어 여호와의 기름 부음을 받은 내 주를 치는 것은 여호와의 금하시는 것이니 그는 여호와의 기름 부음을 받은 자가 됨이니라 하고"(삼상24:6)

위의 두 말씀에서 알 수 있는 바와 같이 다윗은 하나님의 말씀을 지키려고 사울 왕을 죽이지 않았다. 하나님께서 기름 부어 왕으로 세운 사람을 죽이지 말라고 하나님께서 명령하셨기에 다윗은 사울 왕을 죽일 수가 없다는 것이다. 지금 다윗은 자신과 부하들을 죽이려고 추격해 온 사울 왕을 어떻게 대우하고 있는가? 다윗은 사울 왕에 대함에 있어서도 먼저 하나님의 뜻이 무엇인가 하는 것을 따지고 행동을 했다. 얼마나 위대한 일인가! 다윗은 전쟁을 행함에도 전쟁의 논리로 푸는 것이 아니라 하나님의 논리로 풀었으며, 원수를 대함에도 하나님의 말씀으로 대우하고 있다. 이러한 태도가 바로 다윗의 믿음이다.

사울 왕이 소변보기를 마치고 동굴을 벗어나서 자기의 길을 갈 그때에 다윗이 나타나서 외치기를 "왕이여 다윗이 왕을 해치려 한다는 말을 믿지 마십시오 오늘 왕이 동굴에 들어왔을 때 내가 왕을 죽일 수 있는 기회가 있었지만 왕을 죽이지 않았습니다 그 이유는 왕은 하나님께서 기름을 부으신 사람이기 때문입니다 왕이여 보소서 여기 나의 손에 당신의 겉옷 자락이 있습니다 왕은 나의 생명을 찾아 해하려 하였지만 나는 왕에게 범죄한 일이 없나이다 나는 왕을 해하지 않겠나이다 나는 죽은 개나 벼룩 같은 존재인데 왜 나를 죽이려 쫓아 왔나이까 재판장이신 여호와께서 왕과 나 사이를 판결하사 나를 당신의 손에서 건져 주시기를 원합니다"(삼상24:9~15) 하고 소리치자 사울 왕은 자신이 죽을 뻔하였다는 사실을 알게 된다. 분명히 다윗의 손에 있는 겉옷 자락은 자신의 겉옷이었다. 그때 비로소 사울 왕은 자신의 행동을 부끄러워하면서 "다윗에게 이르되 나는 너를 학대하되 너는 나를 선대하니 너는 나보다 의롭도다"(삼상24:17) 하고 말하고는 군사를 돌려서 왕궁으로 돌아갔다. 아무리 이성을 잃은 행동을 한 사울이라 해도 자신을 살려준 다윗을 계속하여 추격할 명분이 없었던 것이었다.

다윗은 사울 왕으로부터 "너는 나보다 의롭다" 하는 말을 들었다. 왜 다윗이 사울 왕보다 의로운 사람인가? 그 이유는 다윗이 하나님의 말씀을 지키려고 사울을 살려 주었기 때문이다. 하나님의 말씀을 지키는 자가 의로운 사람인 것이다.

성경은 다윗이 또다시 사울 왕을 살려준 기사를 기록하고 있다.

어느 날 사울 왕에게 새로운 정보가 보고되었는데, 그 정보는 십 황무지 하길라 산에 다윗 일행이 숨어 있다는 것이었다. 그러한 정보를 접하게 된 사울 왕은 자신이 다윗을 죽이려다가 부끄러움을 당함을 생각지도 않고, 3,000명의 정예 군사들을 동원하여 십 황무지로 달려갔다. 사울 왕과 부하들은 십 황무지 하길라 산 길가에 진을 치고 있었다. 그 밤에 다윗은 자신을 죽이러 온 사울 왕을 다시 한번 더 살려주었다. 다윗은 부하 아비새 한 사람만을 데리고 사울 왕이 자고 있는 왕의 군막으로 들어가서는 왕의 창과 왕의 물병을 가지고 자신의 진지로 돌아왔다. 그때 함께 사울의 진지로 몰래 들어갔던 아비새는 다윗에게 강청하기를 "오늘 왕을

죽입시다. 하나님께서 당신에게 왕을 죽일 수 있는 기회를 주신 것입니다
그러므로 명령만 내리시면 단번에 죽이겠나이다"라고 했다. 왕의 군막에
들어가서 왕의 창과 물병을 가져올 수 있는 상황이니까 충분히 사울 왕
을 죽일 수 있는 기회가 주어진 것이다. 그러기에 아비새가 왕을 죽이자
고 강청하게 되었다. 그러한 때에도 다윗은 아비새에게 왕을 죽일 수 없
다고 말한다.

그 이유는? 역시 하나님께서 기름 부은 자를 죽이는 것은 하나님께서
금하신 일이기에 왕을 죽일 수는 없다는 것이다. 우리는 아래에서 다윗
과 아비새의 대화를 읽어볼 수 있다.

> "아비새가 다윗에게 이르되 하나님이 오늘날 당신의 원수를 당신의 손에 붙이셨나이
> 다 그러므로 청하오니 나로 창으로 그를 찔러서 단번에 땅에 꽂게 하소서 내가 두 번
> 찌를 것이 없으리다 다윗이 아비새에게 이르되 죽이지 말라 누구든지 손을 들어 여호
> 와의 기름 부음을 받은 자를 치면 죄가 없겠느냐"(삼상26:8~9)

위의 말씀에서 알 수 있듯이 다윗은 하나님께서 금하신 일을 자신이
행할 수는 없다고 말한다. 그래서 왕의 창과 물병만을 가지고 자신의 진
지로 돌아온 것이다. 다윗의 믿음은 무엇이냐? 사울 왕과 왕의 장수들이
군막 속에서 함께 자고 있었지만, 다윗과 아비새가 몰래 왕의 군막으로
들어갈 수 있었음은 하나님께서 저들로 깊이 잠들게 했기 때문이라는 것
이다. 왕을 죽일 수 있는 기회가 주어진 것은 다윗 자신이 하나님께로부
터 시험을 받는 일일 수도 있음을 인지했다. 그러므로 다윗은 하나님이
금하신 일은 결단코 할 수가 없다고 주장했다. 이러한 믿음이 다윗의 믿
음이기에 하나님은 다윗을 소중한 사람으로 대우하고 계시는 것이다.

다윗은 이제 왕의 군장 아브넬을 향하여 호통을 치면서 "아브넬아. 네

가 어찌하여 이스라엘의 왕을 지키지 아니하고 잠만 자느냐!"라고 소리쳤다. "왕의 머리 곁에 있던 왕의 창과 왕의 물병이 어디 있느냐? 여기 내 손에 있지 아니하냐?" 하고 외쳤다. 사울 왕이 다윗의 소리를 듣고는 밖으로 나가서 모든 상황을 점검하니 그것은 자신이 죽을 수도 있었던 상황이었음을 또 알게 되었다. 다윗이 또다시 자신을 살려준 것임을 알게 된 것이다. 이제 사울은 다시 다윗에게 자신이 어리석었음을 말하는데 그 부끄러운 말을 아래에서 읽어 보자.

"사울이 가로되 내가 범죄하였도다 내 아들 다윗아 돌아오라 네가 오늘 내 생명을 귀중히 여겼은즉 내가 다시는 너를 해하려 하지 아니하리라 내가 어리석은 일을 하였으니 대단히 잘못되었도다 다윗이 대답하여 가로되 왕은 창을 보소서 한 소년을 보내어 가져가게 하소서"(사무엘상26:21~22)

다윗은 사울 왕을 죽일 수 있는 기회가 또다시 주어졌지만, 왕을 죽이지 않았다. 그 이유는 하나님의 말씀을 충실히 지키고자 한 것이었다.

필자는 다윗의 부하들은 사울 왕을 죽이자고 강청을 하고 있음에 주목해 보았다. 왜 다윗과 달리 그들은 사울을 죽이고자 했을까? 그 이유는 너무나 간단하다. 자신들이 살기 위해서다. 다윗과 함께하는 운명공동체인 그들은 처음에 다윗의 형제들과 아버지, 온 가족과 다윗을 따르는 무리가 모였는데, 그 수가 400여 명(삼상22:1)이었다고 한다. 그러나 나중에는 군사의 숫자가 600여 명(삼상25:13)이었다. 저들은 가족들과 함께하는 무리였다. 그러므로 군사의 숫자가 600여 명이었으니 가족의 수를 다 합하면 최소한 1,000여 명이 넘었을 것으로 추측할 수 있다. 그 1,000여 명은 오직 다윗 한 사람을 의지하고 동행하는 사람들이었다. 그들에게는 다윗이 곧 자신들의 생명줄이었다. 이러한 상황을 살펴보면, 사울 왕이 죽으면, 다윗 한 사람만 이 도망자의 신세에서 해방이 되는 것이 아니라 따르는 그 1,000여 명이 다 해방이 되는 상황이다. 반대로 다윗이 죽으면 자신들은 의지할 사람이 없어지고, 그리되면 어떠한 상황이 닥쳐올지 모르는 것이기에 저들은 사울 왕을 죽이자고 강청한 것이다.

필자가 다윗의 믿음의 결단을 높이 평가하고자 하는 것은 이러한 어려운 상황 속에서 내린 결단이기 때문이다. 다윗 자신 한 사람만의 생명이 달린 상황이 아니었기에, 즉, 자신의 아버지 형제들 그리고 그 온 가족의 생명과 자신을 따르는 그 고마운 사람들의 생명이 다 달려 있는 상황이었기에 그러하다. 사울 왕을 죽일 수 있는 기회가 두 번씩이나 주어졌지만, 그래도 다윗은 사울 왕을 죽이지 아니했다. 그 이유는 오직 한 가지, 하나님의 말씀을 지켜야 한다는 믿음 때문이었다. 정말 너무나 힘들고 어려운 믿음의 결단인 것이다. 도저히 그리할 수 없는 상황이었을 때에도 하나님 말씀이기에 그리한다는 믿음, 그 믿음이 소중한 믿음이고, 다윗을 위대하다 일컫는 믿음이다.

내가 죽이지 않는다면, 나와 내 가족들이 죽을 수 있는 상황에서 하나님의 말씀에 근거해 믿음을 지킨 다윗! 다윗의 믿음은 빛날 수밖에 없었다.

다윗의 믿음을 조금 더 자세히 보면 사울 왕에 대하여서도, 자신의 생명에 대해서도 하나님께 맡기겠다는 것이다.

이제 다윗이 그의 부하 아비새를 어떻게 설득하고 있는가를 아래에서 읽어 보자.

"또 가로되 여호와께서 사시거니와 여호와께서 그를 치시리니 혹 죽을 날이 이르거니와 혹은 전장에 들어가 망하리라 내가 손을 들어 여호와의 기름 부음을 받은 자를 치는 것을 여호와께서 금하시나니 너는 그의 머리 곁에 있는 창과 물병만 가지고 가자"

(사무엘상26:10~11)

다윗의 믿음의 자세는 무엇이냐? 사울 왕에 대하여는 하나님께서 처리하실 것이라는 태도이다. 사울이 하나님의 종이니 주인이신 하나님께서 살리시든지, 죽이시든지는 하나님의 소관이라는 것이다. 즉, 다윗은 하나님께 맡기는 자세를 견지했다. 다윗의 이러한 믿음의 자세를 오늘날 교회의 성도들도 배웠으면 한다. 즉, 하나님의 종은 하나님께 맡기는 자세이다.

다윗에게는 사울 왕을 죽일 수 있는 이유가 너무나 많았다. 자신의 생명과 따르는 무리의 생명을 위협하는 사울 왕이었다. 자신의 생명을 죽이려 하는 만큼 큰 이유가 어디에 있는가? 그러나 다윗은 사울 왕을 죽이지 아니했다. 오직 한 가지 이유, 하나님의 말씀을 지키려고!

<u>생명의 위험을 감수하고서라도 하나님의 말씀을 지키는 다윗이다.</u> <u>이러한 다윗을 하나님은 사랑하셔서 "하나님의 마음에 합한 자"라는 칭찬을 하시는 것이다.</u>

다윗이 우연히 그러한 칭찬을 들은 것은 분명히 아니다. 칭찬을 받을 만한 믿음을 가졌기에 그러한 놀라운 칭찬을 듣는 것이다. 우리도 다윗처럼 믿음의 결단을 함으로써 하나님의 사랑을 받는 사람이 되어야 할 것이다.

제16장. 「다윗의 믿음의 위대함을 배우라 2」를 정리하며

개인적으로 '다윗'을 좋아하는 이유 중 하나는 '소년'이라는 이미지 그리고 '위대한 왕'이라는 이미지 때문이다. 적어도 나는 그렇다. 하지만 그가 위대한 이유는 '하나님의 마음에 합한 자'이고 하나님의 계명을 목숨보다 귀하게 여긴 자이기 때문인 것 같다. 물론 다윗 역시 죄를 저지르기도 했다. 인간인 것이다. 하지만 그는 보통 사람 그 이상의 믿음을 가졌다.

나와 내 가족이 축복을 받기 위해서는 '강한 믿음'이 있어야 한다. 인간의 생각이 아닌 하나님의 생각을 따르려는 생각, 그 생각이 필요하다. 곧 부활주일이 다가온다. 지금 내가 무엇을 해야 할까. 오늘 난 어떤 행동을 해야 할까. 하나님의 뜻대로 살기를, 다윗처럼 강한 믿음을 갖길 소망해 본다. 그래서 많은 축복도 받고 싶다.

태후의 위를 폐한 아사 왕

- 우상과의 전쟁

왕상15:9~13

솔로몬 왕이 죽고 난 후 그의 아들 르호보암이 이스라엘 왕국을 물려받았는데, 그때 이스라엘 왕국은 북 이스라엘과 남 유다로 나누어지고 말았다. 이는 솔로몬이 하나님의 명령을 따르지 아니하고 우상을 섬기도록 허용한 죄악(왕상11:32~35) 때문이었다. 하나님께서는 일찍이 솔로몬에게 두 번이나 나타나시고 그가 나라를 잘 다스릴 수 있는 지혜를 구했을 때 하나님은 크게 기뻐하시고 솔로몬에게 지혜와 총명한 마음(왕상3:12)을 주셨을 뿐만 아니라 그가 구하지 않았던 부와 영광도 함께 주셨다. 이로 인하여 솔로몬은 전무후무한 지혜의 왕이요, 부와 영광을 누린 왕이 되었다. 그러한 하나님의 큰 축복을 받은 솔로몬이 나이가 많아지자 이방 나라 출신들인 후비들의 꼬임에 빠져서 그들의 요구를 들어주었는데, 그것이 바로 우상을 섬기도록 허용한 것이다. 솔로몬이 지은 죄악을 아래에서 읽어 보자.

"솔로몬이 나이 늙을 때에 왕비들이 그 마음을 돌이켜 다른 신들을 좇게 하였으므로 왕의 마음이 그 부친 다윗의 마음과 같지 아니하여 그 하나님 여호와 앞에 온전치 못하였으니 이는 시돈 사람의 여신 아스다롯을 좇고 암몬 사람의 가증한 밀곰을 좇음이라 솔로몬이 여호와의 눈앞에서 악을 행하여 그 부친 다윗이 여호와를 온전히 좇음같이 좇지 아니하고 모압의 가증한 그모스를 위하여 예루살렘 앞산에 산당을 지었고 또 암몬 자손의 가증한 몰록을 위하여 그와 같이 하였으며 저가 또 이족 후비들을 위하여 그와 같이 한지라 저희가 자기의 신들에게 분향하며 제사하였더라"(왕상11:4~8)

앞에서 읽어 본 바와 같이 솔로몬은 왕비(바로의 딸과 모압과 암몬과 에돔과 시돈과 헷 여인)들의 꾀임에 빠져서 이방 나라의 신들을 섬기는 신전을 건축하도록 허용하는 큰 죄악을 저지르고 말았던 것이다. 하나님은 우상 숭배를 너무나 싫어하시고 그 죄악을 용납하시지 않으신다. 모세의 십계명에 "나는 질투하는 하나님"(출20:5)이라고 말씀하시면서까지 우상 숭배를 철저히 배격하라고 명하셨다. 그러한 것을 증거 하는 말씀을 성경 여러 곳에서 찾아볼 수 있는데, 이스라엘 나라가 가나안 땅을 정복하여 들어갈 때도 가나안 땅의 사람들을 다 진멸하라고 명령하셨다. 군인만이 아니다. 남녀 노유를 막론하고 다 진멸[34]하라고 하셨다. 그 이유는 이방의 우상의 세력이 이스라엘 사람들에게 어떠한 영향력을 행사하지 못하도록 하고자 그렇게 명령하신 것이다.

즉, 하나님 이외의 다른 신을 섬기지 못하도록 엄명하신 것이다. 이방 나라 사람들이 살아있으면 그들의 문화가 이스라엘 사람들에게 들어오고, 그들의 종교가 들어오기 때문에 저들을 다 진멸하라고 명령하셨던 것이다.

진멸(히브리어, 하람)은 원어상 '그 어미와 새끼를 동시에 죽인다'는 의미다. 그러므로 하나님은 이방 나라의 신을 숭배함을 최고의 죄악으로 여기셨음을 우리는 분명히 기억해야 한다. 하나님 자신을 가리켜서 "나는 질투하는 하나님"이라고 까지 하시고 "이방 신을 섬기는 행위는 음행"(호세아1:2) 하는 것으로 비유하시고 있다. 하나님은 왜 이방 신을 숭배하는 것을 죄악으로 말씀하시고 있을까?

그 이유는 분명하다. 즉, 하나님은 사람의 생명을 살리시기를 기뻐하시

---

34 제자원, 『성경』, 서울, 성서교재간행사, 1992년, p. 264.

며, 그 생명들이 풍요롭게 되기를 원하신다. 그 하나님의 뜻에 반기를 드는 세력은 무엇인가? 그 세력들은 바로 우상을 섬기는 세력들인 것이다.

우상은 무엇인가? 우리는 아래의 말씀에서 우상의 진면목을 알 수 있다. 아래를 읽어 보자.

"저희 우상은 은과 금이요 사람의 수공물이라 입이 있어도 말하지 못하며 눈이 있어도 보지 못하며 귀가 있어도 듣지 못하며 코가 있어도 맡지 못하며 손이 있어도 만지지 못하며 발이 있어도 걷지 못하며 목구멍으로 소리도 못 하느니라 우상을 만드는 자와 그것을 의지하는 자가 다 그와 같으리로다 이스라엘아 여호와를 의지하라 그는 너희 도움이시오 너희 방패시로다"(시편115:4~9)

우상의 실체를 분명하게 논증하는 말씀이다. 즉, 우상의 존재는 사람이 만든 수공물이라는 것이다. 그 이상도, 그 이하도 아닌 것이다. 그러한 우상이 사람의 도움이 될 길이 없는 것이다. 그러나 여호와 하나님은 살아계신 분이시기에 사람들의 소리를 들으시고, 보시고, 그리하여 그 소망하는 것들을 도와주실 수 있는 신이시다. 살아계신 하나님을 어떻게 표현하고 있는가를 아래에서 읽어 보자.

"귀를 지으신 자가 듣지 아니하시랴 눈을 만드신 자가 보지 아니하시랴 여호와께서는 그 백성을 버리지 아니하시며 그 기업을 떠나지 아니하시리로다 여호와께서 내게 도움이 되지 아니하셨다면 내 혼이 벌써 적막 중에 처하였으리로다"(시편94:9~17)

위의 시편에서 하나님은 살아계시기 때문에, 사람들의 소리를 듣고 계시고, 보고 계시며, 도움을 주시는 분이라는 것을 고백하고 있는 것이다. 시편 94편의 기자는 자신이 체험한 일을 시로써 고백하고 있음을 우리는 알아야 한다. 그의 고백처럼 하나님께서 자신을 도와주지 아니했더라면 자신은 이미 죽은 자의 모습(적막 중에 처하다)이 되고 말았을 것이라는 고백이다.

이처럼 여호와 하나님과 우상은 뚜렷이 구분되고 있는 것이다. 살아계신 하나님은 사람을 도와주서서 그 생명을 살려주시는 분이시지만, 우상은 아무것도 할 수 없는 그저 수공물인 것이다. 그러므로 하나님은 사람에게 아무런 도움을 줄 수 없는 우상을 하나님 자리에 올려놓고 섬기는 행위를 당연히 악하다고 말씀하시는 것이다. 즉, 아무것도 할 수 없는 우상이 마치 하나님처럼 사람들을 돕는다고 믿게 하는 행위는 속이는 행위요, 거짓이요, 사기다.

그러므로 하나님께서 그토록 사랑하시던 솔로몬이라 해도 그가 저지른 우상 숭배의 죄악을 묻지 않을 수가 없었던 것이다. 하나님께서 솔로몬에게 그 악을 추궁하시는 말씀을 아래에서 읽어 볼 수 있다.

"이 일에 대하여 명하사 다른 신(우상)을 좇지 말라 하셨으나 저가 여호와의 명령을 지키지 않았으므로 여호와께서 솔로몬에게 말씀하시되 네게 이러한 일이 있었고 또 네가 나의 언약과 내가 네게 명한 법도를 지키지 아니하였으니 내가 결단코 이 나라를 네게서 빼앗아 네 신복에게 주리라 그러나 네 아비 다윗을 위하여 네 세대에는 이 일을 행치 아니하고 네 아들의 손에서 빼앗으려니와 오직 내가 이 나라를 다 빼앗지 아니하고 나의 종 다윗과 나의 뺀 예루살렘을 위하여 한 지파를 네 아들에게 주리라 하셨더라"(왕상11:11~13)

솔로몬이 '우상 숭배'라는 큰 죄악을 저지른 결과로 통일 이스라엘 왕국이 두 개의 왕국으로 나누어지고 만 것이다. 하나님의 말씀대로 솔로몬의 아들 르호보암 왕 시대에 왕국이 둘로 나누어지고 이때부터 북 이스라엘과 남 유다 나라로 두 왕국의 시대가 시작된다. 북 이스라엘의 초대 왕이 되었던 여로보암 왕은 하나님의 은혜로 북이스라엘의 왕이 되었다. 그런데 그는 하나님의 은혜를 배신하고 하나님께서 금지하신 3가지의 대표적인 죄악을 저질렀다. 그 죄악은 북 이스라엘의 백성들이 예루살렘에 가서 예배드리는 것을 막기 위하여 벧엘과 단이라는 도시에 산당을 짓고 금송아지(왕상12:28)를 세우고 백성들로 하여금 하나님 대신에 숭배하도록 하였고, 레위 지파의 자손만이 제사장이 되는 율법도 무시하고 어느 지파의 사람이든지 제사장(왕상12:31)으로 자원하는 사람에게 제사장이 되게 하였던 것이다. 그것만이 아니라 하나님의 법으로 정해져 있는 절기를 자기 마음대로 날짜를 변경(왕상12:32)하여 지키게 했다.

여로보암 왕은 하나님 앞에 3가지의 큰 죄악을 지은 것이다. 이후로부터 북 이스라엘 나라의 19명의 왕은 제대로 하나님을 섬기는 왕이 없었다. 북의 왕들은 초대 왕 여로보암 왕이 갔던 길을 따라가고 있었다. 그 길은 축복의 길이 아니라 망하는 길임에도 불구하고 19명이나 되는 왕들이 죄악의 길을 걸었다. 솔로몬 왕의 왕국이 왜 두 왕국으로 나뉘었는가를 안다면, 북의 왕들은 우상 숭배를 멈추고 하나님께로 돌아와야 했다. 그러나 저들은 그러한 결단을 하지 못했다. 오히려 초대 왕인 여로보암 왕을 따라갔음을 알 수 있다. 성경은 북의 왕들의 죄악을 말할 때마다 인용하는 왕이 있었으니 그가 바로 초대 왕 여로보암이었다. 즉, "느밧의 아들 여로보암의 모든 길로 행했다"라고 기록하고 있다.

우리는 아래에서 그 말씀들을 읽어 볼 수 있다.

"오므리가 여호와 보시기에 악을 행하되 그 전의 모든 사람보다 더욱 악하게 행하여 느밧의 아들 여로보암의 모든 길로 행하며 그가 이스라엘로 죄를 범하게 한 그 죄 중에 행하여 그 헛된 것으로 이스라엘의 하나님 여호와의 노를 격발케 하였더라"(왕상 16:25~26)

느밧의 아들 여로보암의 죄악은 성경에서 수없이 언급되어지고 있다. 여로보암의 죄악은 바로 하나님 대신에 금송아지를 세워 숭배케 한 죄악이 대표적인 죄악이었다. 실로 북 이스라엘의 왕들은 그 죄악에서 벗어나지를 못하고 우상 숭배의 죄악 속에 헤매다가 208년 만에 나라가 멸망하고 말았다. 북 이스라엘 나라 19명의 왕들 중에는 7일 동안[35] 왕 노릇을 한 시므리 왕도 있었다. 우상 숭배의 죄악은 나라도 망하고 자신도 망하는 길인 것이다. 실제로 북 이스라엘이 그러한 나라이다. 하나님께서 가장 큰 죄악으로 여기는 악을 행했으니 그 왕국이 제대로 보존될 수가 없는 건 당연한 이치다.

그런데 이방 나라의 신 우상을 파괴하는 왕이 나타났다. 그 왕이 누구인가? 그는 유다 지파의 자손 아사 왕이었다. 그는 우상을 섬기는 죄악을 행한 자신의 모친의 위를 폐위시킨 왕이기도 하다. 그는 남 유다의 제3대 왕으로서 41년 동안 왕의 위에 있으면서 철저히 우상과의 전쟁을 한 왕이었다. 아사 왕의 우상 파괴의 장면을 우리는 아래에서 읽어 볼 수 있다.

"이스라엘 왕 여로보암 제 이십 년에 아사가 유다 왕이 되어 예루살렘에서 사십일 년을 치리하니라 그 모친의 이름은 마아가라 아비살롬의 딸이더라 아사가 그 조상 다윗 같이 여호와 보시기에 정직하게 행하여 남색 하는 자를 그 땅에서 쫓아내고 그 열조의 지은 모든 우상을 없이 하고 또 그 모친 마아가가 아세라의 가증한 우상을 만들었으므로 태후의 위를 폐하고 그 우상을 찍어서 기드론 시냇가에서 불살랐으나"(왕상 15:9~13)

위의 말씀에서 알 수 있는 것과 같이 아들과 그 어머니가 충돌한 것이다. 그 충돌의 원인은 왕의 모친 '마아가'가 아세라의 가증한 우상을 숭배

---

35 열왕기상16:15/3, 열왕기상15:27-여로보암(에브라임 지파) 왕의 아들인 나답이 왕이 된 지 2년 만에 바아사(잇사갈 지파)가 모반하여 왕이 됨.

하는 데서 발단이 된 것이다. 왕이라 해도 아들이 어머니의 뜻을 따르지 않는다는 것은 결코 쉬운 일이 아니다. 대한민국 사람들의 정서로 본다면 불효자로 매도당할 수 있는 일이다. 그러나 성경은 아사 왕을 불효자로 말하지 않는다. 오히려 그에게 하나님은 상을 주어서 아사 왕의 왕국이 전쟁이 없이 평화롭게 살게 해 주었다고 성경은 증거하고 있는데 아래에서 확인할 수 있다.

"아사 왕의 모친 마아가가 아세라의 가증한 목상을 만들었으므로 아사가 그 태후의 위를 폐하고 그 우상을 찍고 이때부터 아사 왕 삼십오 년까지 다시는 전쟁이 없으니라"(대하15:16~19)

왜 하나님은 아사 왕의 시절에 전쟁을 없게 하시고 그를 칭찬하시고 있는가? 그 이유는 우상을 파괴하였기 때문이다. 아사 왕은 그 모친의 '태후의 위'를 폐하면서까지 우상을 파괴한 것이었다. 이는 아사가 왕으로서 마땅히 해야 할 일을 한 것이지만 하나님은 그에게 상을 크게 주심을 우리는 알 수 있다. 솔로몬 왕의 우상 숭배로 인하여 나라가 나누어진 것을 깨닫는다면 아사의 우상 파괴의 길을 방해하는 자가 어머니라 해도 물리친 것이 당연함을 인지해야 한다. 성경은 '하나님이 먼저냐?' 아니면 '그 다른 것이 먼저냐?'에 따라서 믿음의 길이 달라진다. 즉, 하나님보다 앞선 것이 있다면 그것은 바로 우상이 되고 하나님께 충성하지 못하는 결과를 가져온다는 것이다. 그러한 말씀을 예수님의 가르침에서도 확인할 수 있는데 아래에서 읽어 보자.

"내가 세상에 화평을 주러 온 줄로 생각지 말라 화평이 아니요 검을 주러 왔노라 내가 온 것은 사람이 그 아비와, 딸이 어미와, 며느리가 시어머니와 불화하게 하려 함이니 사람의 원수가 집안 식구리라 아비나 어미를 나보다 더 사랑하는 자는 내게 합당치 아니하고 아들이나 딸을 나보다 더 사랑하는 자도 내게 합당치 아니하고"(마10:34~37)

예수님보다 더 사랑하는 것이 있다면 그것은 안 된다는 말씀이다. 사람이 두 주인을 섬길 수 없는 것과 같이 예수님이 먼저라는 것이다. 그러므로 그 사람의 주인이 누구인가를 분명히 밝히고, 주인이 먼저이고 다른 것들은 주인 다음이어야 함을 우리는 항상 생각해야만 한다.

만약 아사 왕이 그 어머니의 뜻을 따랐다면, 어머니가 섬기는 아세라 신상을 인정해야 한다. 그러한 행위는 하나님을 주인으로 섬기는 자세가 아니다. 그러기에 아사는 태후의 위를 폐하면서까지 우상을 파괴한 것이다. 예수님만큼 사랑이 많으신 분이 세상에 있는가? 자신의 생명을 십자가에서 바치면서까지 사람들을 사랑하신 분이다. 그러한 사랑의 예수님께서 왜 가족 사이에 불화하기를 바라시겠는가! 분명히 아니다. 예수님의 말씀은 피조물인 사람이 행할 마땅한 도리를 가르쳐 준 것이다. 하나님의 자리에 그 어떠한 것이라도 있어서는 안 된다는 것이다.

남 유다의 아사 왕이 모후의 '태후의 위'를 폐하는 결단을 하는 것처럼 하나님을 섬김에 있어서는 양보할 수 없는 것이 있다는 뜻이다. 생명을 바쳐서라도 자신의 어머니를 사랑함이 기독교인이 해야 할 사랑이다. 그러나 나로 하여금 하나님을 올바르게 섬기지 못하게 하고 나의 생명을 영원히 지옥으로 빠뜨리는 것을 강요한다면 그러한 때는 어머니라 해도 양보해서는 안 된다는 것이다. 따지고 본다면 그 어머니가 하나님의 뜻을 알지 못해서 자녀로 하여금 우상 숭배의 죄악을 행하게 하는 것이다. 그 어떠한 어머니가 자식이 지옥 가기를 바라겠는가! 다만 어머니가 몰라서 그러한 것이다. 즉, 자식이 지옥이라는 영원한 형벌을 받는다는 사실을 몰라서 자식의 길을 방해했음을 알 수 있다. 그러기에 영원한 지옥 형벌을 면하고 천국의 시민이 되기 위해서라면 부모라 해도 양보해서는 안 되는 것이 분명히 있다.

걱정되는 부분이 있다.

이러한 논리를 이단 사이비에도 적용하여서 부모를 떠나 가출하고 가정을 버리고 이단 사이비에 빠지는 사람도 있음을 나는 알고 있다. 내가 아는 사람의 어머니는 이단에 빠져서 남편과 자식들을 다 버리고 집을 나가서 그 종교에 충성하는 사람이 되고 말았다. 올바른 기독교를 가르치는 교단에서는 결코 그러한 사람들이 없다는 것을 알아야 한다. 비록 예수 믿는 믿음 때문에 고통이 따라온다 해도 그 고통 속에서도 가정을 지키고 믿음을 지키면서 생활하고 있는 것이다. 왜냐하면 참된 믿음은 세월이 가면 반드시 승리하기 때문이다. 그러한 확신을 가지고 있기 때문에 지금의 고통을 감수하면서 인내하면서 살고 있는 것이다.

아사 왕은 하나님을 기쁘시게 한 왕이다. 솔로몬 왕으로부터 시작된 우상 숭배를 배격하고, 세워진 우상들을 파괴하고 그 제사장들을 죽인 왕이었다. 아사 왕이 우상과의 전쟁을 하고 있을 때에 북 이스라엘의 초대 왕 여로보암은 우상 숭배를 그 백성들에게 적극적으로 권유하고 있었던 것이다. 그러한 때에 남 유다 왕국에서는 우상을 파괴하는 일을 행하고 있었다. 그가 바로 아사 왕이요, 자신의 어머니의 '태후의 위'를 폐하면서까지 하나님을 섬기는 예를 보여 준 왕이다. 아사는 북이스라엘과 남 유다 나라에 어둠이 지배하던 시절에 가뭄 때에 단비와 같은 믿음의 사람으로 나타난 것이었다. 그가 바로 다윗의 후손이요, '유다의 후손'인 '아사 왕'이다.

제17장. 「태후의 위를 폐한 아사 왕 - 우상과의 전쟁」을 정리하며

하나님은 참 놀라우십니다.

제 개인적으로 이 글은 완벽하게 오늘 적었어야 했습니다.

왜냐하면 전 오늘 아침 그저 읽던 순서에 따라 성경을 읽었고, 열왕기 상을 읽었습니다. 바로 솔로몬의 죄악이 나와 있는 이야기지요.

적어도 저에게 이 글은 하나님의 뜻을 조금이나마 깨닫게 해 준, 가슴 속에 깊이 박히게 해 준 글이었습니다.

항상 이 글을 정리하면서 '단 한 사람이라도 하나님의 뜻을 안다면 좋 겠다. 비록 불특정 다수가 보는 블로그일지라도'라고 생각했습니다.

근데 알고 보니 그 단 한 사람이 저에서부터 시작함을 이제야 알게 되 었습니다.

오늘도 하나님의 놀라움에 놀라며, 또 두려움을 느낍니다.

감사합니다.

포로기 시대의
믿음의 사람 다니엘

유다의 수많은 자손이 하나님의 축복을 받았지만, 그들의 상황은 각자 달랐다. 왕의 자리에 오르기도 했지만, 오늘 소개될 다니엘처럼 포로의 자리에 놓이기도 했다. 지금의 내 상황이 어찌 되었든 하나님의 뜻을 따라 살다 보면, 우린 분명 축복을 받을 수 있음을 다시 한번 기억해 보자. 사람들은 일단 나부터, 내 상황에 대해 하나님께 불만을 토로한다. 하지만 지금의 상황이 중요한 건 아니다. 내가 지금 하나님의 뜻을 따르느냐, 안 따르느냐, 그것이 중요한 문제이다. 물론 그전에 하나님의 뜻이 무엇인지 생각해야 한다. 『살리는 사람 유다』의 제목처럼 우린 적어도 '살리는' 것을 좋아하시는 그분의 뜻을 유다와 그의 자손들을 통해서 조금이나마 깨달을 수 있다. 지금 내가 살릴 수 있는 사람은 누구일까. 분명 행위가 아닌 믿음으로 구원받을 우리기에 우리의 믿음이 굳게 서고, 그 믿음 안에 우린 주변을 살리기 위해 노력해야 한다. 내가 할 수 있는 한 최선을 다해서.

다니엘1:8

유다 나라가 패망하고 유다의 많은 사람이 바벨론에 포로로 잡혀가서 살고 있었다. 그들은 나라 잃은 백성으로서 바벨론의 노예와도 같은 처지에 놓이고 말았다. 시편 기자는 당시 유다 사람들의 그 심정이 얼마나 비참하였는가를 아래의 시편에서 알려 주고 있다.

"우리가 바벨론의 여러 강변 거기 앉아서 시온을 기억하고 울었도다 그 중의 버드나무에 우리가 우리의 수금을 걸었나니 이는 우리를 사로잡은 자가 거기서 우리에게 노래를 청하며 우리를 황폐케 한 자가 기쁨을 청하고 자기들을 위하여 시온 노래 중 하나를 노래하라 함이로다 우리가 이방에 있어서 어찌 여호와의 노래를 부를꼬 예루살렘아 내가 너를 잊을진대 내 오른손이 그 재주를 잊을지로다"(시137:1~5)

포로로 잡혀간 유다인들이 바벨론 사람들이 부르라고 청하는 여호와의 노래 부르기를 거절하고 있다는 내용의 시이다. 노래를 부르지 아니할 뿐만 아니라 수금을 아예 버드나무에 걸어놓고 있다. 저들은 기쁨도 잃었고 노래도 잃어버린 고달픈 삶을 살고 있었다. 저들은 옛날 예루살렘 성전에 올라가면서 여호와께 찬송을 부르던 때를 너무나 그리워하고 있다. 저들 중에 다니엘과 하나냐, 미사엘, 아사랴라는 4명의 청년이 있었다. 다니엘서는 그 4명의 청년이 영웅적인 믿음의 삶을 살았다는 것을 증거하고 있는데, 그들도 역시 유다 지파의 후손이라는 것을 다음에서 확인하여 보자.

"왕이 환관장 아스부나스에게 명하여 이스라엘 자손 중에서 왕족과 귀족 몇 사람 곧 흠이 없고 아름다우며 모든 재주를 통달하며 지식이 구비하며 학문에 익숙하여 왕궁에 모실 만한 소년을 데려오게 하였고 그들 중에 유다 자손 곧 다니엘과 하나냐와 미사엘과 아사랴가 있었으니"(단1:3~6)

바벨론에 포로로 잡혀간 자 중에서 왕족은 바로 유다 지파의 후손이다. "유다 자손 다니엘"이라 하였으므로 다니엘과 청년 3명은 바로 유다 지파의 후손들이다. 저들이 유다 지파의 후손이라는 사실은 다른 성경과 비교해 봐도 알 수 있다. 즉, 포로로 잡혀 와서 유다인들을 구원했던 에스더 왕비에 대한 기록에서도 알 수 있다.

"도성 수산에 한 유다인이 있으니 이름은 모르드개라 저는 베냐민 자손이니 기스의 증손이요 시므이의 손자요 야일의 아들이라"(에스더2:5)

모르드개는 에스더 왕비의 4촌 오빠이다. 저들을 말할 때 유다인이요, 베냐민 사람이라 하였다. 그러므로 다니엘과 3명의 청년은 왕족이다. 그리고 유다 자손 곧 다니엘이라 하였으므로 분명히 유다 지파의 후손이다. 또한, 다니엘이 바벨론 왕궁에서 일할 때는 느부갓네살 왕이 생존하고 있던 시대이다. 느부갓네살 왕은 유다를 침공하여 멸망시킨 바벨론 왕이다. 그러므로 바벨론에 잡혀 온 유다의 왕족은 바로 유다 지파의 후손임이 명백하다.

다니엘을 비롯한 유다의 백성들은 포로로 잡혀 와서 살고 있었기에 참으로 캄캄한 시대에 살고 있었음을 우린 알 수 있다. 그러한 시기에 다니엘과 청년 3명에게 꿈같은 일이 일어났다. 그것은 왕궁에서 일을 하는 관리로 발탁된 것이다. 저들은 이제 포로로서 노예의 생활에서 벗어나 왕궁의 관리가 된 것이다. 저들이 하는 일은 왕궁에서 갈대아 사람의 학문을 배우고 방언을 배우고 느부갓네살 왕이 지정하여 주는 왕의 진미와 포도주를 마실 수 있는 것이었다. 그리고 교육이 끝이 나면 왕의 앞에서 모사가 되는 역할을 부여받았다. 즉, 왕의 신하가 되는 것이다.

이 얼마나 놀라운 일이 일어난 것인가! 이 얼마나 꿈같은 일이 일어난 것인가! 노예의 신분에서 왕의 신하가 되는 그런 일이 일어났다. 갑자기 엄청난 복이 굴러들어 온 것이다. <u>하지만 이런 상황 속에서도 다니엘과 그 청년들은 뜻을 세우고 하나님의 말씀을 따르는 결단을 하게 된다. 대표적인 예로 그들은 왕의 진미로 그 몸을 더럽히지 않고 채식을 먹겠다고 했다. 아래를 읽어 보자. 그들의 결단을 알 수 있다.</u>

"다니엘이 뜻을 정하여 왕의 진미와 그의 마시는 포도주로 자기를 더럽히지 않게 하기를 환관장에게 구하니"(단1:8)

다니엘과 3명의 청년은 참으로 엄청난 모험을 시작하고 있다. 왕의 명령을 거부하고 채식을 먹겠다는 것이다. 종의 신분에서 왕의 관리가 되는 엄청난 복을 받게 되는 기회가 왔는데 다니엘과 그 3명의 청년은 무슨 배짱으로 왕의 명령을 거부하고 채식을 먹겠다는 것인가? 참으로 생명을 내건 모험이라고 말할 수밖에 없다. 이는 오직 믿음의 결단인 것이다.

<u>저들에게는 여호와 하나님의 말씀만을 지키려는 믿음만이 있는 것 같다. 그러기에 일생일대에 호기로 잡은 기회를 잃을지도 모르는 모험을 하고 있다.</u> 그 좋은 기회를 잃을 뿐만 아니라 어쩌면 자신들의 생명도 잃을 수도 있는데 말이다. 그러나 저들에게는 하나님의 말씀을 지키려는 믿음만이 가장 중요했다. 다니엘이 제의한 대로 채식을 먹고 난 후의 모습을 보고 결정하자는 10일간의 시험 기간이 끝이 났을 때 하나님은 4명의 청년의 얼굴을 왕의 진미를 먹은 다른 청년들의 얼굴보다 더욱 아름답게 해 주시고 살이 윤택하게 해 주셨다. 하나님을 경외하여 그 뜻을 따랐던

청년들에게 하나님의 축복이 내린 사건이다. 생명을 걸고 하나님을 경외하였던 청년들에게 하나님은 더 많은 것으로 역사하셨다. 즉, 지식을 얻게 해 주시고 모든 학문과 재주에 명철하도록 해 주셨다. 더욱이 다니엘에게는 모든 이상과 몽조를 깨달아 알 수 있는 능력도 부어 주셨다.

여호와 하나님께서는 저들을 교육하여 준비하게 하신 후에 하나의 사건을 만드신 것이다.

그리고 사건이 일어난다. 바벨론 왕 느부갓네살이 꿈을 꾸게 하고는 잊어버리게 만드는 일이 벌어진다. 상서롭지 못한 어떤 꿈을 꾼 느부갓네살 왕은 그 꿈을 기억해 낼 수가 없었다. 그리하여 바벨론의 박사들과 술사들에게 자신이 꾼 꿈을 말하고 해몽해달라고 명령을 내린다. 아래에서 느부갓네살 왕의 억지 명령을 보자.

> "왕의 물으신 것은 희한한 일이라 육체와 함께 거하지 아니하는 신들 외에는 왕 앞에 그것을 보일 자가 없나이다 왕이 이로 인하여 진노하고 통분하여 바벨론 모든 박사를 다 멸하라 명하니라"(단2:11~12)

왕은 자신이 꾼 꿈의 내용을 말하지도 아니하고서는 박사들로 하여금 그 꿈을 말하고 해몽하라고 명령하니까 바벨론의 박사들은 난처한 지경에 빠지고 만다. 그리하여 저들은 왕이 물으신 것은 희한한 일이라고 말하고 있다. 그리고 신이 아니고는 그 꿈을 보일 자가 없다고 말한다. 바벨론 박사들의 주장은 맞는 말이다. 왕은 억지를 부리고 있는 것이다. 신이 아니고 사람으로서는 할 수 없는 일을 명령한 것이다.

이 사건으로 인하여 다니엘과 세 명의 청년도 죽게 될 운명이 되고 말았다. 왜냐하면 4명의 유다의 후손들도 왕의 앞에선 박사들이기에 왕의 꿈을 해석하지 못하면 다 죽게 될 수밖에 없었다. 이러한 때 다니엘이 왕의 꾼 꿈을 알려주고 해몽하는 사건이 발생한다. 다니엘이 느부갓네살 왕이 꾼 꿈을 알려주는 내용을 아래에서 읽어 보자.

"왕이여 왕이 한 큰 신상을 보셨나이다 그 신상이 왕의 앞에 섰는데 크고 광채가 특심하며 그 모양이 심히 두려우니"(단2:31)

느부갓네살 왕은 자신이 잊어버렸던 꿈을 기억나게 해 주고 자신의 마음에 합당한 해몽을 듣고는 그 마음에 무거운 짐을 해결하게 된다. 다니엘이 왕의 꿈을 해몽함으로써 왕은 다니엘과 그 친구들을 크게 등용하게 된다. 그때 다니엘은 자신이 이와 같이 왕의 꿈을 알게 되고 그 꿈을 해몽하게 된 것은 하늘의 하나님이 알려 주셨기 때문이라고 밝혔다. 다니엘 자신이 알 수 있는 것이 아니라 오직 하나님만이 그것을 알게 해 주시는 분이라는 것을 다니엘은 밝힌 것이다. 다니엘이 그 꿈의 사건을 통하여 하나님께 영광을 돌리는 성경을 아래에서 읽어 보자.

"오직 은밀한 것을 나타내실 자는 하늘에 계신 하나님이시라 그가 느부갓네살 왕에게 후일에 될 일을 알게 하셨나이다 왕의 꿈 곧 왕이 침상에서 뇌 속으로 받은 이상은 이러 하니이다"(단2:28)

다니엘은 꿈을 알게 해 주시고 해몽하게 해 주신 분은 바로 하늘에 계신 하나님이심을 분명히 밝히고 있다. 그는 하늘에 하나님이 살아 계심을 증거하고 있는 것이다. 즉, 주변의 국가들을 정복하고 승승장구하던 느부갓네살 왕에게 하늘에는 살아계신 하나님이 계심을 알려 주고 있는 것이다. 이러한 증언은 바벨론의 왕보다도 더 크신 분이 계심을 말하고 있는 것이다.

다니엘의 이러한 활동으로 죽을 수밖에 없었던 바벨론의 박사와 술사들이 다 살게 된다. 왕의 꿈 사건은 다니엘의 하나님이 누구이신가를 그들에게 알리는 계기가 되었을 뿐만 아니라 다니엘과 그 친구들이 바벨론의 정치 무대에 등장하는 계기가 된다.

자신만이 세상의 가장 큰 왕이라고 큰소리를 치던 느부갓네살도 살아 계신 하나님을 인정하고 그분을 높이고 있다. 이 얼마나 놀라운 영광을 하나님께 돌리는 행위인가! 다니엘은 그러한 믿음의 사람이었다. 느부갓네살 왕의 고백을 아래에서 읽어 보자.

> "이에 느부갓네살 왕이 엎드려 다니엘에게 절하고 명하여 예물과 향품을 그에게 드리게 하니라 왕이 대답하여 다니엘에게 이르되 너희 하나님은 참으로 모든 신의 신이시오 모든 왕의 주재시로다 네가 능히 이 은밀한 것을 나타내었으니 네 하나님은 또 은밀한 것을 나타내시는 자시로다"(단2:46~47)

우리는 천하를 제패한 느부갓네살 왕이 자신의 입으로 "하나님은 참으로 모든 산이 신이시오 모든 왕의 주재시라"(단2:47)고 말하는 것을 볼 수 있다. 이는 참으로 살아계신 하나님께 영광을 돌리는 계기가 된 것이다. 당시 가장 영향력이 있는 느부갓네살 왕이 여호와 하나님을 인정하고 그분이야말로 모든 왕의 주재시라고 했으니 이는 다니엘이 여호와 하나님께 크게 영광을 돌리는 사람이 된 것이었다.

이제 다니엘과 세 명의 청년들은 왕의 사람이 되었으며 높은 지위의 관리가 된다. 왕의 사람이 되었다는 것은 저들의 앞길에 광명이 비친 것이라고도 해석해볼 수 있다. 이제는 더 이상 잡혀 온 포로가 아니라 바벨론 왕국의 방백이 된 것이다. 이는 하나님의 뜻을 따라 살았던 청년들에게 하나님은 더 큰 보상으로 저들의 앞날을 축복해 주신 것이다.

사드락, 메삭, 아벳느고.

다니엘의 친구 세 명은 다니엘 못지않은 믿음의 용기를 가진 청년들이 었다. 저들은 다니엘의 추천으로 바벨론 왕국의 방백이 되었다. 이제 저들의 앞에는 탄탄대로가 활짝 열렸다. 포로로 잡혀 와서 종과 같은 생활을 하던 저들이 이제는 대제국 바벨론 왕국의 방백이 된 것이다. 이 얼마나 신나는 삶인가!

그러나 그 세 명을 시기하던 다른 관리들이 저들을 올무 속에 빠뜨리려고 궤계를 꾸미고 있었다. 그 궤계는 느부갓네살 왕이 세운 금 신상 앞에 절하지 아니하는 사람들은 지위고하를 막론하고 극렬히 타는 풀무에 던져 죽이자는 것이었다. 이제 그 청년에게는 금 신상 앞에 절을 해야만 하는 엄청난 시험이 닥쳐온 것이다. 살아계신 하나님을 섬길 것인가! 아니면 지상의 왕 느부갓네살이 세운 금 신상 앞에 절을 할 것인가! 금 신상 앞에 절을 하지 아니하면 자신들이 겨우 얻은 새로운 지위뿐만 아니라 극렬히 타는 풀무 속으로 들어가서 생명까지 잃을 지경에 놓이게 된 것이다.

이러한 절체절명의 순간에도 저들은 하나님을 따르겠다는 결단을 한다. 세 명의 청년이 남긴 말, 너무나 처절한 말인 "그리 아니하실지라도"에 얽힌 스토리를 아래에서 읽어 보자.

"그리 아니하실지라도 왕이여 우리가 왕의 신들을 섬기지도 아니하고 왕의 세우신 금 신상에게 절하지도 아니할 줄을 아옵소서"(단3:18)

풀무 속에서 죽을 운명이 된 이 세 청년에게 하나님께서 자신들의 생명을 극렬히 타는 풀무 속에서 건져 주시지 아니하실지라도 자신들은 금 신상에게 절을 할 수 없다고 고한다. 이 말은 죽겠다는 말과 같은 말이다. 무엇이 이들에게 죽음도 두려워하지 않는 힘을 주었는가? 그것은 저들의 믿음이다. 죽을지언정 살아계신 여호와 하나님의 뜻을 어길 수 없다는 믿음이다. 하나님을 섬기다가 죽으면 죽을지언정 우상에게 절할 수 없다는 신앙 고백인 것이다.

그런데 그 세 명의 청년들은 극렬히 타는 풀무 속에서도 불타지 아니하고 살아서 나오게 되었다는 사실도 우린 성경을 통해 알 수 있다. 살아계신 하나님께서 저들을 살려 주신 것이다.

유다의 자손들이 자랑스럽지 않은가! 자신에게 주어진 부귀영화를 팽개칠 뿐만 아니라 죽음도 불사하는 그 믿음의 용기를 유다의 후손들이 가지고 있다는 사실이다.

다니엘은 어떠한가! 그에게도 시련은 다가왔다.

다니엘을 시기하고 질투하던 다른 관리들이 다니엘을 죽일 계획을 세운다. 즉, 다니엘의 행적을 잘 알지 못하는 다리오 왕이 즉위하자 저들은 왕에게 왕의 금령으로 30일 동안 누구든지 왕 외에 어느 신에게나 사람에게 무엇을 구하면 사자 굴에 던져 넣기로 하자고 제의하여 왕의 허락을 받아낸 것이다. 이러한 계획은 오직 다니엘을 죽이고자 하는 궤계였던 것이다.

왕은 신하들의 꼬임에 빠져서 조서에 어인을 찍음으로써 그 누구도 조서를 변개하지 못하게 하고 말았다. 이제 30일 동안에는 그 누구이든지 왕 외에 다른 신에게 기도하면 사자 굴에 던짐을 받게 되었다. 이러한 때 우리의 주인공 다니엘은 어떠한 태도를 하고 있는가? 다니엘은 왕의 조서에 어인이 찍힌 것을 알고도 하나님께 기도하던 일을 멈추지 않았다. 평소와 같이 하루에 3번씩 하늘의 하나님께 기도했다. 그것도 창문을 열어놓고 예루살렘 성전을 향해 하나님께 기도하였다.

다니엘의 적들이 그것을 놓칠 리가 있는가! 즉시 기도하는 다니엘을 왕에게 고발하여 그를 사자 굴에 던져 넣은 것이다. 이제 다니엘은 사자의 밥이 되고 마는 것인가? 결단코 그렇게 되지는 않았다.

이때도 살아계신 하늘의 하나님은 그 천사들을 보내어서 사자들의 입을 봉하게 하고 다니엘을 살려내신 것이다. 다음날 새벽에 왕이 급히 사자 굴에 갔을 때 거기에는 다니엘의 몸이 조금도 해함을 받지 않고 살아 있음을 발견하게 된다. 왕은 크게 기뻐하고 다니엘을 사자 굴에서 건져냄을 알 수 있다. 왕은 다니엘을 살리기 위하여 사자들의 입을 봉한 하나님을 크게 높이고 있는데 우리는 그 말들을 아래에서 읽어 볼 수 있다.

"내가 이제 조서를 내리노라 내 나라 관할 아래 있는 사람들은 다 다니엘의 하나님 앞에서 떨며 두려워할지니 그는 사시는 하나님이시오 영원히 변치 않으실 자시며 그 나라는 망하지 아니할 것이요 그 권세는 무궁할 것이며 그는 구원도 하시며 건져내기도 하시며 하늘에서든지 땅에서든지 이적과 기사를 행하시는 자로서 다니엘을 구원하여 사자의 입에서 벗어나게 하셨음이니라 하였더라"(단6:26~27)

다니엘은 사자의 밥이 될 것을 알고서도 하나님께 기도한 믿음의 사람이다. 그것도 평소에 하던 대로 창문을 열어놓고 기도한 것이다. 그 사건으로 인하여 다니엘을 참소하던 자들과 그 처자들은 사자의 밥이 되었고 바벨론 왕은 다니엘의 하나님을 크게 높이게 된다. 다니엘은 포로기 시대에 빛나는 믿음의 사람이요, 자랑스러운 유다의 자손이다.

필자는 다니엘과 세 명의 청년들의 믿음을 생각하게 된다. 그 어떠한 것도 저들의 믿음을 빼앗아 갈 수 없었음을 보여 주고 있다. 저들이 누리는 부귀영화도, 죽이겠다는 위협도 저들의 믿음을 빼앗아 갈 수는 없었다. 포로기의 그 깜깜하던 시대에 믿음의 사람들이 있었던 것이다. 왜 하나님은 저들을 통하여 살아계신 하나님을 나타내시는 것일까!

하나님은 끊임없이 유다의 후손들을 사용하고 있음을 우린 알 수 있다. 저들은 혈기왕성한 청년의 시대를 살고 있는 자들이다. 그러나 그 누구보다도 하나님의 뜻을 따르려고 애쓴 사람들이다. 죽음을 각오하고 오직 하나님을 섬기기를 원했다. 하나님은 살리는 유다의 후손들을 선택하여 그러한 믿음의 사람들임을 우리에게 보여 주시고 계신다.

성경은 거울이라고 하였다. 다니엘과 사드락, 메삭, 아벳느고라는 거울을 보면서 오직 하나님만을 섬기어 승리하는 사람이 되어야 할 것이다.

제18장.「포로기 시대의 믿음의 사람 다니엘」을 정리하며

성경의 말씀을 나같이 부분적으로 아는 사람들에게는 성경에 대한 해석을 적어 놓은 글을 읽는 것도 참 중요하다.『살리는 사람 유다』란 글을 통해 성경에 나와 있는 글들의 연관성과 놀라운 사건의 연속임을 깨달아 본다. 특히 다니엘과 세 명의 청년들의 모습은 놀랍다. 그들의 일생이 다윗처럼 자세히 나와 있지 않기에 그들이 어떤 죄를 지었을지, 어떤 삶을 살았을지는 알 수 없지만, 그들은 포로의 신분에 있었음에도 불구하고 '믿음'을 잃지 않았음은 분명하다.

글을 시작하기에 앞서서 믿음에 이어지는 행위에 대해서 잠깐 언급했는데, 다니엘이 바로 그 표본이 아닐까. 수많은 사람이 구원이 행위로부터 오지 않는다고 하여, 행위의 중요성에 대해서 간과하는 경우가 있다. 나도 은연중에 그렇게 행했다. 난 함부로 행동하고, '그래도 난 믿음이 있으니까'라고 수 없이 그렇게 해 왔음을 반성해 본다. 그런 행위를 가졌다는 건 제대로 된 믿음도 가지지 않았음을 보여 준다. 제대로 된 믿음이 있다면, 행위 역시 다니엘처럼 바를 수밖에 없다.

유다 자손, 다니엘. 그에게 그런 믿음과 행위를 준 분 역시 하나님이시기에, 난 기도할 수밖에 없다. 그리고 내 삶의 믿음과 거기서 이어지는 행위가 내 사랑하는 가족과 후손에게까지 이어질 수 있다는 생각에 다시 한번 나를 돌아보게 된다.

제19장

유다, 요시야 왕의
종교개혁

다른 시각에서 요시야 왕을 조명해 보고자 한다. 요시야는 유다 지파의 후손으로서 그가 남 유다의 왕이 될 때의 나이가 8세였다. 그리고 그가 죽은 때는 39세이다. 즉, 왕이 된 후에 31년간을 치리하다가 죽은 것이다. 그의 나이 39세이니 요절이라 할 수 있다.

왜일까? 그토록 하나님께 충성했던 요시야가 왜 그리도 빨리 죽음을 맞이했을까?

필자는 그의 죽음에 의문을 제기할 수밖에 없었다. 그러나 성경은 그 답을 밝히고 있다.

"그러므로 보라 내가 너로 너의 조상들에게 돌아가서 평안히 묘실로 들어가게 하리니 내가 이곳에 내리는 모든 재앙을 네 눈이 보지 못하리라 하였느니라 하니 사자들이 왕에게 보고하니라"(왕하22:30)

이 말은 여자 선지자 훌다가 요시야 왕의 사자들에게 전한 내용이다.

즉, 요시야 왕은 율법 책을 찾고 난 후, 그 말씀을 들은 후에 그는 옷을 찢고 크게 회개하는 모습을 보인다. 그리고 그는 제사장 힐기야와 사반의 아들 아히감과 미가야의 아들 악볼과 서기관 사반과 왕의 시종 아사야에게 명령한다. 하나님의 뜻을 물으라고.

즉, 발견한 율법 책의 말씀에 대하여 여호와께 질문을 하라는 것이었다. 요시야는 하나님의 뜻을 알고자 하였던 것이다. 그리하여 저들은 여선지자 훌다를 찾아가서 하나님의 뜻을 묻고 있다. 그때에 훌다는 하나님의 뜻을 전하는데, 그것은 바로 하나님께서 유다 나라에 내리실 재앙을 돌이키시지 않겠다는 말씀과 하나님의 뜻을 물은 요시야는 그 재앙을 보지 않고 평안히 조상들의 묘실에 갈 것이라고 했다.

즉, 요시야는 하나님의 말씀을 지키려고 애썼기에 너는 유다 나라에 내리는 재앙을 보지 않고 죽으리라는 것이다.

하나님께서는 요시야의 죽음과 그 시신을 보존하시고자 하셨음을 알수 있다 할 것이다. 요시야와 대조적으로 우상 숭배의 극치를 내달았던 북 이스라엘 왕 아합의 왕비 이세벨의 죽음과 그 시신은 어떻게 되었는가? 이세벨은 두 내시에 의하여 창밖으로 내던짐을 당하여 죽고 말았다. 그뿐만 아니라 그 시신은 개들의 밥이 되고 말았다.

"예후가 가로되 이는 여호와께서 그 종 디셉 사람 엘리야로 말씀하신바라 이르시기를 이스르엘 토지에서 개들이 이세벨의 고기를 먹을 지라"(왕하9:36)

요시야 왕과 이세벨의 죽음과 그 시신은 너무나 차이가 있음을 보여 주고 있다 할 것이다. 우상을 철저히 파괴한 요시야는 그 죽음을 하나님께서 보살펴 주시고 있다. 그러나 우상 숭배의 극치를 달렸던 이세벨의 죽음은 비참한 것이었다. 하나님께서는 요시야가 비록 요절하게 하실지라도 명예로운 죽음을 허락했다고 할 수 있다. 어찌하여 하나님은 요시야를 끝까지 보살펴 주셨는가 하는 일은 중요한 일이다. 또한, 죽음이 끝이 아니라 영원한 세계를 믿는 신자들에게는 요시야에 대한 하나님의 사랑을 깊이 생각해야 한다.

요시야의 종교개혁(열왕기하22~23)

여기서 필자는 요시야가 이룩한 업적은 너무나 대단한 일임을 생각할 수밖에 없었다. 그는 철저히 우상을 파괴하였다. 이는 하나님의 뜻을 철저히 따르는 행위이다.

이는 곧 종교개혁이라 할 수 있다.

종교개혁이라는 말의 뜻은 무엇인가? 그 뜻은 하나님의 뜻을 따름이다.

1517년 10월 31일 마틴 루터가 비텐부르크 성당 게시판에 붙인 95개 조의 논제의 내용은 무엇이었는가. 그것은 당시 가톨릭교회가 성경 말씀에 위배되는 일들을 행함에 대하여 항의하는 항의문이었다. 그것이 바로 루터의 종교개혁의 시발점이다.

95조의 항의문을 게시했으니 당시의 가톨릭이 얼마나 부패했는가를 가히 짐작할 수 있다. 그 일부의 내용은 다음과 같다.

- 21항: 그러므로 교황의 면죄부를 통하여 인간이 모든 형벌에서 벗어나며 구원을 받을 수 있다고 선포하는 면죄부 설교자들은 모두 오류에 빠져 있는 것이다.
- 27항: 연보함에 던진 동전이 짤랑 소리를 내자마자 영혼이 연옥에서 나온다고 말하는 것은 인간의 학설을 설교하는 것이다.
- 36항: 어떤 그리스도인이든 진심으로 자기 죄를 뉘우치고 회개하는

사람은 면죄부 없이도 형벌과 죄책에서 완전한 사함을 받는다.

루터는 성경의 말씀대로 가르치고자 했으며, 성경에 위배되는 것은 옳지 않다고 주장을 한 것이다. 사제로서 지극히 당연한 일을 주장한 것이다. 그러나 당시의 권력자들인 교황과 정치가들은 루터를 죽이고자 온갖 수단을 동원했다. 하나님의 뜻을 따르는 사람들이 루터의 편에 섬으로써 종교개혁의 불이 타오른 것이다. 결과는 어떻게 되었는가. 막강한 권력을 손에 쥐고 있었던 교황과 권력자들은 자신들의 허위와 위선이 다 드러나고 말았던 것이다. 계란으로 바위를 치는 것으로 비유되었던 마틴 루터가 승리하게 된 것이다.

이처럼 하나님께서는 하나님의 뜻을 따르는 사람을 보호하시고 승리케 해 주신다. 요시야 왕을 지키시고 보호하시는 하나님의 뜻을 우리는 깊이 알아야 한다.

1. 종교개혁의 첫걸음은 하나님의 성전을 귀히 여기는 행위이다

요시야 왕이 종교개혁을 이루는 첫걸음이 무엇이었는가. 그것은 바로 성전을 수리하라는 명령이었다.

"곧 목수와 건축자와 미장이에게 주게 하고 또 재목과 다듬은 돌을 사서 그 성전을 수리하게 하라"(왕하22:6)

요시야가 왕이 된 지 18년이 되는 해에 성전을 수리하라고 명령한 것이다.
그 결과로 무엇을 발견하게 되었는가? 성전에서 대제사장 힐기야가 율법 책을 발견하게 된 것이다. 율법 책에서 무엇을 알 수 있나? 그것은 바로 하나님의 뜻을 알게 되었다. 그러기에 요시야는 율법 책의 말씀을 듣자 즉시 자신의 옷을 찢고 회개하였다.

왜 왕이 자신의 옷을 찢나? 그것은 하나님의 말씀을 들으니 회개하지 않을 수가 없기 때문이다. 그리하여 요시야는 우상의 세력들을 철저히 파괴하기 시작했다.

"너는 나 외에 다른 신들을 네게 있게 말지니라 너를 위하여 새긴 우상을 만들지 말고" (출20:3-4)

십계명 제1, 2계명을 따르기 위하여 우상들을 파괴하기 시작한 것이다. 요시야의 우상 파괴 행위는 유다의 그 어떠한 왕들보다도 더 철저했음을 알 수 있다. 즉, 유다 왕국의 왕 20명 중에서 4명의 왕만이 그래도 하나님의 뜻을 따랐다고 평가할 수 있는데 그들은 아사 왕 그리고 여호사밧 왕이 있으며, 히스기야 왕 그리고 요시야이다.

그런데 아사왕과 여호사밧 왕은 산당을 그대로 두었다고 한다.

"오직 산당은 없이 하지 아니하니라 그러나 아사의 마음이 일평생 여호와 앞에 온전하였으며"(왕상15:14)

"여호사밧이 그 부친 아사의 모든 길로 행하며 돌이켜 떠나지 아니하고 여호와 보시기에 정직히 행하였으나 산당은 폐하지 아니하였으므로 백성이 오히려 산당에서 제사를 드리며 분향하였더라"(왕상22:43)

즉, 아사와 여호사밧은 하나님 보시기에 정직히 행하였으나 산당을 폐하는 일을 하지 못했다. 그런데 히스기야 왕은 산당을 파괴하였다고 한다.

"히스기야가 그 조상 다윗의 모든 행위와 같이 여호와 보시기에 정직히 행하며 여러 산당을 제하며 주상을 깨뜨리며 아세라 목상을 찍으며 모세가 만들었던 놋뱀을 이스라엘 자손이 이때까지 향하여 분향하므로 그것을 부수고 느후스단이라 일컬었더라" (왕하18:4~5)

하나님 앞에 정직히 행하였다고 평가할 수 있는 왕들 중에서도 2명의 왕은 산당을 파괴하지 못했다. 그러나 히스기야 왕은 산당을 파괴하는 왕이었고, 요시야 왕은 히스기야 왕보다도 더 철저히 산당을 파괴한 왕이라 할 수 있다. 그는 산당을 파괴했을 뿐만 아니라 산당의 제사장들도 다 죽였을 정도였다.

"또 유다 성읍에서 모든 제사장을 불러오고 또 제사장이 분향하던 산당을 게바에서부터 브엘세바까지 더럽게 하고 또 성문의 산당들을 헐어버렸으니 이 산당들은 부윤 여호수아의 대문 어귀 곧 성문 왼편에 있었더라"(왕하23:15)

"또 거기 있는 산당의 제사장들을 다 단 위에서 죽이고 사람의 해골을 단 위에 불사르고 예루살렘으로 돌아왔더라"(왕하23:20)

여기서 우리가 주목해야 하는 것은 왜 산당의 제사장들을 죽이기까지 했는가이다. 우리는 앞에서 히스기야 왕이 모세가 만들었던 놋뱀을 부수었다는 대목에 주목해야 한다.

왜 주목해야 하는 것인가?

그것은 모세가 필요해서 만들었던 놋뱀이라 해도 그것에 분향하고 섬기는 것은 잘못이라는 것이다. 즉, 놋뱀이 이스라엘 사람들에게 우상화되어 있었고, 그래서 히스기야 왕은 놋뱀을 부수어 버리고 이름하여 느후

스단(놋조각)일 뿐이라고 한 것이다.

요시야가 산당의 제사장들을 다 죽인 이유를 알 수 있다. 그것은 우상화되어 있는 것이라면 그것이 무엇이든지 부수고 그것에 종사하는 제사장들까지 다 죽여야 한다는 것이다. 이렇게까지 요시야가 철저히 우상들을 파괴하는 이유는 그가 율법 책의 말씀을 이루려는 목적이었다.

"요시야가 또 유다 땅과 예루살렘에 보이는 신접한 자와 박수와 드라빔과 우상과 모든 가증한 것을 다 제하였으니 이는 대제사장 힐기야가 여호와의 전에서 발견한 책에 기록된 율법 말씀을 이루려 함이라"(왕하23:24)

<u>진정한 종교개혁은 하나님의 말씀대로 행하는 것임을 깨달아 본다. 요시야는 유다 왕국을 향해 하나님의 진노가 다가오는 그 와중에서도 하나님의 뜻을 따르려고 몸부림치고 있었다.</u>

2. 두 번째로는 하나님께 묻는 행위이다

요시야는 율법 책을 발견하고는 즉시로 대제사장에게 율법 책의 말씀에 대하여 하나님의 뜻을 물으라고 명령했다. 왜 하나님의 뜻을 물으라고 했을까? 그것은 율법 책의 말씀을 들은 요시야가 큰 위기를 깨달았기 때문이다. 현재 유다 백성들이 행하여 온 행위는 하나님의 진노를 불러일으키기에 충분한 행위였다. 그러기에 요시야는 대제사장에게 하나님의 뜻을 물으라고 명령을 내린다. 대제사장을 비롯하여 여선지자 훌다를 찾아간 사자들에게 돌아온 답은 절망적이었다. 유다의 백성들이 하나님을 버리고 다른 신에게 분향하며 그들의 손의 모든 행위로 하나님을 격노하게 하였던 것이다. 그래서 저들에게 재앙을 내리시겠다는 하나님의 뜻을 알게 되었다.

그러한 위기의 때에 요시야는 무엇을 하고 있나?

우리는 여기서 요시야의 태도에 집중해 볼 필요가 있다. 절망적인 대답이 요시야를 포기하게 했을까? 그것은 아니었다. 요시야는 지금 자신이 처한 위치에서 자신이 할 수 있는 일을 행하고 있다.

그것이 바로 말씀에 따라 철저히 우상을 파괴하는 일이었으며-산당의 제사장들까지 다 죽이는 일이며 신접한 자와 박수들을 다 제하여 버리는 것이다. 종교개혁은 계속되고 있었다!

종교개혁은 하나님의 뜻을 묻고 그분의 뜻을 깨달은 대로 행하는 것이다.

요시야는 남 유다 왕국의 종교개혁을 이끌었을 뿐만 아니라 북 왕국 이스라엘의 종교개혁에까지 관심을 가지며 주도해 갔음을 알 수 있다. 그는 북 이스라엘의 초대 왕 여로보암이 세운 산당도 파괴해 버렸다. 북 이스라엘의 초대 왕 여로보암은 북 왕국의 백성들이 예루살렘 성전에 가는 것을 막으려고 벧엘과 단에 금 신상을 만들어 세우고는 하나님을 대신하여 섬기라고 했다.

그런데 남 유다의 요시야 왕이 북 이스라엘의 초대 왕이 세운 벧엘의 금 신상을 파괴해 버린 것이다. 이는 참으로 용감한 일이었다. 오늘날 우리나라 대통령이 북한의 초대 주석이 세운 어떤 금 신상을 파괴하는 경우와 같다 할 수 있는 행위와 비슷하다고 볼 수 있을까.

어찌 그러한 일이 가능한 것일까?

"이스라엘로 범죄케 한 느밧의 아들 여로보암이 벧엘에 세운 제단과 산당을 왕이 헐고 또 그 산당을 불사르고 빻아서 가루로 만들며 또 아세라 목상을 불살랐더라"(왕하 23:15)

분명히 북 이스라엘 백성들은 여로보암 왕이 벧엘에 세운 제단을 중요하게 생각하고 있었을 것이다. 저들에게는 예루살렘에 있는 성전을 대신하여 섬겨왔던 벧엘의 제단이기 때문이다. 그러나 벧엘의 제단은 파괴되고 말았다.

다른 나라의 우상을 파괴한 것은 쉬운 일이 아니었지만, 그러나 요시야 왕은 성공할 수 있었다. 이러한 성공은 결코 우연이 아니다. 이미 예언된 말씀을 실행한 것이다.

아래의 말씀을 읽어 보자.

"보라 그때에 하나님의 사람이 여호와의 말씀으로 말미암아 유다로부터 벧엘에 이르니 마침 여로보암이 제단 곁에 서서 분향하는지라 하나님의 사람이 제단을 향하여 여호와의 말씀으로 외쳐 이르되 제단아 제단아 여호와께서 이와 같이 말씀하시기를 다윗의 집에 요시야라 이름하는 아들을 낳으리니 그가 네 위에 분향하는 산당 제사장을 네 위에서 제물로 바칠 것이요 또 사람의 뼈를 네 위에서 사르리라 하셨느니라 하고"
(왕상13:1~2)

이 예언의 말씀은 북 이스라엘 왕국의 초대 왕 여로보암의 때에 있었던 예언이다. 여로보암 왕의 재위는 BC 930~909년이며, 요시야 왕의 재위는 BC 640~609년이다. 이미 300여 년 전에 예언한 말씀이 300여 년 후에 이루어지고 있는 것이다.

비록 요시야 왕 당시는 북이스라엘은 멸망을 당하고 앗수르 왕의 지배 하에 있었다.

그렇다고 해도 엄연히 북이스라엘은 남 유다의 땅이 아니다. 더욱이 앗 수르라는 강대국은 하나님을 섬기는 나라도 아니며, 우상을 섬기는 나라 이다. 그러한 나라의 지배를 받고 있는 벧엘 땅에 요시야 왕이 직접 가서 제단과 산당을 부수고 제사장들을 죽인다는 사실은 실로 위험천만의 일 이었다.

그러나 요시야는 그 일을 행한 것이다. 그 어떠한 위험이 있다 하더라 도 하나님의 뜻을 실행한 것이다. 여하튼 정치적인 복잡한 셈법은 뒤로하 고 요시야 왕은 벧엘의 제단을 파괴하고 제사장들을 죽였고, 하나님의 말씀대로 이루어진 것이다.

우리는 오늘도 하나님의 말씀이 얼마나 무서운가를 깊이 생각해야 한다. 300여 년 후의 일을 예언하게 하시고 또한 말씀하신 대로 이루신다는 것을 말이다.

3. 말씀대로 유월절을 지키다

종교개혁은 하나님의 말씀대로 행함이다. 요시야 왕은 유월절을 지키 라고 온 나라에 명령을 내린다. 그런데 유월절을 지키는 일은 참으로 귀 중한 일이다. 유월절은 하나님이 지키라고 명령했고, 또 이스라엘이 해방 된 기념일이며, 마지막으로 하나님의 놀라운 기적들을 알 수 있는 계기가 되는 행사이기 때문이다. 그 일은 참으로 복된 일이라 할 수 있다.

그런데 그동안에 유월절이 지켜지지 않고 있었다.

"왕이 뭇 백성에게 명령하여 가로되 언약 책에 기록된 대로 너희의 하나님 여호와를 위하여 유월절을 지키라 하매 사사가 이스라엘을 다스리던 시대부터 이스라엘 열왕의 시대에든지 유다 열왕의 시대에든지 이렇게 유월절을 지킨 일이 없었더니 요시야 왕 십팔 년에 예루살렘에서 여호와 앞에 이 유월절을 지켰더라"(왕하23:21~23)

성경 말씀대로 유월절을 지키라고 명한 요시야 왕, 그러한 요시야 왕을 성경은 어떻게 평가하고 있을까? 우리는 아래의 말씀에서 충분히 알 수 있다.

"요시야와 같이 마음을 다하며 뜻을 다하며 힘을 다하여 모세의 모든 율법을 따라 여호와께로 돌이킨 왕은 요시야 전에도 없었고 후에도 그와 같은 자가 없었더라"(왕하 23:25)

대단한 평가를 받은 왕이 되었다. 그러나 우리는 또 여기서 이러한 질문을 하게 된다.

그렇게도 충성스러운 요시야를 어찌하여 요절하게 하십니까 하고. 물론 하나님의 뜻을 우리는 읽었다. 그래도 아쉬움이 남는다. 그가 더 오랜 세월 동안 살아있었더라면 유다의 백성들이 하나님을 올바르게 섬기지 않았겠느냐 하는 마음에서.

4. 요시야의 종교개혁의 성과

요시야의 종교개혁이 그의 죽음으로써 끝이 났다고는 생각하지는 않는다. 그 이유는 세계의 역사를 통하여 충분하게 알 수 있기 때문이다.

<u>1517년 마틴 루터가 일으킨 종교개혁의 불길은 전 유럽을 휩쓸었다.</u>

루터는 종교개혁의 불길을 일으킨 후 28년 4개월을 더 살다가 1546년 2월 18일에 소천했다. 루터의 종교개혁의 그 놀라운 혜택은 오늘날까지 전 세계인들이 다 누리는 복이 되었음을 부정할 사람은 없다. 그 예를 들어 보겠다.

<u>1620년 9월 16일에 영국에서 102명의 청교도들이 메이플라워호라는 배를 타고 종교의 자유를 찾아 신대륙으로 출항을 한 것을 우리는 안다. 그들이 누구일까요? 저들은 루터의 종교개혁의 결실을 맺은 사람들이다. 그러기에 종교의 자유를 찾아 생명의 위험을 감수하고서라도 신대륙을 향해 떠나가는 것이다.</u>

실로 루터의 종교개혁 이후 103년 후의 사건이다. 어찌 청교도들만이 종교개혁의 은혜를 받은 사람이라 할 수 있겠는가. 필자 역시 종교개혁의 은혜를 톡톡히 누리고 있는 사람 중의 한 사람임을 자신 있게 말할 수 있다.

이처럼 종교개혁은 하나님의 말씀이 사람들 속에서 실현되는 일이다. 그 은혜를 사람들이 누리는 결과가 되는 것이다. 유다와 다윗의 후손인 요시야의 종교개혁은 이처럼 사람들에게 하나님의 은혜를 누리게 하는 위대한 발걸음인 것이다.

<u>이제 참으로 위대한 종교개혁가이신 예수 그리스도께서 이 땅에 오심을 우리는 안다.</u>
<u>요시야의 종교개혁이 그의 재위 18년에 시작이 되었다면 BC 614년, 614년이 지나 마침내 이 땅 위에 참으로 위대하신 종교개혁가가 탄생하시는 것이다.</u>

그분은 바로 유다의 후손이시오, 다윗의 후손이시며, 요시야의 후손이신 예수 그리스도이다. 그분은 이 땅에 오셔서 하나님의 뜻이 무엇인지를 가장 올바르게 잘 알려 주신 분이다. 전 세계 사람들은 예수 그리스도로 인하여 하나님의 축복의 세계로 들어가게 되었던 것이다.

할렐루야!